劳动关系运行规则研究

段晓红 等—著

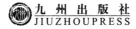

九州出版社
JIUZHOUPRESS

图书在版编目（CIP）数据

劳动关系运行规则研究／段晓红等著．--北京：
九州出版社，2022.8
　ISBN 978-7-5225-1138-2

Ⅰ.①劳… Ⅱ.①段… Ⅲ.①劳动关系—研究—中国
Ⅳ.①F249.26

中国版本图书馆 CIP 数据核字（2022）第 157809 号

劳动关系运行规则研究

作　　者　段晓红等　著
责任编辑　沧　桑
出版发行　九州出版社
地　　址　北京市西城区阜外大街甲 35 号（100037）
发行电话　（010）68992190/3/5/6
网　　址　www.jiuzhoupress.com
印　　刷　唐山才智印刷有限公司
开　　本　710 毫米×1000 毫米　16 开
印　　张　16
字　　数　252 千字
版　　次　2023 年 1 月第 1 版
印　　次　2023 年 1 月第 1 次印刷
书　　号　ISBN 978-7-5225-1138-2
定　　价　95.00 元

前　言

在经济高速发展，科技高度发达的今天，评价国家综合实力的标准除经济实力外，社会的和谐度也将成为一个重要的因素，因此，我党提出贯彻落实科学发展观的根本任务之一就是实现社会和谐稳定。社会和谐稳定是中国特色社会主义的本质属性，是我国改革与发展进入关键时期的客观要求，也是广大人民群众的根本利益和共同愿望。党的十六届六中全会明确提出构建社会主义和谐社会的主要目标和任务，围绕这一目标任务我党规划了一系列的社会改革。党的十九大更是对决胜全面小康，创造美好生活，实现全体人民共同富裕，建设富强民主文明和谐美丽的社会主义现代化强国做出了全面的部署。

按照马克思主义哲学的基本观点，社会发展的实质是人的发展，人的主体地位和价值得到充分的尊重是社会文明与进步的关键，也是社会和谐稳定的重要表征。劳动关系是生产关系的重要组成部分，从表面上看，它体现的是生产资料和劳动力这两大生产力要素之间的交互作用，其背后隐藏的却是人与人之间的关系，即劳动过程中劳动者与劳动力使用者之间形成的社会关系。人是社会关系的总和，社会和谐的基本内涵是人的和谐、社会关系的和谐，而劳动关系作为一种基本的社会关系，其发展状态决定了社会关系和谐发展的基本面。早在2011年8月召开的全国构建和谐劳动关系先进表彰暨经验交流会上，习近平同志就指出，构建和谐劳动关系，是建设社会主义和谐社会的重要基础，是增强党的执政基础、巩固党的执政地位的必然要求，是坚持中国特色社会主义道路、贯彻中国特色社会主义理论体系、完善中国特色社会主义制度的重要组成部分，其经济、政治和社会意义十分重大而深远。2015年3月21日，中共中央、国务院又正式通过并发布《关于构建和谐劳动关系的意见》，对构建和谐劳动关系进行了系统性阐述。

健全劳动法制是构建和谐劳动关系的法律保障，其意义凸显在以下方面。第一，经济持续健康发展有赖于健全的劳动法制。尽管资本是创造财富价值的重要手段，其积累的确是经济增长不可或缺的物质条件，但作为物化劳动，它不可能自己创造自己，离开人的劳动，它只是不能增值的一般等价物而已。因此，资本只有在与人的劳动相结合的情况下，才能成为造富的工具。资本与劳动者和谐相处、平等合作、互利共赢是实现资本正增长的必要条件，没有和谐的劳动关系，资本难以增值，经济也不可能平稳正常运行。劳动法制是和谐劳动关系的根本保障，劳动法通过对用人单位和劳动者双方权利义务的规定，有效地规范了劳资双方的关系，使得劳动力资源能最大限度地实现优化配置，促进经济健康持续发展。第二，劳动者实现有尊严的劳动有赖于健全的劳动法制。劳动法以劳动权及其保护为制度基石，以劳动过程中的自由、尊严、安全与健康为关注重点，构建起了具有内在逻辑联系的劳动法制度体系，建立了一系列基本概念和基本规则，包括国家责任、社会责任、就业促进、劳动权、劳动报酬权、休息权、劳动报酬权、安全健康权等概念体系，以及倾斜保护、生存权有限、无过错责任、劳动基准、最低工资保障、社会保险、社会救助、社会福利、社会优抚等规则，保障了劳动者的基本人权。第三，劳动关系领域突出问题的解决有赖于健全的劳动法制。劳动者和用人单位之间天然地既相互依赖又存在利益冲突，是一对矛盾的统一体，在经济快速发展的当下，劳资矛盾进入凸显期和多发期，劳动争议案件数量居高不下。构建和谐劳动关系，既要解决劳动者最关心、最直接、最现实的利益问题，协调好企业与职工之间的利益关系；又要充分尊重、关怀劳动者，调动和激发所有劳动者的积极性和创造性。只有这样，才能把企业真正建成利益共同体、事业共同体、命运共同体，保持劳动关系和谐发展，促进社会和谐稳定。

劳动关系运行规则是劳动法理论研究的主要对象，也是劳动法制建设的重要内容。劳动关系是一种持续性关系，其运行环节众多，包括劳动关系的建立、履行、中止、终止等，每一个环节都有需要遵从的规则，这里既有实体规则也有程序规则。在我国特定的国情背景下，劳动关系遵循了从公法到私法再到公法私法相融合的演化路径，这一路径不同于当今工业化市场经济国家，因此我国现行法对劳动关系运行规则的设计也呈现出与西方资本主义国家不同的独特形态。我们需要研究基于我国国情的劳动法建立、存续和解除规则。

在互联网技术飞速发展的当下，网络平台用工风起云涌，平台经济的"去劳动关系化"操作，是一种经济契约型劳动交换方式的描述或遮蔽，其实质在于摆脱雇佣或从事从属性劳动的束缚。它的形成既有平台低成本灵活用工和网约工寻求自由高收益的经济动因，又有数字化知识和信息成为关键生产要素，重塑了劳资关系从属性的技术动因，更有劳动关系认定和"两分法"权益保护制度存在盲区，助长了机会主义行为的制度动因。因此，其治理需在现有的劳动关系认定司法实践当中做出趋利避害的价值选择，而如何选择是需要深入研究的课题。

企业经营方式的转变最容易成为企业规避劳动法上的义务的借口，在企业并购中，在企业劳务外包中劳动者权益比较容易受到侵害，这与经营方式转变时企业行为方式易滑入法律的模糊地带直接相关，一旦企业的行为被法律否定，则会面临较大的法律责任。经营方式的转变是企业谋求市场地位的手段，易言之，是企业谋生的需求，当其与劳动者谋生的需求发生冲突时，应当如何协调处理两者的关系，需要理论和实践层面的深入研讨。

随着经济社会的发展，劳动用工形式进一步多样化，劳动者也随之不断地分化，形成了一些特殊劳动者群体，比如超龄就业的劳动者、非全日制用工条件下的劳动者，对这类劳动者权益保护的水平直接彰显着社会和法律对公平正义的实现程度，如何设计这类特殊劳动者权益的保护规则，也直接考验着立法者的智慧，学术界应当通过深入的研究为立法和司法实践提供智力支持。

本书的理论框架和大纲的拟定以及观点的提炼、文字的修改由段晓红负责，参加本书撰写的作者有：王静（第一章），刘露（第二章），王威巍、郭瑛然（第三章），张梦、梁妙澜（第四章），韦曙平、蒙月哨（第五章）。全书由黄俊阳统稿审定。

由于劳动关系运行所涉规则众多，对于一些已经达成共识的问题本书就不再展开了，只对某些环节中分歧较大、争议较多的问题进行讨论。由于水平有限，收集的资料和整理的学术观点难免有所遗漏，论证尚显肤浅，恳请各位同仁批评指正。

目 录
CONTENTS

第一章

劳动关系建立规则：缔约过失责任的认定

在接触和磋商的过程中，合同缔结双方基于诚实信用原则承担先合同义务，违反先合同义务，需要承担缔约过失责任。"缔约过失责任是指缔约人或其缔约磋商辅助人故意或者过失违反先合同义务而给对方造成信赖利益或固有利益的损失时应依法承担的民事责任。"① 缔约过失责任理论由德国法学家耶林最先提出，后经不断地实践论证逐步形成完整的体系。我国对民事合同缔约过失责任的规定，主要见于《中华人民共和国合同法》（以下简称《合同法》）第 42条、第 43 条。对劳动合同的缔约过失责任的规定主要见于《中华人民共和国劳动合同法》（以下简称《劳动合同法》）第 3 条、第 26 条以及第 28 条。总体而言，规定得不够明确和完善，人民法院在审理劳动合同磋商过程中劳动者基于合理信赖利益受损请求赔偿的案件时，常常出现裁判标准不一致的情况。因此，深入探讨劳动合同缔约过失责任制度很有必要。

一、劳动合同缔约纠纷案件审理情况

（一）案件信息汇总

缔约过失责任最为典型的案件情况是缔约双方经磋商未能正式订立合同，但在磋商过程中，一方当事人违反诚实信用原则致使对方当事人利益受损，受损方要求赔偿的情形。我们以"缔约过失""赔偿损失"为关键词，在中国裁判文书网进行搜索，对检索到的案件进行详细的分析、挑选、整理和归纳，共选出 22 件典型的案件，包括 2012 年案件 1 件，2013 年案件 1 件，2014 年案件 4

---

① 马俊驹，余延满. 民法原论（第四版）[M]. 北京：法律出版社，2016：539.

件，2015 年案件 6 件，2016 年案件 8 件，2017 年案件 2 件。这 22 件案件均是劳动者与用人单位经磋商，但未能正式订立劳动合同，劳动者诉请用人单位予以经济赔偿的案件。为更清晰地展示各地法院审理案件的情况，特将 22 件案件的主要情况汇总成下列表格。

（二）法院审理案件情况分析

从上述统计表格中不难看出，各地人民法院对于劳动者与用人单位在订约磋商过程中产生纠纷的判决依据不一，存在如下分歧。

第一，有的人民法院认为该类纠纷属于劳动争议，应当先走劳动仲裁程序；而有的人民法院则直接依据相关法律受理并作出了裁判。

在 22 件案件中，2015 年北京市朝阳区人民法院受理的韩某案①，2014 年深圳市福田区人民法院受理的金某案②以及 2016 年北京市东城区人民法院受理的倪某案③，法院均认为受理的纠纷属于劳动争议，应先行劳动仲裁；而 2014 年溧阳市人民法院受理的傅某案④则采取了不同的处理方式。溧阳市人民法院认为傅某与被诉公司已经进入劳动合同的缔约阶段，双方形成特殊信赖关系，被诉公司存在缔约过失的情形，遂直接依照《民法通则》第 4 条，《合同法》第 42 条、第 49 条以及《劳动合同法》第 3 条、第 46 条、第 47 条之规定，判决被诉公司对傅某进行赔偿。被诉公司不服溧阳市人民法院的一审判决，诉至江苏省常州市中级人民法院，该院经审理判决驳回上诉，维持原判。审理傅某案的人民法院认为劳动者与用人单位在劳动合同的缔结阶段，双方争议属于缔约过失责任纠纷，适用民事诉讼程序，这与北京市朝阳区人民法院、深圳市福田区人民法院以及北京市东城区人民法院对同类案件的认识存在明显的不同。

---

① 详见北京市朝阳区人民法院（2015）朝民初字第 08234 号民事裁定书。
② 详见广东省深圳市福田区人民法院（2014）深福法民一初字 3773 号民事裁定书。
③ 详见北京市东城区人民法院（2016）京 0101 民初 602 号民事裁定书。
④ 详见江苏省溧阳市人民法院（2014）溧民初字第 813 号民事判决以及江苏省常州市中级人民法院（2014）常民终字第 2176 号民事判决书。

表 1-1

序号	年份	一审法院	案件	案由	当事人主张	审理结果及主要法律依据	二审法院	二审结果及主要法律依据	备注
1	2012	广东省深圳市福田区人民法院	蒋某案	劳动合同纠纷	赔偿经济损失75000元。	判决驳回;依据:《中华人民共和国民事诉讼法》(以下简称《民事诉讼法》)第65条、第142条。	广东省深圳市中级人民法院	撤销;某公司支付蒋某赔偿金12500元;依据:《深圳经济特区和谐劳动关系促进条例》第17条第2款。	仲裁委以不存在劳动关系为由,不予受理。
2	2013	上海市徐汇区人民法院	庄某案	缔约过失责任纠纷	承担经济损失55000元。	判决某公司支付庄某经济损失13043.48元;依据:《中华人民共和国民法通则》(以下简称《民法通则》)第5条。	无二审	无二审	
3	2014	江苏省溧阳市人民法院	傅某案	缔约过失责任纠纷	赔偿损失38987.6元,并承担诉讼费。	判决某公司赔偿傅某工资损失10016.28元;依据:《民法通则》第42条、第49条、第3条、第46条、第47条,《合同法》第4条,《劳动合同法》第46条、第47条。	江苏省常州市中级人民法院	维持;依据:《民事诉讼法》第170条第1款第(一)项。	
4	2014	贵州省安顺市西秀区人民法院	黄某案	劳动争议	支付违约金12000元,支付赔偿金3600元,并承担诉讼费。	判决驳回,可以缔约过失另行主张权利;依据:《民事诉讼法》第64条、第65条,《最高人民法院关于民事诉讼证据的若干规定》第2条。	无二审	无二审	仲裁委认为该项请求事项不属于劳动争议范围,不予受理。

续表

序号	年份	一审法院	案件	案由	当事人主张	审理结果及主要法律依据	二审法院	二审结果及主要法律依据	备注
5	2014	广东省深圳市福田区人民法院	金某案	缔约过失责任纠纷	支付体检费100元，赔偿误工损失9000元，并承担诉讼费。	裁定驳回，应先进行劳动仲裁；依据：《中华人民共和国劳动法》（以下简称《劳动法》）第79条，《中华人民共和国劳动争议调解仲裁法》（以下简称《劳动争议调解仲裁法》）第5条，《最高法关于适用〈民事诉讼法〉若干问题的意见》第139条。	无二审	无二审	
6	2014	北京市朝阳区人民法院	杨某案	劳动争议	赔偿经济损失127350元。	判决某公司支付杨某经济损失15669元；依据：《最高法关于民事诉讼证据的若干规定》第2条。	北京市第二中级人民法院	维持；依据：《民事诉讼法》第170条第1款第（一）项。	仲裁委不予受理。
7	2015	上海市徐汇区人民法院	顾某案	其他劳动争议	赔偿经济损失40000元。	判决某公司赔偿顾某经济损失20000元；依据：《民法通则》第4条。	无二审	无二审	仲裁委不予受理
8	2015	北京市朝阳区人民法院	韩某案	缔约过失责任纠纷	赔偿经济损失53030元。	裁定驳回，应先进行劳动仲裁，《民事诉讼法》第79条，《劳动法》第124条，《劳动争议调解仲裁法》第5条。	无二审	无二审	

续表

序号	年份	一审法院	案件	案由	当事人主张	审理结果及主要法律依据	二审法院	二审结果及主要法律依据	备注
9	2015	上海市青浦区人民法院	周某案	缔约过失责任纠纷	赔偿损失20000元。	判决某公司赔偿周某经济损失13000元；依据：《合同法》第42条。	上海市第二中级人民法院	维持；依据：《民事诉讼法》第170条第1款。	
10	2015	上海市黄浦区人民法院	欧阳某案	缔约过失责任纠纷	赔偿损失22000元，违背诚实信用原则赔偿10000元。	判决某公司赔偿欧阳某14880元。依据：《合同法》第42条第（三）项。	无二审	无二审	仲裁委以不存在劳动关系为由，不予受理。
11	2015	辽宁省沈阳市于洪区人民法院	王某案	劳动争议	赔偿经济损失24348元，并承担诉讼费。	判决某公司赔偿王某经济损失12276元。依据：《合同法》第42条。	辽宁省沈阳市中级人民法院	维持；《民事诉讼法》第170条第1款第（一）项。	仲裁委以未提供证据证明存在劳动关系为由，不予受理。
12	2015	北京市朝阳区人民法院	施某案	劳动争议	赔偿经济损失30000元。	判决某公司赔偿施某业的经济损失14400元；依据：《民法通则》第6条、第42条。	无二审	无二审	仲裁不予受理。
13	2016	上海市浦东新区人民法院	徐某案	缔约过失责任纠纷	赔偿经济损失37775元。	判决驳回；依据：《民法通则》第4条、《劳动合同法》第7条、《最高法关于民事诉讼证据的若干规定》第2条。	无二审	无二审	仲裁未获支持。

续表

序号	年份	一审法院	案件	案由	当事人主张	审理结果及主要法律依据	二审法院	二审结果及主要法律依据	备注
14	2016	北京市东城区人民法院	倪某案	劳动争议	赔偿缔约过失造成的损失7200元，并承担诉讼费。	裁定驳回，应先进行劳动仲裁；依据：《劳动法》第79条，《民事诉讼法》第154条第1款第（三）项，《劳动争议调解仲裁法》第2条。	无二审	无二审	
15	2016	上海市新浦东区人民法院	任某案	缔约过失责任纠纷	支付赔偿金54000元，支付体检费270元，补偿交通费1000元，补偿律师3000元，并承担诉讼费用。	判决某公司赔偿任某25000元及体检费270元，交通费500元；依据：《民法通则》第4条，《合同法》第6条，第42条。	无二审	无二审	
16	2016	北京市朝阳区人民法院	石某案	缔约过失责任纠纷	赔偿误工费等经济损失120000元，赔偿精神损失20000元。	判决某公司支付石某经济损失40000元；依据：《合同法》第42条，《最高法关于民事诉讼证据的若干规定》第2条。	无二审	无二审	
17	2016	北京市朝阳区人民法院	孙某案	缔约过失责任纠纷	赔偿各项支出及损失（含利息）共计93794.5元。	判决某公司支付孙某经济损失15000元；依据：《合同法》第42条，《最高法关于民事诉讼证据的若干规定》第2条。	无二审	无二审	

续表

序号	年份	一审法院	案件	案由	当事人主张	审理结果及主要法律依据	二审法院	二审结果及主要法律依据	备注
18	2016	上海市奉贤区人民法院	王某案	缔约过失责任纠纷	赔偿各项损失60000元，并承担诉讼费。	判决驳回；依据：《合同法》第13条、第16条、第20条、第21条、第23条。	无二审	无二审	
19	2016	四川省泸州市龙马潭区法院	王某案	缔约过失责任纠纷	赔偿经济损失100000元，并承担诉讼费。	判决驳回；依据：《合同法》第42条、第43条，《民事诉讼法》第64条第1款，《最高法关于民事诉讼证据的若干规定》第2条、第76条。	无二审	无二审	
20	2016	北京市朝阳区人民法院	张某案	缔约过失责任纠纷	支付工资损失8000元。	判决某公司支付张某经济损失8000元；依据：《合同法》第42条。	无二审	无二审	
21	2017	上海市静安区人民法院	孔某案	缔约过失责任纠纷	赔偿损失39000元。	判决某公司赔偿孔某签订劳动合同造成的损失10000元；依据：《劳动合同法》第3条，《合同法》第4条、第42条，《民法通则》第42条。	无二审	无二审	仲裁委认为请求事项不属于劳动争议范围，不予受理。
22	2017	北京市海淀区人民法院	石某案	缔约过失责任纠纷	赔付固定年薪276000元，并承担诉讼费。	判决驳回；依据：《合同法》第42条，《民事诉讼法》第64条第1款。	北京市第一中级人民法院	维持；依据：《民事诉讼法》第170条第（一）项。	

第二，此类纠纷先申请劳动争议仲裁的，绝大部分案件不被劳动争议仲裁委员会受理。案件信息显示，有9件案件根据劳动争议"先裁后审"的程序要求，先向劳动争议仲裁委员会申请了劳动争议仲裁，其中仅有1件案件被劳动争议仲裁委员会受理。

其余的8件案件劳动争议仲裁委员会认为不属于劳动争议范围或者不存在劳动关系，不予受理。唯一一件采用"先裁后审"的案子系2016年上海市浦东新区人民法院受理的徐某案①，该案先由劳动争议仲裁委员会受理，后由当事人起诉至人民法院。当事人徐某未能根据录用通知的要求准备齐全入职材料是导致劳动合同未能缔结的根本原因，故其赔偿经济损失的诉求未获劳动争议仲裁委员会和人民法院的支持。由于未能缔结劳动合同源于徐某自身过失，劳动争议仲裁委员会以及人民法院的处理结果并无不当。而劳动争议仲裁委员会不予受理的8件案件均为用人单位经与劳动者磋商确立缔结劳动合同的意思，之后用人单位明确拒绝缔结劳动合同，致使劳动者在积极准备正式订立劳动合同过程中产生了损失。由于未正式订立劳动合同，劳动争议仲裁委员会认为不存在劳动关系或者不属于劳动争议范围，对案件不予受理。如2015年北京市朝阳区人民法院受理的施某案②以及2015年上海市黄浦区人民法院审理的欧阳某案，劳动者不服劳动争议仲裁委员会作出的不予受理的决定，遂向人民法院提起诉讼。

第三，此类纠纷诉至人民法院后，各地人民法院所裁判适用的法律不一。上述2015年北京市朝阳区人民法院受理的施某案以劳动争议为案由，法院依据《合同法》第六条、第42条的规定进行了判决；2015年上海市黄浦区人民法院受理的欧阳某案以缔约过失责任纠纷为案由，法院主要依据《合同法》第42条进行了判决；2015年沈阳市于洪区人民法院受理的王某案③，以劳动争议为案由，也依据《合同法》第42条进行了判决，该案二审人民法院维持了原审人民法院的判决。除以上所述三个案件外，其他案件判决的主要依据还包括《民法通则》第4条、《民事诉讼法》第65条、《劳动合同法》第3条等。人民法院在

---

① 详见上海市浦东新区人民法院（2016）沪0115民初67581号民事判决。
② 详见北京市朝阳区人民法院（2015）朝民初字第66282号民事判决书。
③ 详见沈阳市于洪区人民法院（2015）于民一初字第02847号民事判决。

判决理由部分均认可在劳动合同磋商阶段存在缔约过失责任的情形，但是，最后的判决依据并非《劳动合同法》等劳动领域的立法，而主要是调整一般民事纠纷的《民法通则》和《合同法》。此种情形值得深思。

第四，各地人民法院对此类纠纷的立案案由不一致，诉讼费缴纳金额差异较大，详细情况如下表1-2所列。

表1-2

序号	案件	案由	标的额（元）	诉讼费	序号	案件	案由	标的额（元）	诉讼费
1	傅某案	缔约过失责任纠纷	38987.6	一审：776，减半收取388元 二审：776元	2	庄某案	缔约过失责任纠纷	55000	一审：1175元，减半收取587.5元
3	金某案	缔约过失责任纠纷	9100	一审：50元，退还	4	韩某案	缔约过失责任纠纷	53030	一审：394元，退还
5	周某案	缔约过失责任纠纷	20000	一审：300元 二审：125元	6	欧阳某	缔约过失责任纠纷	32000	一审：600元，减半收取300元
7	徐某案	缔约过失责任纠纷	37775	一审：744元，减半收取372元	8	石某案	缔约过失责任纠纷	140000	一审：1550元
9	任某案	缔约过失责任纠纷	58270	一审：1256.75元，减半收取628.38元	10	王某案	缔约过失责任纠纷	60000	一审：1300元，减半收取650元
11	孙某案	缔约过失责任纠纷	93794.5	一审：1072元	12	张某案	缔约过失责任纠纷	8000	一审：50元

续表

序号	案件	案由	标的额（元）	诉讼费	序号	案件	案由	标的额（元）	诉讼费
13	王某案	缔约过失责任纠纷	100000	一审：2300元，减半收取1150元	14	石某案	缔约过失责任纠纷	276000	一审：文书未显示诉讼费 二审：5540元
15	孔某案	缔约过失责任纠纷	39000	一审：10元，减半收取5元	16	蒋某案	劳动合同纠纷	75000	一审：5元 二审：15元
17	黄某案	劳动争议	48000	一审：10元，减半收取5元	18	杨某案	劳动争议	127350	一审：5元 二审：20元
19	王某案	劳动争议	24348	一审：10元 二审：10元	20	施某案	劳动争议	30000	一审：10元
21	倪某案	劳动争议	7200	裁定书未显示诉讼费	22	顾某案	其他劳动争议	40000	一审：800元，减半收取400元

在表格所列的22件案件中，有15件案件以缔约过失责任为案由立案，有6件案件以劳动争议或劳动合同纠纷为案由立案，有1件案件以其他劳动争议为案由立案。我国《诉讼费用交纳办法》对一般民事财产争议案件和劳动争议案件的诉讼费用缴纳规定如下：第13条第1款规定了财产类案件诉讼费用的计算公式，即诉讼费是按照比例分段计算，诉讼费计算的基数是诉讼请求的金额或者价额；第13条第4款特别规定，劳动争议案件是按件收费，标准为10元/件，与争讼金额无关。2016年北京市朝阳区人民法院受理的石某案①以缔约过失责任纠纷为案由，石某在起诉书中要求赔偿其各类损失共计140000元。法院审理后认定案件受理费为1550元，判决由原告石某承担550元，被诉公司承担1000元。2014年北京市朝阳区人民法院受理的杨某案②以劳动争议为案由，杨某要

---

① 详见北京市朝阳区人民法院（2016）京0105民初13588号民事判决书
② 详见北京市朝阳区人民法院（2014）朝民初字第42805号民事判决书。

求赔偿经济损失127350元；审理后，法院认定案件受理费为5元，由被诉公司承担。杨某与被诉公司均上诉至北京市第三中级人民法院，该院经审理判决驳回上诉，维持原审判决，杨某和被诉公司各承担10元案件受理费。2014年上海市徐汇区人民法院受理的顾某案①，以其他劳动争议为案由，顾某要求赔偿经济损失40000元；审理后，法院认定案件受理费为800元，减半收取计400元，由顾某和被诉公司各承担200元。以不同的立案理由进行立案，人民法院收取的案件诉讼费用不同。对于在劳动合同磋商过程中出现的纠纷，不同人民法院的立案理由不尽相同，导致了诉讼费计算方式的不同，进而使得当事人缴纳诉讼费用的金额存在较大差距。劳动争议案件的诉讼费用低廉，而一般民事案件的诉讼费用相对较高。若将劳动合同磋商过程中出现缔约过失责任纠纷的诉讼案件视为普通民事案件处理，则当事人要缴纳相对较高的诉讼费。

综上所述，现行法律法规对于劳动合同缔约过失责任的规定不明确，因此在处理此类纠纷时出现了法律关系性质认定不一、程序适用不一、裁判不一的结果。因此，明确劳动合同领域的缔约过失责任的地位，完善劳动合同缔约过失责任的相关法律规定，统一裁判标准，减少该类案件审理的分歧，形成较为统一的裁判结果，对于保护劳动合同缔结双方的合法利益以及实现劳动领域特别立法的目的具有重要意义。

二、劳动合同缔约过失责任的价值与基础

（一）劳动合同缔约过失责任的价值

在劳动合同领域确立缔约过失责任制度有其特殊的适用空间和存在的价值。区分一般民事合同的违约责任和缔约过失责任的重要标志是成立的时间。合同成立前，合同关系不存在，有信赖利益损失应当追究缔约过失责任；合同成立之后，违反合同约定义务，追究违约责任。当然，一般民事合同被认定为无效或者被撤销的，视为合同未订立，应当追究缔约过失责任。同样，在劳动合同缔约过失责任中，对劳动合同成立的认定决定着该责任的适用范围。

---

① 详见上海市徐汇区人民法院（2015）徐民五（民）初字第793号民事判决书。

通常情况下，一般民事合同的成立需经要约和承诺两个阶段，在承诺生效时合同即告成立。民事法律对要约和承诺的要求是：要约必须具备希望与他人订立的合同的必备条款，内容具体且确定；承诺要与要约的内容一致，才能认定承诺在到达要约方时生效。若承诺的内容对有关合同标的、数量、质量、履行期限、违约责任等予以变更，则视为新的要约，不能认定缔约双方完成了要约、承诺的过程，达成了合意。由此可见，达成合意的前提是要约包含了民事合同的主要必备条款，而承诺方对这些条款无保留地接受。在劳动合同的缔约过程中，一般是用人单位发出录用通知书，劳动者作出承诺，许多人认为这一过程与民事合同要约承诺的过程相同，劳动者收到用人单位的录用通知（要约）并作出承诺，便意味着双方达成合意，劳动合同成立，此时发生纠纷便不能认定为劳动合同缔约过失责任。这一观点默认的前提条件是"用人单位录用通知书属于要约"，但果真如此吗？学界有不同的看法。我们认为若将录用通知书视为要约，前提是录用通知书的内容包含了劳动合同订立的主要内容条款。劳动合同的主要内容是我国《劳动合同法》第17条规定的必备条款予以衡量，即包括工作内容、时间和地点、期限、报酬、社会保险、工作条件等。而录用通知书往往不会全面地包括这些劳动合同主要的内容。既然要约在内容上应当具备合同的主要必备条款，那么将不具备劳动合同必备条款的录用通知书一律视为要约似有不妥，即便劳动者作出承诺达成合意，此时的合意也不应当看作劳动合同成立的标志。

在缔结劳动合同的过程中，"从整个个别劳动关系来看，存在着许许多多的合意，既有最初的合意，也有过程中的合意，还有最终的合意，这一系列合意的整体才是个别劳动关系的完整面目，是真正的劳动契约"①。换言之，劳动合同缔结过程中存在许许多多的合意，而这些合意的目的是确立劳动关系，用人单位和劳动者的合意最终体现在订立的劳动合同上。要约应是指发送劳动合同文本的行为，承诺应是同意合同文本内容并签字确认的行为，要约和承诺形成签订劳动合同的合意，合意达成，合同成立。此外，"合同成立的时间，因其为

---

① 董保华. 劳动合同立法的争鸣和思考［M］. 上海：上海人民出版社，2011：444.

要式合同或为不要式合同而有所区别，也因其为诺成性合同或为实践合同而有不同"①。合同是诺成合同又是要式合同的，承诺生效时合同并不一定成立。我国法律明确规定，合同约定采用合同书形式订立合同的，自双方签字或者盖章时成立。按照合同的标准分类，劳动合同应当属于诺成性合同和要式合同。招聘活动的目的是建立劳动关系，而不是建立一般的民事法律关系。我国法律强制性要求建立劳动关系要订立书面合同。以书面形式确立劳动合同，不仅可以使双方权利义务明确，便于合同的履行，而且在产生纠纷时可以做到有据可查。由于我国法律强制性地规定了劳动合同必须以要式合同的形式出现，因此，缔约双方就劳动合同主要条款达成一致，在书面合同上签字或者盖章时，劳动合同才能成立。参照一般民事合同理论区分违约责任和缔约过失责任的标准，劳动合同缔约过失责任在劳动合同未成立时具有适用的空间。

一般民事合同在无效或者被撤销的情况下，也适用缔约过失责任追究过错方的责任。民事合同若存在"以欺诈、胁迫订立合同，损害国家利益；恶意串通，损害国家、集体或者第三人利益；以合法形式掩盖非法目的，损害社会公共利益；违反法律、行政法规强制规定的，无效。因重大误解、显失公平、欺诈、胁迫的手段或者乘人之危订立民事合同，可撤销"。可见，民事合同有未成立、有效、无效和可撤销四种形态，而劳动合同与民事合同迥异，劳动合同只具有未成立、有效和无效三种形态，没有可撤销形态。以欺诈、胁迫手段或者乘人之危，订立或者变更劳动合同的，劳动合同无效。对于无效的劳动合同的处理，相关劳动立法有明确的规定——当事人可以解除劳动合同。双方为此发生纠纷时，适用劳动领域的特殊立法予以处理，一般不认定为缔约过失责任。

总之，劳动合同有异于民事合同的特殊属性，适用一般民事合同立法的相关规定规制劳动合同缔约过失纠纷不妥，在劳动法领域确立劳动合同缔约过失责任具有特殊的存在价值，有必要在借鉴民事合同缔约过失责任制度的基础上建立专门适用于劳动合同领域的缔约过失责任制度。

---

① 马俊驹，余延满. 民法原论（第四版）[M]. 北京：法律出版社，2016：538.

(二) 确立劳动合同缔约过失责任的基础

1. 理论基础

劳动合同虽然有异于民事合同，但并未完全脱离合同的属性而独立存在，劳动合同的私法特征仍不容忽视。劳动合同虽受公权力的调整，但在公权力没有涉及的领域，还是需要遵从私法原则。"脱离民法契约法基础的劳动合同法律制度是没有基础的法律制度。"① 换言之，劳动合同制度的建立和完善需要依托于民法所积淀的博大精深的契约理论。劳动合同属于合同范畴，具有一般合同的共同属性，但也有其特殊性。具体来讲，民法上的雇佣合同是劳动合同的最初形态。在西方早期的民事立法中，劳动合同普遍被纳入民事合同的范畴进行调整。随着民事雇佣合同不断地社会化，雇佣合同以个人主义思想为核心的观念不断受到冲击，致使雇佣合同不足以规范劳动生活，随之产生了符合生产力发展需要的现代意义上的劳动合同。劳动合同虽然也遵从契约自由的理念，但国家公权力在诸多方面对传统契约自由理念作出了限制，"以对不平等的劳动关系加以矫正和平衡，协调和稳定劳动关系"②。但这种限制并未消灭劳动合同的合同性质，就缔约过程而言，公权力干预并不明显，劳动合同与民事合同的缔约过程并无太大的差异，在这一过程中，契约自由原则仍应得到贯彻，诚实信用及合理信赖原则仍应得到遵从。从责任的角度看，"缔约过失责任是一种独立于侵权责任又独立于违约责任的另一种民事责任"③。"法律所要保护的不只是一个已经客观存在的签订合约双方，并且应当保护即使将要出现或正在出现的签订合约双方。"④ 劳动合同是从一般民事合同演变和分化出来的，劳动合同的公法化、社会化不能排斥合同法基本理念和价值对它的指引、约束。把诚实信用以及合理信赖原则确认在劳动合同领域中，约束缔结双方在劳动合同缔约过程中的相应行为，可以更加平等地保护缔结合同当事人的合法权益，更好地贯彻劳动立法的宗旨。

---

① 郑尚元. 劳动合同法的制度与理念 [M]. 北京：中国政法大学出版社，2008：20-21.
② 姜颖. 对《劳动合同法》几个争议问题的认识 [C] //北京市法学会劳动法学和社会保障法学分会. 2007 年年会论文集，2007：52.
③ 姜淑明. 先合同义务及违反先合同义务之责任形态研究 [J]. 法商研究. 2010 (2)：35.
④ 王泽鉴. 债法原理（第一册）[M]. 北京：中国政法大学出版社，2001：230.

2. 法律基础

民事合同的缔约过失责任规定具体见于我国《合同法》的第42条、第43条及第58条，包括四种情形：一是不具备订立合同真实的意思表示，仅以订立合同为名头进行恶意磋商；二是有意将重要事实进行隐瞒或者故意提供不实情况；三是不正当地使用商业秘密或者泄露商业秘密的；四是存在违背诚实信用原则的其他行为。"合同无效和被撤销的缔约过失责任、合同不成立的缔约过失责任在我国现行的民事立法中得到了较全面的规定。"① 劳动合同与民事合同属性相通，在劳动合同缔结过程中，当事人双方也应遵循诚实信用原则，对于跟劳动合同密切相关的内容，缔结双方均有向对方进行说明的义务。我国《劳动合同法》第8条规定，用人单位对招聘岗位的相关情况要如实向劳动者告知，劳动者也应当如实向用人单位告知自身与订立劳动合同相关的基本情况。这一条无疑确立了劳动合同缔结双方的先合同义务。

有的学者认为，在我国劳动法中无缔约过失责任制度，只是通过劳动合同的无效及过错方损害赔偿制度间接地调控缔约过失行为②。有的学者则认为，我国劳动领域对缔约过失责任制度进行了规定，主要规定在《劳动合同法》第3条、第26条、第27条、第28条以及第86条。我们认为第二种观点是比较客观的。结合《劳动合同法》第八条如实告知义务的规定，若违反如实告知的义务，可能形成欺诈导致合同无效，这符合违反先合同义务承担缔约过失责任的情形。尽管这些规定没有明确劳动合同缔约过失责任这一概念，但事实上确立了缔约过失责任。不过，我国劳动法对于因用人单位导致劳动合同无效的后果虽有明确的规定，但是对于因劳动者导致的劳动合同无效的后果缺乏规制，同时也对因缔约一方的过错致使劳动合同不能签订时，造成无过错方的损失，应如何承担赔偿责任的问题缺乏必要的规定，不能不说是一大遗憾。

综上所述，我国现行立法对劳动合同缔约过程中的权利义务有所涉及，为确立劳动合同缔约过失责任制度奠定了一定的基础。但是，这些规定远远不足

---

① 岳中峰. 试论缔约过失责任理论在劳动合同制度中的引入与适用 [J]. 河北法学，2006（12）：95.

② 刘明辉. 女性劳动和社会保障权利研究 [M]. 北京：中国劳动社会保障出版社，2005：14.

以应对审判实践中出现的各类问题。劳动合同缔约过失责任法律规定尚存一定的缺陷，在审判实践中对其有不同的理解，各地人民法院对类案的裁判不统一，不能很好地彰显公平正义。

3. 实践基础

对于劳动合同纠纷的法律适用问题，理论界主要有三种观点：第一种观点认为，由于劳动合同纠纷有专门的法律加以进行规定，因而裁判时只能适用劳动方面的法律法规①。第二种观点认为，《劳动合同法》与《合同法》是特别法与普通法的关系，基于特别法优于普通法的规则，在符合劳动领域立法精神的前提下，劳动相关立法没有明确规定的事项，可适用于《合同法》的有关规定②。第三种观点认为，劳动合同可直接适用《合同法》的一般规定。认为《合同法》在有名合同的种类上未能规定雇佣合同为一大憾事③。劳动合同法律制度的基础是民事立法，民事合同立法对劳动合同起着指导作用，两者相互联系，又各有特性。我们认为，我国《民法通则》和《合同法》等法律调整的是民事合同关系，并不能直接适用于劳动合同领域。从劳动合同的特殊性考虑，《民法通则》和《合同法》的相关法律规定不能简单地直接适用于劳动合同纠纷。当然在实践中，有些人民法院在处理劳动合同缔约过程出现的纠纷时，直接依据一般民事合同的法律规定来裁判，没有充分考虑劳动合同缔约过失责任的特殊性，这是欠妥当的。

我国于2007年6月29日发布了《劳动合同法》，并于2012年12月28日对《劳动合同法》进行了修订。至2018年，地方出台和修订的关于《劳动合同法》配套法规文件一共有9个，具有地方配套实施规定的省市分别是山东省、江苏省、山西省、吉林省、辽宁省、重庆市、深圳市、合肥市以及郑州市。可见，地方权力机关对保证国家劳动立法的顺利实施给予了高度的重视，但同国家层面的法律一样，地方立法对于劳动合同缔约过失责任的规定也存在缺失。不过，从前文的案例统计表1-1来看，在司法实践中，法院对劳动合同缔约阶段的纠纷按照承担缔约过失责任予以认定的思路还是比较认可的，在汇总的22件案子

---

① 林嘉. 劳动合同若干法律问题研究 [J]. 法学家，2003 (6)：66.

② 王全兴. 劳动合同立法中若干重要问题讨论 [J]. 中国劳动，2007 (7)：11.

③ 林嘉. 劳动合同若干法律适用问题研究 [J]. 法学家，2003 (6)：66.

中，认定为承担缔约过失责任的共计 15 件，占 68%。这无疑为劳动法确立缔约过失责任提供了实践基础。

（三）域外立法的经验

域外国家的劳动立法对劳动合同缔约过失责任早有规定。韩国、俄罗斯、德国以及美国等国家在第二次世界大战后经济得到较快的增长，劳工方面的立法比较完善，研究这些国家的相关立法经验，可为我国提供必要的借鉴。

韩国《劳动标准法》明确规定劳动者在缔结劳动合同时，为使招录人能够适当地选择劳动力，有义务具体说明自身相关情况。即使在磋商时劳动者和招录者不存在任何劳动关系，双方都有就劳动合同有关重要事项向对方如实告知和说明的义务。若招录者误认为劳动者具备工作岗位要求的条件的情况是由于劳动者存在欺瞒所引起的，由劳动者承担由此造成的损失。"劳动者赔偿的责任仅限于受损的信赖利益（消极的合同利益）。"① 由此规定可以看出，劳动者和招录者在劳动合同缔结磋商阶段，存在如实告知和说明的先合同义务，违反如实告知和说明的先合同义务要承担信赖利益受损的赔偿责任，即承担缔约过失责任。

俄罗斯的《俄罗斯联邦劳动法典》规定，招录单位不得设置不属于工作岗位要求的职业素质方面的条件，比如不得设置政治信仰、参加社团等歧视条件对劳动者就业权利进行限制，只有存在正当理由才能不予聘用劳动者。此外，若因国家对社会特殊需要和保护特定人员设置的差别优先权，或者是由于招录工作岗位具有特殊性而设定的差别优先权，则不属于违反法律设置的歧视规定②。由此可以看出，禁止招录单位在招聘劳动者的过程中设置歧视性条件是俄罗斯法律的明确规定。俄罗斯法律的相关规定让缔约合同双方处于相对平等的地位，与其倾斜保护相对弱势一方合法权益的立法宗旨相适应。

德国相关法律认为，缔约双方的说明义务与保护义务是基于契约法之原理所发生的。在劳动契约中并无例外，在缔结劳动合同时，双方也具有说明义务与保护义务。因此，德国法律规定："双方在缔约过程所发生之缔约过失

---

① 王益英. 外国劳动和社会保障法［M］. 北京：中国人民大学出版社，2001：33-34.
② 蒋璐宇. 俄罗斯联邦劳动法典［M］. 北京：北京大学出版社，2009：46.

或无效契约信赖利益之损害赔偿之请求权均有成立之可能。"① 不难看出，德国认为，缔约过失责任的制定在劳动契约中也应当适用。德国法律规定在劳动契约缔约过程中，缔约双方互负特定的权利和义务，若违反说明和保护义务，使得信赖利益受损的，可以请求赔偿。这明确了劳动合同领域缔约过失责任的适用情况。

美国雇佣关系的基本原则是随意雇佣原则。该原则是指"雇佣关系没有确定的期限，任何一方都可以在任何时候以任何理由终止雇佣关系，并不因此承担法律责任"②。在随意雇佣原则下，雇佣关系并非基于合同进行认定，雇佣关系建立的形式由雇主决定。为限制随意雇佣原则的滥用，美国立法确立了不当解雇制度，即明确了随意解雇的例外情形。在不当解雇制度中包括信赖雇佣的情形，即存在为接受新工作而辞去旧工作，为便利新工作而搬到离工作地点较近的地方居住，购买与新工作相关的工具或者其他为新工作开展而支出费用的情形的，未经合理的时间就解雇劳动者的，雇佣劳动者的单位要承担赔偿劳动者损失的法律责任。美国有关法律规定的信赖雇佣，实质上就是为了保护劳动者的利益，基于信赖而付出积极的行动应当得到法律的保护。美国的信赖雇佣规定，保护劳动者的信赖利益，是劳动领域缔约过失责任制度的体现。

上述国家对劳动合同缔约过失责任进行了较为明确的规定，都认为之所以要承担缔约过失责任，是因为当事人的信赖利益受损，而赔偿范围也仅限于受损的信赖利益。这一方面明确了劳动合同缔约过失责任的承担依据，另一方面也划定了缔约过失责任的范围，为司法实践裁审案件提供了统一的标准。我国在构建劳动合同缔约过失责任制度时可予以借鉴。

三、影响构建劳动合同缔约过失责任的特殊因素

缔约过失责任理论在民事领域的发展已经趋于成熟，而在劳动合同领域少

---

① 刘雪梅，索国兴. 论缔约过失责任在劳动合同领域的确立与适用 [J]. 社会科学论坛，2014 (11)：241-242.
② 石美霞. 劳动关系国际比较 [M]. 北京：中国劳动社会保障出版社，2010：20.

有提及和应用。工业革命前存在的劳工法规在不同程度上保护了雇主的利益，与向作为弱者的劳动者倾斜的现代劳动立法理念相去甚远①。现代意义上的劳动法产生发展较晚，劳动契约制度尚未产生如民事契约那样完善的要约和承诺的理论体系。但缔结劳动合同也是需要磋商的，在磋商的过程中也会产生一定的权利义务关系，当事人违反权利义务应当承担什么样的责任，需要法律予以明确。因此，建立劳动合同缔约过失责任制度很有必要。借鉴《中华人民共和国劳动法》（以下简称《劳动法》）中的定义，可将劳动合同缔约过失责任界定为"在订立劳动合同过程中，一方因违背劳动合同的先合同义务，给对方当事人造成的信赖利益的损失所应承担的责任"②。与民事合同相比较，劳动合同的缔结具有其特殊性，在将民事领域的缔约过失责任理论引入劳动合同领域时不能完全照搬，需要考虑一些特殊因素。

（一）劳动合同缔约主体的特殊性

劳动合同的缔约主体指的是意欲参与劳动关系，遵守劳动法律法规，受劳动法律法规调整的社会主体。一般而言，民事合同的缔约主体地位平等，拥有完全的缔约自由，在民事活动中始终具有平等性。民事合同是自然人、法人、其他组织参与订立的，双方主体不具有特定性。劳动力具有人身依附性，劳动合同缔约双方具有特定性，一方必须是劳动者，另一方只能是用人单位。我国《劳动法》第2条以及《劳动合同法》第2条第1款明确指出，劳动关系是由我国境内的企业、个体经济组织、民办非企业单位等组织（统称"用人单位"）与劳动者建立的社会关系，劳动合同应当由劳动者本人亲自与用人单位缔结。在就劳动合同进行磋商的过程中，双方享有相互选择和自由确立合同主要条款的权利。在劳动关系正式确立后，双方便存在了隶属性、人身依附性。在缔结劳动合同过程中，用人单位拥有更多的话语权，劳动者相比处于弱势地位，缔约双方的地位实质上是不平等的。制定劳动法律法规的目的就是平衡劳资关系并且规范相关劳动活动。

可见，劳动合同缔约过失责任的主体与民事合同的相关主体不一样，民事

---

① 郑尚元. 劳动法与社会保障法前沿问题［M］. 北京：清华大学出版社，2011：82.
② 太月. 劳动违约责任研究［M］. 北京：对外经济贸易大学出版社，2015：26.

合同缔约过失责任的主体是缔约人或者缔约磋商辅助人，劳动合同缔约过失责任的主体只能是作为缔约人的用人单位和劳动者。因此，为体现对劳动者的倾斜保护，劳动合同缔约过失责任制度的确立不能简单地参照民事合同的相关法律规定，应当在适用上体现劳动关系的特殊性。

（二）劳动关系客体的特殊性

法律关系的客体是指法律关系主体相互权利义务所指向的对象。主体之间的法律关系需要通过客体这一中介构建起来。民事法律关系的客体表现为物、行为、智力成果、人身利益等，可以对一定物质利益进行概括，能以一定的数量或者质量作为标准来衡量。民事法律关系的物质利益是可以独立存在的。而劳动法律关系的客体综合体现为劳动力，包括劳动行为、劳动成果等。劳动力的所有权属于劳动者，劳动者通过出卖劳动力体现价值，获得财产性利益。劳动力具有财产属性和人身属性，劳动力的财产属性隶属于劳动者的人身，无法独立存在。

要约和承诺一致是合同成立的主要标准，合同的成立标志着先合同义务的终结。一般而言，民事合同要约和承诺达成，合同即可成立，标的以及数量、质量等约定可以用来衡量要约是否具备订立合同的基本内容。作为劳动关系客体的劳动力不能以客观的数量和质量标准来衡量，无法以具体的形式表现为要约的主要内容。换言之，劳动合同的客体难以像民事合同的客体一样以具体的形式表现在要约的内容中。此外，用人单位为实现劳动力的价值有为劳动者提供相应劳动条件的责任和义务。而在民事法律关系中，通常不存在一方必须为另一方提供其履行合同义务的条件的要求。可见，就客体而言，劳动合同较之民事合同具有特殊性。

（三）劳动合同缔约的内容具有特殊性

民事合同缔约当事人对充分的自由协商的内容具有任意性。只要在不违背法律、行政法规等强制性规定的情况下，缔约的内容完全取决于当事人的意思表示，国家干预程度较低，充分遵循"法无禁止皆可为"的私法精神。而劳动合同缔约双方协商的内容必须符合法律的规定，对于有法律强制性规定的内容，当事人没有协商确定的余地。如用人单位为需聘用劳动者提供符合国家规定的劳动条件、最低工资、最长工作时间、法定休息休假、劳动安全保护，给予经济补偿，提供社会保险等。对于这些必备条款用人单位不能擅自变更，否则将会承担民事责任或者行政责任。由此可以看出，劳动合同缔约的内容受国家干预程度强，缔约双方虽然有一定意思表示的自由，但是仅可在法律允许的范畴内进行协商和约定。我国法律法规对于劳动合同缔结的部分内容进行强制性的规定，正是为了倾斜保护劳动者的利益，这也表明劳动合同缔结的内容具有特殊性。

（四）劳动关系的确立具有特殊性

民事合同的成立和民事关系的确立通常具有一致性，若民事合同成立，民事关系确立，则不存在缔约过失责任适用的空间，因为民事合同的先合同义务通常终于合同的成立。而在订立劳动合同过程中，往往会出现劳动合同成立和劳动关系确立不同步的情形。劳动合同的订立可能并不意味着劳动合同的先合同义务的终止。劳动合同缔结过程中的先合同义务"始于招聘求职行为，终于劳动用工的开始"①。

民事合同的订立形式有口头、书面和其他形式，而劳动合同通常要求采用书面形式。劳动合同的成立生效与劳动关系的确立并不总是一致的。我国法律规定不论是否订立书面劳动合同，自用工之日起就建立了劳动关系。这意味着有三类情况：第一类情况，用人单位与劳动者订立书面合同是在实际用工开始时进行的，劳动关系建立和劳动合同订立同时发生，先合同义务终止于劳动关系的建立，以书面劳动合同的订立为表现形式。这种情况不容易引发争议。第二类情况，用人单位与劳动者订立劳动合同前就实际用工的，基于劳动关系的确立，依据劳动法律的相关规定，劳动者实际工作后，根据法律规定，用人单位超过一个月不满一年基于未订立书面劳动合同的事实承担支付每月二倍工资的责任。此时，用人单位并非基于约定承担责任，而是基于法律的强制规定承担责任。对于用人单位而言，先用工后签订合同的行为面临一定的法律风险，但这种风险通常不属于缔约过失责任风险。第三类情况，订立劳动合同在前，而实际用工在后。

---

① 喻术红，张荣芳. 劳动合同法学 [M]. 武汉：武汉大学出版社，2008：28.

第一、第二种情形下，劳动合同的先合同义务均终止于劳动关系的建立。第三种情形下，实际用工之日是劳动关系建立之日。此时，我们认为劳动先合同义务已终止于劳动合同的订立，尽管没有实际用工，但劳动合同已将双方的权利义务固定下来。可见，劳动关系的确立相对于民事关系的确立具有复杂性。

四、构建我国劳动合同缔约过失责任制度之思考

《劳动合同法》第3条以及第8条对劳动合同订立的先合同义务进行了规定。第3条是原则性的规定，要求劳动合同的缔结双方要遵循公平、平等自愿、诚实信用等原则；第8条是具体的规定，要求订立劳动合同的双方承担如实告知义务。总体而言，法律对劳动合同缔约过失责任的规定比较粗线条，不能满足司法实践的需要。因此，有必要将《劳动合同法》中的相关条款进一步明确和细化，比如规定在订立劳动合同过程中，恶意磋商，提供虚假情况或者故意隐瞒重要事实以及存在违背诚实信用原则的其他行为的，给对方造成损失，应当承担损害赔偿责任。此外，现行法虽然明确规定因订立劳动合同发生的争议适用《劳动争议调解仲裁法》，但在实践中却未完全遵照执行，有些在订立劳动合同过程中发生的争议被劳动争议仲裁委员会拒之门外。因此，有必要在《劳动争议调解仲裁法》或者相关法律实施细则中明确规定劳动合同缔结过程中出现的纠纷，劳动争议仲裁委员会应当受理并适用本法处理。对于劳动合同缔约过失责任制度的确立，我们认为还应当明确以下四个问题。

（一）责任主体的确定

缔结劳动合同的双方进行磋商，以先合同义务为基础产生信赖利益，当信赖利益遭受损失，则可以向缔约另一方当事人进行追偿。劳动合同缔结的主体具有特殊性，我国劳动相关立法予以明确。劳动关系的一方主体是用人单位，另一方主体是劳动者，作为劳动关系的主体，当然得承担由于订立劳动关系产生纠纷的责任，即成为劳动合同缔约过失责任的主体。

除用人单位和劳动者之外，有学者通过对大中专毕业生就业时订立就业协

议的情况进行研究，推导第三方作为缔约过失责任主体的结论①。该观点认为，应该把就业协议定性为劳动合同的先合同义务，学校作为合同外的第三方可以追究或者承担劳动合同缔约过失责任。有学者赞同学校作为第三方责任主体的观点，并将获得劳动者泄露商业秘密的单位也纳入责任主体的范围②。有学者认可第三方承担责任的观点，认为除了就业协议的高校方外，劳动者的子女、配偶、父母也应当成为主体。该观点认为劳动合同缔结与劳动者配偶、父母、子女等第三方存在密切联系。因用人单位过失而使劳动合同不能成立或无效，与劳动者存在密切联系的第三方作为受害者向用人单位追偿③。

虽然劳动合同与一般民事合同相比具有其特殊性，但两者也有共性，突破民事领域关于缔约过失责任的适用前提不符合制度设置的目的。第三方作为劳动合同中追偿责任主体的观点值得商榷。保护缔约劳动合同双方合理信赖利益是制度设立的目的。而信赖利益并非凭空产生的，而是基于法律规定的先合同义务产生的。就就业协议而言，高校方作为第三方，为保护学生的利益在毕业生与用人单位正式订立劳动合同前有一定程度的介入，但是，这种介入是国家教育部门基于统筹计划的安排要求进行的工作，并没有明确的法律法规规定高校在就业协议中承担何种法律义务。倘若将就业协议视为劳动合同的先合同义务，那么这种先合同义务也仅约束用人单位以及高校毕业生，作为教育机构的高校并未介入用人单位与毕业生接触磋商的过程，不应当为每年数以万计的毕业生承担缔约过失责任的风险。

获得劳动者泄露秘密的单位，其侵犯的是被泄露用人单位对商业秘密享有的合法权利，对该种行为追究责任，若以劳动合同缔约过失责任为案由，则会被定性为劳动争议，程序适用上会占用劳动争议仲裁的资源，而且法律适用也过于牵强。因此，我们认为以民事领域的侵权责任追究更为妥当。

我国法律明确规定公民对于配偶及直系亲属承担扶助和抚养赡养的义务。

---

① 张冬梅. 论劳动合同中的缔约过失责任制度 [J]. 北京市工会干部学院学报，2005 (2)：47.

② 支果，吴斌，涂强. 劳动合同法学 [M]. 成都：西南交通大学出版社，2007：132.

③ 岳中峰. 试论缔约过失责任理论在劳动合同制度中的引入与适用 [J]. 河北法学，2006 (12)：96.

若用人单位基于劳动合同不能成立对劳动者赔偿损失，劳动者获得的信赖利益损失赔偿金，可弥补劳动者不能获得正常收入的亏损。若在劳动者之外又赋予劳动者配偶或直系亲属追究用人单位责任的权利，实无必要。若在缔约过程中劳动者死亡，则信赖利益也随之消失，伴随信赖对方而产生的丧失其他机会的可能性也不复存在，此时已没有请求权的基础，再赋予劳动者直系亲属追责的权利于理不通，于法无据。

综上所述，我们认为劳动合同缔约过失责任的主体是劳动者与用人单位，不应进行扩大解释。

（二）责任归责原则的确定

归责，是指责任的归属，具体而言指由谁承担责任。归责原则是确定行为人责任的标准或者准则，对于法学研究和司法实践都具有重要意义。劳动合同缔约过失责任从性质上看属于民事责任。劳动合同虽然受公权力的调整，但在公权力没有涉及时，劳动合同缔结双方能选择的责任承担方式，只能是适用私法的责任形式。

我国大部分学者将民事归责原则分为过错责任原则、无过错责任原则和公平责任原则三个归责原则。在民事合同中，当事人以自身过错程度承担缔约过失责任，遵循过错责任原则。民事合同缔约过失责任有四个构成要件，包括"缔约人或其磋商辅助人违反先合同义务；未违反先合同义务一方有损失；违反先合同义务与损失之间存在因果关系；违反先合同义务者有过错"[1]。劳动合同缔约过失责任的构成要件与民事合同缔约过失责任的构成要件相同，劳动合同缔约过失责任也遵循过错责任原则。但有观点认为应采取与民事合同缔约过失责任不同的归责原则，即"对缔结劳动合同产生的纠纷，劳动者适用过错责任原则，用人单位适用无过错责任"[2]。该观点认为在收集证据方面，由于劳动者受到所处地位的限制，只能接触到公开发布的招聘信息以及在磋商或者履行合同过程中了解到的信息，无法在有限的信息里找到充分证据指明单位的行为存在过错或者过失。因此，劳动者证明自己在缔约过程中不存在过失，且非因不

---

[1] 马俊驹，余延满. 民法原论（第四版）[M]. 北京：法律出版社，2016：542-543.

[2] 支果，吴斌，涂强. 劳动合同法学 [M]. 成都：西南交通大学出版社，2007：132-133.

可抗力因素导致信赖利益的损失即可。不问用人单位是否存在过错，用人单位行为与造成的损害结果存在因果联系，用人单位就应承担责任。而追究劳动者责任必须有充分的证据证明劳动者存在过错。我们赞同对用人单位和劳动者的缔约过失责任的归责进行区别对待，这不仅是对劳动合同特殊性的体现，符合保护劳动者合法利益宗旨的要求，而且也符合我国民事诉讼实践中劳动者举证能力的现状。但是，对于用人单位的缔约过失责任，我们认为宜适用推定过错责任。推定过错责任属于过错责任原则的范畴，仍以有过错作为责任的要件。即行为人的行为造成损害时，若不能证明自己没有过错，就应推定其有过错。用人单位的缔约过失责任适用推定过错责任，要求用人单位自行承担责任证明自身订立劳动合同的行为不存在过错，若不能证明则承担过错责任。此时应实行举证责任倒置，劳动者无须为证明用人单位的过错而举证。如此，可达成实质意义上的公平正义。

无过错责任原则是与过错责任原则并行的归责原则，无过错责任不以行为人的主观过错为归责，而以因果关系作为归责标准。我国《劳动合同法》整体体现了对劳动者的倾斜性保护政策，已有学者指出对劳动者过度的倾斜性保护不利于用人单位权益的保护，不利于整个国民经济的发展。若规定用人单位的归责原则适用无过错责任不仅是对一般合同归责的过错责任原则的突破，而且也是对现行劳动合同立法新的冲击。我们认为对于劳动合同缔约过失责任的归责确定，不宜采用无过错责任原则。

公平责任是侵权人和被侵权人双方对损害的发生均无过错时，根据实际情况由双方分担损失的责任，它解决的并不是侵权责任成立与否的问题，而是损失分担问题，故公平责任并非侵权归责原则，而是损失分担规则。在公平责任中，法律基于公平的考虑在加害人与受害人之间强制进行损失分担，以体现分配正义。换句话讲就是，加害人没有赔偿义务，基于人道主义和公平精神应对受害人进行适当补偿。公平责任只适用于过错责任归责的侵权类型中。缔约过失责任的归责前提是"过失"，因而不宜采用公平责任原则。

综上所述，劳动合同缔约过失责任归责原则适用过错责任原则，其中用人单位适用推定过错责任，劳动者适用过错责任。

（三）责任适用范围的认定

第一，劳动合同未成立的缔约过失责任。

缔约双方进行磋商，未能订立劳动合同的现象极为普遍。基于正式订立劳动合同的目的积极付出行动的劳动者，若非因自身因素造成劳动合同未能订立的结果，则不应承担合同不能订立的责任。若未实际用工，无实际劳动关系的，在审判实践中，应适用劳动合同缔约过失责任裁判，要求用人单位承担赔偿责任，这比较符合倾斜保护劳动者合法权益的主旨。而且，构建劳动合同缔约过失责任制度有利于对就业歧视行为的责任承担作一致性判断。从当前劳动力市场运行状况看，劳动者在求职过程中遭受就业歧视的现象是比较多的，在《中华人民共和国就业促进法》（以下简称《就业促进法》）出台之前，劳动者缺乏权利救济的法律依据，《就业促进法》出台之后，虽然解决了无法可依的问题，但该法仅规定了"违反本法规定，实施就业歧视的，劳动者可以向人民法院提起诉讼"。并未明确招聘方所应承担责任的类型，不利于保持类案裁审结果的一致性以及划定对劳动者救济的方式和程度。我们认为，这一问题可以通过建立缔约过失责任制度来予以解决，规定劳动者在求职过程中遭遇就业歧视的，可以依据缔约过失责任寻求救济。当然，在劳动合同缔结阶段也不排除有劳动者的行为导致单位损失的情况，在此情况下，劳动者有过错的，应当承担违反劳动合同先合同义务的缔约过失责任。

第二，试用期及劳动合同有效情况下的缔约过失责任。

对于试用期及劳动合同有效情况下是否存在缔约过失责任，学界有争议。为使用人单位清楚地了解劳动者的技能，法律允许用人单位规定试用期。但是，试用期期限具有严格的限制，具体内容规定于我国《劳动合同法》第19条。学术界对于试用期是否适用缔约过失责任的问题存在争议。有学者认为，试用期不能包含在缔约过失责任的范围之内，试用期属于劳动合同成立之后的履行阶段，应适用违约责任①。该观点主要立足于《劳动合同法》第19条的规定。另一些学者认为，试用期是一种特有的合同状态，必须纳入劳动合同缔约过失责

① 白璐. 论劳动合同中的缔约过失责任［J］. 河西学院学报，2008（6）：68.

任的体系范围内①。该观点认为试用期阶段缔约双方的劳动关系具有不完全确定性，解除劳动合同的条件并不苛刻。将试用期纳入合同订立阶段，过错方造成损害的，承担缔约过失责任。

我们认为根据现行法律规定，劳动合同期限应该包括试用期期限。试用期内劳动合同已经成立生效，对缔结合同双方产生约束力，缔结合同双方应当遵守约定。不服从约定的条款进行劳动造成损失的，应当就造成的损失承担违约责任。未按照劳动合同的约定提供劳动力实现的相应条件造成损失的，就损失承担违约责任。因此，试用期内结束劳动合同关系，认定其构成了缔约过失责任并不恰当。劳动合同成立后，履行过程中产生争议的，可以主张违约责任，应当以违约责任寻求救济。

有学者针对用人单位在招聘过程中发布"诱导性"条款产生的纠纷提出劳动合同有效时存在缔约过失责任的主张。主要指用人单位发布优越条件吸引劳动者与之订立劳动合同，其后未兑现条款承诺的情形。持该观点的学者认为，劳动者基于在招聘中承诺的优越条件，签订劳动合同，而后基于用人单位未兑现招聘许诺的优越条件，以欺诈追究用人单位责任，会导致劳动合同被认定为无效，增加再就业风险，不利于劳动者权益的保护②。所以，不论合同的效力如何，只要缔约过失的根源产生于缔结合同的过程中，产生的纠纷均按照缔约过失责任处理。不过我们认为，合同有效成立后，信赖利益是否存在还有待进一步地论证和说明。通常认为，民事合同缔约过失责任存在于合同不成立、无效或被撤销的情形，在合同有效的情况不存在缔约过失责任。劳动合同缔约过失责任理论根源于民事缔约过失责任理论。首先，民事领域对于缔约过失责任和违约责任的规定明确且清晰，贸然在劳动合同领域确立在合同有效的情形下也存在缔约过失责任的规则，突破既有的理论，难以立足。其次，劳动者作为具有完全行为能力的自然人，应当具有基本的判断和辨别能力，若基于招聘广告的"诱导性"条款与用人单位签订劳动合同，其自身负有合理的注意义务，

---

① 张冬梅. 论劳动合同中的缔约过失责任制度［J］. 北京市工会干部学院学报，2005
（2）：48.

② 支果，吴斌，涂强. 劳动合同法学［M］. 成都：西南交通大学出版社，2007：136.

即留意签订的合同中是否有招聘广告提及的优厚条款。若劳动者疏忽大意，未在劳动合同要求明确自己的权利，那么劳动者应当自行承担责任。若招聘广告中的条款被写入劳动合同，用人单位拒绝提供相应的劳动条件，则应承担违约责任而非缔约过失责任。总之，劳动者对于自身的权利应尽合理的注意义务，不能寄希望于法律逐一予以明确。因此，在劳动合同有效的情形下不存在缔约过失责任。

（四）责任承担方式和赔偿范围的确定

民事领域损害赔偿的责任承担主要方式是返还财产、恢复原状或赔偿损失等。在民事合同未成立的情况下，缔约过失责任的承担方式是赔偿损失。在民事合同无效的情况下，缔约过失责任的承担方式是返还财产，不能返还的，赔偿损失。劳动合同有其特殊性，在劳动合同不成立时，有过错的一方应当向对方承担赔偿责任。劳动合同无效的，劳动者已付出劳动的，无法适用返还财产的方式，劳动者有权获得劳动报酬，在此前提下，有过错的一方还应当赔偿对方遭受的损失。

劳动合同缔结过程中的信赖利益损失包括直接的财产损失及间接的机会损失。从劳动者的角度看，直接的财产损失包括就劳动合同进行磋商支出的合理费用以及劳动者为订立新的劳动关系而丧失原工作岗位工资收入的损失等。间接的机会损失主要是指劳动者劳动机会的丧失。从用人单位的角度看，直接的财产损失一般是指招聘费用损失或者商业秘密被求职者（或与求职者有关的人）泄露或不正当使用产生的损失。用人单位通常不存在间接的机会损失。

与一般民事合同相比，劳动合同缔约过失责任造成的损失显然更难计算。民事缔约过失责任造成的损失，往往体现为一定的物质利益，而劳动合同缔约过失责任造成的损失，除了为缔结合同支出的必要费用以及损失的工资收入外，多体现为间接的机会损失。从前文所列 22 件案件判决的赔偿金数额来看，法官对于劳动者损失的认定有较大的裁量权，赔偿数额的认定没有限定和衡量的标准。尽管劳动合同缔约过失责任赔偿金数额的计算比较难，但并非不能统一标准，我们认为，可以采用以下方法予以确定：一种方法是按磋商时允诺岗位工资待遇或者招聘单位相似岗位的平均工资计算劳动者损失；另一种方法是按照劳动者在辞职前的工资标准计算劳动者损失。劳动者间接的机会损失则从赔偿期限的角度体现，可以将赔偿的期限确定为劳动者失业的时间，即以劳动者重新找到新工作的合理期限进行认定。对于劳动者违反先合同义务造成用人单位损失的赔偿金额的计算，应当依据劳动者因过错造成用人单位损失的证据进行认定，在可计算具体损失数额的基础上结合劳动者承担责任的能力，要求劳动者承担相应责任。对于违反先合同义务造成信赖利益损失的赔偿数额原则上不应当超过履行利益，即不应当超过劳动合同成立生效后双方获得的可以金钱计算的利益。

第二章

劳动关系存续规则：单方调岗合理性及判定标准

现代社会中，用人单位需要不断调整自身人力资源结构以应对外部情况的变化。其中，用人单位对劳动者工作岗位的调整成为调整人力资源结构的重要方法。我国《劳动合同法》第 35 条指出，用人单位和劳动者协商一致方能变更劳动合同。但在实践中，双方往往就调岗事宜难以达成一致。因此，用人单位单方调岗行为时有发生。目前，我国法律对用人单位单方调岗的规制较少，各地法院对单方调岗的裁量标准不一。因此，从用人单位单方调岗的司法现状入手，甄别可单方调岗的法定情形，构建单方调岗的判断标准，引导用人单位合理行使用工自主权很有必要。

一、国内外研究现状及核心概念的界定

（一）国内外研究现状

对于用人单位单方调岗问题，国内学者及实务界专家主要在两个问题上存在争议：一是用人单位是否拥有单方调岗权，二是如何判断单方调岗的合理性。具体主张如下：胡永霞（2016）认为工作岗位的变更原则上应协商一致。但用人单位若是出于工作的客观需要或根据考核考察的结果，则有权进行单方变更①。杨德敏（2008）认为用人单位调整劳动者的工作岗位是用人单位的一项基本权利②。李国庆（2010）认为当用人单位合理进行单方调岗时，劳动者应

---

① 胡永霞. 劳动合同法律问题研究 [M]. 武汉：武汉大学出版社，2016：98.
② 杨德敏. 论用人单位单方解雇制度 [J]. 甘肃政法学院学报，2008（6）：130-135.

接受调岗，否则用人单位避免解雇的努力将落空①。丁建安（2015）认为用人单位可以对劳动者单方调岗，但单方调岗时应保持用人单位对调岗需求程度与劳动者遭受不利益的平衡②。吉明（2016）认为单方调岗应满足合法性和合理性的要求③。徐丹、翟玉婷（2015）认为用人单位调动劳动者的工作岗位、工作地点应具有充分合理性。具体应从以下三个方面考量：是否存在经营及业务发展的客观需要，调岗前后工作内容是否类似，调岗前后劳动者工资收入是否有明显变化④。侯玲玲（2013）认为调岗合法性的司法审查应分为用人单位调动权审查、劳动者同意调动审查以及调动权滥用审查⑤。具体可确立以下五个调动权滥用之判断基准：是否基于生产经营之必要性，是否有其他不当之动机和目的，调动后的工作是否能为劳动者所胜任，劳动报酬及其他劳动条件是否有不利变更和调动后劳动者所承受的不利益是否超过社会一般认可的能忍受之程度。王占强（2015）认为，单方调岗需满足五个条件，即具有合理性，原因为企业生产经营需要或劳动者个人能力、工作态度等，劳动者工资基本不变，不增大劳动成本和不具有侮辱性、惩罚性⑥。周旻、何志杰、吴意诚、赵小虎、祁朝官（2016）认为，单方调岗须具有四个方面的合理性，即制度依据合理性、事实依据合理性、程序合理性和内容合理性。制度依据合理性要求单方调岗须有明确的劳动合同约定或企业规章制度规定；事实依据合理性要求单方调岗原因为企业存在生产经营需要或员工素质发生变化的情况；程序合理性要求单方调岗时须保障劳动者的知情权，积极听取员工意见以及给予员工合理的考虑期限等；内容合理性要求调岗前后劳动者的薪酬待遇、工作内容、工作地点、任职资格、工作环境与原岗位相似⑦。刘晓倩（2017）认为单方调岗应具有合理

① 李国庆. 解雇权限制研究［D］. 上海：华东政法大学，2010：24.

② 丁建安. 论企业单方调岗行为法律效力的判断［J］. 当代法学，2015，29（3）：25-27.

③ 吉明. 劳动法中调岗调薪的法律问题［J］. 法制与社会，2016（7）：63-64.

④ 徐丹，翟玉婷. 用人单位单方调岗正当性的认定标准［J］. 法制与社会，2015（12）：73.

⑤ 侯玲玲. 论用人单位内工作调动［J］. 法学，2013（5）：34.

⑥ 王占强. HR 实务指引—招聘录用、调岗调薪、离职解聘全程风险防控与纠纷解决［M］. 北京：法律出版社，2015：257-259.

⑦ 周旻，何志杰，吴意诚，等. HR 应当知道的劳动法［M］. 北京：法律出版社，2016：284-286.

性。企业基于经营必要对劳动者进行调岗，且劳动者所承受的不利益在社会一般认可的忍受程度之内，或企业已经采取提薪、补贴、交通车等抵消不利益的措施，则调岗的合理性增强①。吴坤（2018）认为用人单位在单方调岗时可以从以下四个方面增加单方调岗的合理性：调岗前充分沟通并告知员工，给予员工适当的考虑期限，听取员工意见并回应，调岗后给予员工适应期和保护期②。廖春梅（2019）认为合法的单方调岗行为需满足以下三个条件：第一，调岗决定必须是生产经营需要或劳动者变化；第二，调岗不得带有不正当的动机；第三，不得对劳动者作不利变更，并且调整后的岗位应为劳动者能力所能胜任③。孙珊珊（2019）认为需从以下四个方面判断单方调岗的合理性：调岗目的的正当性、调岗缘由的合理性、调岗内容的合理性和程序的公正性④。

从国内研究来看，对于企业是否拥有单方调岗权问题，少部分国内学者认为调岗应以双方协商一致为原则，以用人单位单方调岗为例外；大部分学者认同用人单位拥有单方调岗权，但单方调岗需满足合理性的要求。对于单方调岗合理性的判断问题，各位学者的主张差异较大，莫衷一是。我国判断单方调岗的标准不明必然会导致同案不同判，这便为进一步深入研究用人单位单方调岗的判断标准提供了必要性，也留下了研究空间。

国外对于用人单位单方调岗问题的态度较为一致。大部分国家认同企业拥有单方调岗权，同时施以不同程度的限制。德国学者瓦尔特曼（2014）认为雇主可以在不损害雇员劳动权利的前提下，对劳动合同未做规定的事项行使指令权。但此种指令权有着严格的限制⑤。日本学者荒木尚志（2010）认为企业可以对劳动者进行单方调岗，但须具有合理性⑥。在存在终身雇佣制的日本，许多学者认为即便是单纯为增加士气而进行的单方调岗也应被认为具有合理性。

---

① 刘晓倩. 劳动关系中的管理权边界 [M]. 北京：社会科学文献出版社，2017：149-151.
② 吴坤. 灵活调岗调薪，其实可以很规范 [J]. 人力资源，2018（3）：42-45.
③ 廖春梅. 约定单位有权单方调岗员工就必须无条件服从吗 [N]. 中国劳动保障报，2019-05-18（4）.
④ 孙珊珊. 用人单位单方调岗行为的法律规制 [D]. 徐州：中国矿业大学，2019.
⑤ ［德］瓦尔特曼. 德国劳动法 [M]. 沈建锋，译. 北京：法律出版社，2014：185-187.
⑥ ［日］荒木尚志. 日本劳动法 [M]. 李坤刚，牛志奎，译. 北京：北京大学出版社，2010：104-105.

（二）核心概念的界定

欲构建用人单位单方调岗合理性的判断标准，首先应对用人单位单方调岗予以明确定义。单方调岗并不是一个法律概念，各位学者对此有着不同的定义。我们所讨论的单方调岗同大多数法院所采概念相同，即在同一企业内部，由用人单位单方面决定的长期调整劳动者工作岗位的行为。

严格意义上，单方调岗包括劳动者被用人单位安排到用人单位内其他岗位和其他用人单位（一般情况下是关联企业或母子公司等）去工作，前者属于狭义的劳动者工作岗位变动，后者则属于用人单位主体的变更①。用人单位主体的变更，本质上是解除原劳动关系，建立新劳动关系。我们仅讨论前者，即在不改变用人单位主体，保持同一劳动关系下，在用人单位内部调整劳动者的工作岗位。关于单方调岗的发起主体，理论上可能是劳动者，也可能是公司。但在实践中，劳动者发起的单方调岗本质上属于劳动合同的再次协商变更。故我们所讨论的单方调岗的发起主体为用人单位。当用人单位作为单方调岗的发起主体时，调岗的决策层需为企业②，部分以董事会、股东会或部门名义作出的调岗通知不属于有效的调岗通知，对劳动者不发生效力。实践中，单方调岗程序上需以用人单位的名义向劳动者发送正式的调岗通知书，董事会、股东会或部门没有调动劳动者工作岗位的权力。此外，名义上虽是用人单位发起的单方调岗，但实为用人单位与劳动者协商一致后达成变更劳动合同合意，从而达到调岗目的的调岗属于劳动双方合意变更劳动合同。此种情况，我们不予探讨。关于单方调岗的时间，我们认为用人单位可对劳动者的工作岗位进行临时调整。例如在特殊的抢险救灾时期，用人单位可对其劳动者进行调岗，但此种调岗只是暂时性的，一般不超过三个月。一旦紧急情况消失，用人单位便应立即恢复劳动者原来的工作岗位，使其继续原有工作。基于劳动者对用人单位的忠实义务，劳动者应服从此种紧急情况下的临时性调整工作岗位③。此种临时的短时间紧急情况下单方调岗，我们不予探讨。最后，我国法律对工作岗位并无明确

① 侯玲玲. 论用人单位内工作调动［J］. 法学，2013（5）：34.
② 吴坤. 灵活调岗调薪，其实可以很规范［J］. 人力资源，2018（3）：42-45.
③ 蒋月，潘峰. 劳动法：案例评析与问题研究［M］. 北京：中国法制出版社，2009：207-209.

定义。日本学者菅野和夫认为工作岗位是指工作处所和工作内容①。孙宗虎认为工作岗位是工作种类和工作职级的结合。岗位可以分为不同的工作种类，不同的工作种类又可细分为不同的工作职级②。我们认为工作种类、工作地点和工作职级共同构成工作岗位。实践中，（2019）鲁 01 行终 753 号裁判文书中多次出现"工作岗位的说明""工作岗位的工作要求""工作岗位性质"等表述；（2019）粤 04 行终 38 号裁判文书中出现"离开工作岗位外出""发病、抢救应是从工作岗位到抢救的医疗机构之间两点一线"等表述；（2015）穗南法东民初字第 81 号裁判文书中存在"此次调整工作岗位，刘某从成型课课长降职为成型课线长"的表述。

二、司法实践对用人单位单方调岗行为的认定

（一）典型案例简介

案例一：吕某与某市社会保险事业局劳动合同纠纷案

2016 年吕某与某市社会保险事业局签订劳动合同，合同载明：工作地址在某市内，具体地址由某市社会保险事业局按工作需要安排……后某市社会保险事业局调吕某到某镇医保中心（仍在某市内）工作，且多次发出调岗通知。吕某认为劳动合同双方未就调岗事宜达成合意，拒收调岗通知，拒不到新岗位报到上班。某市社会保险事业局对吕某违反工作纪律问题予以通报批评。后社会保险事业局召开会议，讨论决定开除吕某。发文《某市社会保险事业局关于开除吕某的通知》，并电话通知吕某本人领取。吕某拒绝领取后，社会保险事业局指派两名工作人员及司法所两名工作人员到吕某家留置送达以上开除通知。

法院认为社会保险事业局单方调岗确实会影响到吕某工作，所以应审查单方调岗的合理性。本案中劳动合同约定"吕某工作地址在某市内，具体地址由社会保险事业局按工作需要安排"，且社会保险事业局确有将吕某调至某镇医保

---

① ［日］菅野和夫. 劳动法［M］. 东京都：弘文堂，2008：439-441.

② 孙宗虎. 人力资源管理职位工作手册［M］. 2 版. 北京：人民邮电出版社，2009：54-55.

中心工作的需要。故此次调岗既符合劳动合同的约定，也是社会保险事业局正当行使用工管理自主权的具体表现。另外，本次调岗只是工作地址的变动，吕某的职务不变，且调动后的工作为吕某体能和技能所胜任，劳动报酬或其他劳动条件并无明显降低或不利。现实中，某市社会保险事业局在该市各个乡镇均设有医保中心，存在大量在城区居住但工作地址在乡镇医保中心的工作人员。在签订劳动合同时，吕某就应当知道其工作地址存在变动的可能。综上所述，某市社会保险事业局将吕某单方调岗至某镇医保中心工作具有合理性。

案例二：孟某某与北京某公司劳动合同纠纷案

2011年，孟某某与北京某公司签署劳动合同，合同约定孟某某工作地点位于朝阳区朝阳门外大街。2016年，公司通知孟某某，其被调入魏公村店，但未明确具体工作内容和报酬调整事项。孟某某表示无法接受。公司告知孟某某不到魏公村店上班将视为旷工，并于当日向孟某某发送书面调动通知书。经几次短信沟通，孟某某最终未服从公司的工作安排。后公司登报解除与孟某某的劳动关系。

法院认为用人单位有权根据劳动合同的约定调整劳动者的工作地点，但调整应具有合理性，并采取合理的弥补措施。首先，本案中，原店仍然存在，尚未撤店，因此公司所称的因撤店而对孟某某进行工作调动的理由、调岗依据不真实。其次，调动通知书中未载明孟某某接受调动后的具体工作岗位、工作内容以及薪资标准情况。最后，岗位的调整确对孟某某工作内容、工作的稳定性和通勤成本等有较大影响，对此，用人单位未举证证明已采取合理弥补措施。综上所述，在孟某某拒绝调岗，仍到原岗位出勤的情况下，公司径行认定孟某某旷工并解除劳动合同，属于违法解除劳动合同。

纵观上述两个案例，同样是用人单位对劳动者的工作地点进行调整，调整范围均在市内，但法院却认定一个为合法的单方调岗，一个为违法的单方调岗。具体来说，案例一中的用人单位依据劳动合同约定和实际用工需要，在劳动合同无其他不利变更的条件下对劳动者进行单方调岗，被法院认定为合法的单方调岗。而案例二中的用人单位单方调岗依据不真实，未能明确调岗后的相关事项且未采取合理的弥补措施，被法院认定为违法的单方调岗。从法院说理中，可以看出两个法院均认为用人单位的单方调岗行为应具有合理性，并将是否合理作为判断单方调岗是否合法的标准。但两个法院在具体判断单方调岗是否合理时有着不同的判断标准。目前，我国暂无法律或司法解释等明确单方调岗合法合理的判断标准，部分高级人民法院先后发布会议纪要等地方司法文件对判断标准予以明确细化。因各地判断标准不同，所以经常造成同案不同判的现象。

（二）司法实践现状及存在的问题

我们以"单方调岗"为关键词，限定时间为2018年，在无讼法律数据库搜索到256个案例。其中对本论文不具参考意义的案例74个（有些证据不足无法证明存在用人单位单方调岗行为，有些法院在说理部分未对单方调岗行为是否合法合理作出判断阐述等）。在182个有效案例中，法院认为用人单位单方调岗行为合法的比例约为43%，认为用人单位单方调岗行为违法的比例约为57%。大多数法院在判断单方调岗行为合法合理与否的时候会考虑到以下表2-1中的因素。

表2-1　司法裁判中的考量因素列举

考量因素	比例
是否有法律规定、有效的合同约定或规章制度规定	37%
是否有真实的生产经营需要、客观情况重大变化或劳动者本人情况的变化	42%
调岗前后的工作是否相似、劳动者能否胜任	24%
劳动报酬是否有不当减少	43%
调岗是否具有侮辱性、惩罚性	23%

在判断单方调岗行为合法合理与否时，首先，法院一般会考虑该种调岗情形是否有法律明确规定、有效的合同约定或规章制度规定。如果没有，则通常争议较大，法院会综合其他因素进行裁量判断；如果有，则通常争议较小，法院在裁判时会依据法律、合同或规章制度来判断。但该种调岗情形是否符合法定情形，合同约定是否具体有效，规章制度是否经过合法程序生效等尚需证据证明。在证明该种调岗情形符合法律规定时，需要用人单位提供客观的证据。比如在证明劳动者符合《劳动合同法》第40条第2款时，需要用人单位提供评

估考核表、业绩考核表等客观的可量化的证据①。其一，只写明考核等级或评价，且无具体考核标准的考核表不能作为劳动者不能胜任工作的证据。其二，不是所有的合同约定均有效。有效的合同约定应具体明确，使得劳动者有合理预期②。比如不能宽泛约定工作地点为全国或其全部业务覆盖范围，并以此调整工作地点③。在劳动合同约定不明或仅宽泛约定工作岗位为劳动者时，劳动者的实际工作地点视为劳动合同约定的工作地点，劳动者实际从事的工作视为劳动合同约定的工作，劳动者实际的职级为劳动合同约定的职级。其三，若要使规章制度对劳动者生效，需经对应的程序且规章内容不为法律所明令禁止④。具体程序包括《劳动合同法》第 4 条所规定的经职工代表大会或全体职工讨论，与工会或者职工代表平等协商确定以及对劳动者公示送达或采取其他方法告知。未经法定程序，规章制度不能作为处理员工的依据⑤。同时需要强调的是，规章制度内容不得违法。例如用人单位可根据用工自主权，在规章制度中设立一定的奖罚制度。此种奖罚制度因没有法律明确禁止而有效。

其次，法院在考虑是否有真实的生产经营需要、客观情况重大变化或劳动者本人情况变化时，注重真实性和重要性⑥，以避免虚构调岗原因，或发生较小变化就调岗的情形出现。（2016）闽 08 民终 761 号裁判文书在本院认为部分写到，若用人单位的调整行为欠缺正当调岗动机，调整并非生产经营管理所需，应当认定用人单位滥用经营自主权，损害劳动者的合法权益。通常，法院认为，用人单位非基于劳动者因素而进行的单方调岗需是为应对外部重大变化而产生的内部调整措施（如企业重整过程中进行的调岗），而不是企业基于提升效率、减少成本等原因自主决定的单方调岗。前一种情况下，用人单位有权行使经营自主权，对劳动者岗位进行合理调整。而后一种情况下应由用人单位和劳动者

---

① 钟永棣. 企业人力资源法律风险关键环节精解 [M]. 北京：人民邮电出版社，2018：203-204.

② 周丽霞. HR 全程法律顾问——企业人力资源管理高效工作指南 [M]. 北京：中国法制出版社，2017：317-318.

③ 陈伟. 单位能约定单方调岗或调工作地点吗？[J]. 中国卫生人才，2018（5）：38-43.

④ 小保. 员工年终考核成绩"垫底"，单位能否单方调岗降薪 [J]. 就业与保障，2019（Z1）：9.

⑤ 阿新. 打工妹遭遇"单方调岗"[J]. 工友，2005（1）：28-29.

⑥ 孟瑾萼. 用人单位单方调岗的法律规制研究 [D]. 重庆：西南政法大学，2017.

协商一致再进行调岗，法律不赋予用人单位在此种情形下的单方调岗权。

再次，考虑到现实中确有大量专业与工作不对口或转行的劳动者，法院在考虑调岗前后劳动者的工作是否相似、能否胜任时，着重考察用人单位是否恶意调岗，以调岗为名变相逼迫劳动者辞职。实践中大量案例表明，用人单位在有合理理由的前提下，可以将劳动者调岗至新岗位，此种情况不属于恶意调岗。例如（2018）沪02民终8181号裁判文书认为，公司因业务优化对周某岗位进行调整，同时提高工资，提供培训，故属合理调岗。除此之外，需要注意的是，恶意调岗不仅包括降职，也包括用人单位以升职为由，不顾劳动者能力将劳动者调至不适合的高薪岗位，然后再以不能胜任为由辞退劳动者的情形。

从次，在考虑劳动报酬是否有不当减少时，法院认为调岗通常不应降低劳动报酬，除非是基于"不能胜任"等合理情况。如若用人单位确实降低了劳动者的劳动报酬，需要审查企业是否有明确依据①。如若用人单位将劳动者调岗至新设岗位，则薪资报酬不应低于劳动者调岗前的薪资报酬②。多份裁判文书在本院认为部分强调，调岗时劳动者的劳动报酬并不是一定不能减少，而是要在合理的幅度范围内。

最后，在考虑调岗是否具有侮辱性、惩罚性时，要考虑用人单位是否出于恶意。比如曾经的"天价清洁工案"：女白领因怀孕申请调岗，用人单位遂将其调岗为清洁工。虽劳动者的薪资报酬不变，但结合普通人对此两种职业社会地位的评价，用人单位此举被法院认为具有明显的恶意。此外，在不增加劳动者报酬的前提下，将已婚劳动者调离其长期生活的城市，必然会导致劳动者增加其生活成本，此种情况下也属于恶意调岗③。

除此之外，还有部分法院会考量单方调岗后劳动者不到岗，用人单位是否明确告知不到岗的后果，劳动者是否存在违纪行为，是否增加劳动者的劳动成本，是否已尽量减小调岗对劳动者的不利影响，用人单位是否采取合理措施对劳动者予以补偿，调岗主体是否为公司，调岗是否经过了一个月默认期，调岗是否履行了相应的程序要求等。

---

① 吴坤. 灵活调岗调薪，其实可以很规范 [J]. 人力资源，2018（3）：42-45.

② 张大伟. 用人单位单方调岗行为的合理性探析 [D]. 济南：山东大学，2016.

③ 卢嘉贤. 企业单方调岗的平衡点设置和操作规范 [J]. 时代金融，2016（9）：123+130.

总的来说，我国法律对用人单位单方调岗少有规制，各地法院在裁判时具体标准不一。我国并无法律条文明确提到在何种情况下，用人单位可以单方调岗。在实践中，大多数法院都认可用人单位具有单方调岗权，并将调岗是否具有合理性作为合法与否的判断标准。我们赞同将"合理性"作为单方调岗合法与否的判断标准，但合理性本身是一个较为抽象的标准。裁量标准的抽象将使得法官的自由裁量权过大，使得法官要依照主观标准进行裁判。可喜的是，已有部分地方法院先后发布了会议纪要等地方司法文件，对单方调岗合理性的判断予以明确细化，使得用人单位单方调岗时有行为准则，法官在裁判时有相对客观的标准可依。但同时我们也要意识到，我国目前尚未对单方调岗合理性的判断形成统一判断标准，各地法院发布的会议纪要中的具体裁量标准有所不同，这将导致同案不同判现象的大量出现。

三、用人单位单方调岗的权利来源

我国没有法律明确规定用人单位具有单方调岗权。但现实生活中，劳动合同具有长期性的特点，加之外部经济形势不断变化，用人单位为追求最大化利润存在合理调整人力资源的必要。在此种情形下，为使企业得以生存，法律应赋予用人单位单方调岗权。

（一）概括合意说

概括合意说由日本学者本多淳亮提出，该学说认为劳动者与用人单位签订劳动合同的目的是交换劳动力以获得报酬，而劳动力具有概括性。在签订劳动合同时，劳动者概括性地将使用劳动力的权利交予用人单位，概括性的权利中自然包含用人单位的调岗权。用人单位可随时根据需要，调整劳动力的使用。日本学者将用人单位的单方调岗视为一种形成权。但这种形成权并不是没有限制的，其不能超越劳动合同，即以劳动合同为界限，只能对劳动合同中未约定之事项进行调整。我们认为这一点十分类似于德国的雇主指示令，即谨遵劳动合同，未明确之处雇主可予以指示。也有学者指出，用人单位的单方调岗行为除受到劳动合同的限制外，还应受到三方面限制：即调岗基于企业的生产经营需要，且具有必要性、合理性；尽量减少对劳动者的不利影响；遵循诚实信用原则①。用人单位单方调岗若违反以上任何条件之一，则构成单方调岗权的滥用。

理论上，概括合意说十分依赖于劳动合同，以劳动合同为界限，这使得司法机关易于判断用人单位单方调岗的合法性。但概括合意说在实践中的适用，很可能会架空劳动合同。用人单位为应对此种学说，很可能采取不在劳动合同中约定劳动者的具体工作岗位，或在劳动合同中增设类似于"用人单位有权对劳动者单方调岗"的口袋条款的方式以达到增大单方调岗权的目的。

（二）劳动契约说

劳动契约说由日本学者狄泽清彦和秋田成就提出，该学说也认为用人单位单方调岗需以劳动契约为界。劳动契约说认为如果劳动合同中约定了具体明确的预设调岗条款，则雇主命令为履行劳动合同的事实行为，雇员应予遵从；若劳动合同中没有预设调岗条款，则雇主需要与雇员协商，协商一致方能变更劳动合同②。劳动契约说强调预设的调岗条款必须具体明确，使得劳动者对可能的调岗有合理预期。宽泛约定劳动者的工作地点为全国或约定工作职位为劳动者或职员的条款，均不构成有效的预设调岗条款。

需要注意的是，如果雇主的单方调岗行为在劳动合同的预设调岗条款范围中，则此次单方调岗为事实行为。如预设的调岗条款无重大的利益失衡，司法机关将认定预设调岗条款为用人单位和劳动者之间的有效约定，劳动者应予遵从。此外，该学说认为超出劳动合同的调岗，用人单位须与劳动者再次协商。这实际上否认了用人单位拥有单方调岗权，不利于用人单位应对市场的快速变化，限制了用人单位的单方调岗行为。

（三）经营自主说

经营自主说是指用人单位基于生产经营的需要，对劳动者享有单方调岗权，

---

① 台湾劳动法学会. 劳动法裁判选辑（一）[M]. 台北：元照出版公司，1999：97-99.
② 孟瑾萼. 用人单位单方调岗的法律规制研究 [D]. 重庆：西南政法大学，2017.

可随时调整劳动者的工作岗位，但不得违反国家的强制性规定①。此学说对用人单位"生产经营需要"的紧迫程度没有具体要求，赋予了用人单位极大的单方调岗自由，极大地体现了用人单位的用工自主权。但经营自主说将导致劳动者对于调岗没有合理的预期，使劳动者极为不安，损害了劳动者的职业稳定权。

我们认为，不得违反国家强制性规定为任何法律行为均应遵守的底线，以此为唯一的限制似有不妥。在强大的用人单位面前，劳动者本身就是需要法律强制性予以倾斜保护的弱者。法律不能一味考虑用人单位的调岗需求，而过度忽视劳动者的利益。我们认为为保护劳动者的职业稳定权，应对用人单位的单方调岗权加以更严格的限制。

（四）继续合同说

继续合同说认为，劳动合同为继续性合同。理论上，民事合同可分为继续性合同和一时性合同，继续性合同通常履行期间较长。劳动合同的继续性表现在劳动合同的内容不能在短时间内实现。因此在履行劳动合同的过程中会不断出现新情况，用人单位存在变更劳动合同的现实需要。

我们认为，继续合同说考虑到了劳动合同需要长期履行，存在变更劳动合同的现实需要。但这种由于履约期间较长而产生的需要只是变更劳动合同的需要，不能将其混淆作为用人单位应具有单方调岗权的需要。在继续合同说下，用人单位和劳动者均有提出变更劳动合同的请求，但劳动合同的变更，仍需双方达成一致。

鉴于我国劳动实践中不存在终身雇佣制，且根据个体情况拟定专门劳动合同能力较弱的实际情况，我们主张参照适用经营自主说，但应对用人单位单方调岗的权利加以合理的严格限制。劳动者和用人单位根本上是利益共同体。如果因过于保护劳动者而向用人单位过度施压，则会造成用人单位破产，从而产生大量失业者。如果为满足用人单位利益而过度减压，则与劳动法保护劳动者合法权益的初心相违背。考虑我国国情和保护劳动者合法权益的初心，我们认

---

① 王玉琪. 用人单位单方变更劳动合同法律问题研究［D］. 北京：首都经济贸易大学，2018.

为应赋予用人单位单方调岗权，但对单方调岗权应加以合理的严格限制，使用人单位对调岗的需求程度和劳动者因此遭受的不利益间保持动态平衡。

四、法律规定用人单位可以单方调岗的情形

我们认为，我国虽未有法律条文对用人单位在何种情况下可以单方调岗进行直接规定，但确有部分条款间接赋予了用人单位单方调岗权。然论及用人单位单方调岗权，大部分学者的专著、文章中均只提到《劳动合同法》第40条，仅将"医疗期满""不能胜任"和"客观情况重大变化"视为用人单位可以单方调岗的法律依据。这是因为单方调岗的法律规定散落于劳动法律法规中，并未单独成为某法律的一章或集中出现在某部法律中。整理有关单方调岗法律依据的工作虽烦琐，但却十分必要。首先，明确相关的法律规定可以扫清合法与违法的界限，明确何种情况下可以单方调岗，何种情况下为违法的单方调岗。其次，明确相关的法律规定可以为后续学者的研究打下基础，大量繁杂的基础性工作均可以为后续研究直接引用。最后，明确相关的法律规定可以促使用人单位合理进行单方调岗，使用人单位在单方调岗时得以全面考量。除此之外，在这些有关单方调岗的法律法规中其实隐藏着地方对于用人单位单方调岗的态度、标准，大多数法律法规在明确单方调岗的合理性时，也提出了相应的判断标准。这些判断标准可供我们后续设计单方调岗合理性的判断标准时借鉴参考。

为尽可能地搜集所有可以作为用人单位单方调岗的法律依据，我们以"劳动"为关键词，在北大法宝软件上进行搜索，搜索到现行有效的中央法规3500件和现行有效的地方性法规18251件。其中中央法规分为法律、行政法规、司法解释、部门规章、军事法规规章、党内法规、团体规定和行业规定。考虑到普适性，我们暂不探讨军事法规规章和党内法规。通过搜索以上法规，我们将涉及单方调岗的条款分为两大类：法条规定较具体的单方调岗和法条规定较抽象的单方调岗，并在后文基于此种分类构建相应的判断标准。

（一）法条规定较具体的单方调岗

通过搜索上述法规，我们检索到以下8种法条规定较具体的单方调岗。以下8种情形均有法条明确规定在满足何种较客观具体的条件下，用人单位可以

单方调岗。司法实践中，对于此种法条规定较具体的单方调岗，法官的自由裁量空间较小，所需考量的因素较少，通常只需考虑是否满足特定较客观具体的条件，证据是否客观充分等。

1. 可视为用人单位权利的单方调岗

我们将检索到的 8 种法条规定较具体的单方调岗又分为两类，一类可视为用人单位权利的单方调岗，共 5 种情形；另一类可视为用人单位义务的单方调岗，共 3 种情形。可视为用人单位权利的单方调岗具体为以下 5 种情形。

第一，当劳动合同中有明确具体的预调岗条款，在劳动者对可能的预调岗有合理预期的情况下，用人单位可根据预调岗条款对劳动者进行单方调岗[①]。我们认为用人单位依据预调岗条款对劳动者进行调岗的行为，属于正常履行劳动合同。劳动者在与用人单位订立劳动合同时，即应对可能的调岗行为有所预期。在确实符合预调岗条款设置的条件或情况时，劳动者应根据劳动合同接受用人单位的调岗。该种情况的法条支持为《劳动合同法》第 29 条。与此同时，上海市高级人民法院关于审理劳动争议案件若干问题的解答六[②]对此种情况也有明确规定。

第二，劳动者符合《劳动合同法》第 40 条时，用人单位可以单方调岗。绝大多数学者认为该条文间接赋予了用人单位单方调岗权[③]。用人单位依据该条文单方调岗时，要有客观充分的证据证明[④]。且用人单位要在调岗之前，将评估标准通过公示备案等方式告知劳动者[⑤]。我们认为，通常情况下，单方调岗不能降低劳动者工资。但在"不能胜任"等劳动者个人能力有所下降的情形下，用人单位调整劳动者工作岗位时可降低工资标准。与此同时，《未成年工特殊保护规定》第 8 条也再次对"不能胜任"予以强调，体现了对未成年人的特殊

---

① 周丽霞. HR 全程法律顾问——企业人力资源管理高效工作指南 [M]. 北京：中国法制出版社，2017：317-318.

② 上海市高级人民法院关于审理劳动争议案件若干问题的解答六第一项。

③ 颜梅生. 员工年终考核垫底，用人单位可否调岗调薪？[J]. 劳动保障世界，2018（7）：60-63.

④ 陆敬波. 劳动合同法 HR 应用指南 [M]. 北京：中国社会科学出版社，2007：112-115.

⑤ 北京市劳动和社会保障法学会. 劳动合同、社会保险与人事争议疑难案例解析 [M]. 北京：法律出版社，2009：77-78.

保护。

第三，当用人单位发生《劳动合同法》第41条情形时，用人单位可以对劳动者单方调岗。《劳动合同法》第41条同第40条一样，在尽量限制用人单位的解雇权的同时，变相赋予了用人单位单方调岗权。用人单位适用此种情形对劳动者进行单方调岗时，需注意转产、技术革新与经营方式调整的重大程度应达到对整个企业的前途有重大影响。实务中，大多数法院认为用人单位如果是一条生产线转产，非颠覆性技术革新等并不属于重大调整，不享有单方调岗权。用人单位只有在转产或改变生产任务达到重大调整程度时，才可基于此条款单方变更劳动者的工作岗位。与此同时，《厦门经济特区劳动管理条例》第14条也有类似规定。

第四，用人单位在破产重整时可以对劳动者进行单方调岗。《中华人民共和国企业破产法》（以下简称《企业破产法》）第81条的"债务人的经营方案"是指在企业重整过程中，为恢复正常营业而采取的营业改善措施。这些措施通常包括：业务和资产的处理、负责人的调整、职工裁员调岗措施等①。破产法规定了重整制度和允许制定经营方案，即间接性赋予用人单位在破产重整的情形下进行单方调岗的权利。此外，破产法的职工安置预案，也可间接体现法律许可企业在破产重整时对职工工作岗位进行调动。相似内容在《劳动合同法》第41条中也有体现。

第五，用人单位可对脱密期内的劳动者进行单方调岗。劳部发〔1996〕355号二规定用人单位可与掌握商业秘密的职工在劳动合同中约定离职前脱密期。故用人单位在与劳动者签订保密协议时，要注意区分掌握、接触商业秘密，负有保密义务的劳动者和普通劳动者。在劳动者离职前的脱密期内，用人单位为保护商业秘密，可将劳动者调离原工作岗位。但适用该种情形的单方调岗有两个限制：一是劳动合同中要明确约定脱密期条款；二是脱密期最长不得超过六个月。另外，对于脱密期内的劳动者工资可否降低，法律并无明确规定，司法亦没有统一的裁判观点。大多数法院认为可否降低劳动者工资要视保密协议的约定条款而定。

---

① 安建. 中华人民共和国企业破产法释义［M］. 北京：法律出版社，2006：98.

2. 可视为用人单位义务的单方调岗

第一，用人单位应为因工致五、六级伤残的劳动者安排适当工作。劳动者因工致残但尚具有一定劳动能力时，承担社会责任的用人单位理应保留与劳动者的劳动关系，承担对劳动者的照顾义务。该种情形的法条依据为《工伤保险条例》第36条。我们认为，在劳动者因工致五、六级伤残的情形下，可将劳动者调岗至工资薪酬低于原岗位工资薪酬的岗位。

第二，女性劳动者在孕期不能适应原劳动或原工作岗位易导致流产的，用人单位应予以调岗。该种情形的法条依据为《女职工劳动保护特别规定》第6条、《铁路女职工劳动保护实施细则》第8条和《邮电女职工劳动保护规定实施细则》第8条。《河南省女职工劳动保护特别规定》第10条、《山东省女职工劳动保护办法》第11条、《江苏省女职工劳动保护特别规定》第11条、《陕西省实施女职工劳动保护特别规定》第12条、《浙江省女职工劳动保护办法》第12条等对此种情形予以再次强调。在实践中，经常有用人单位恶意利用此种条款变相辞退怀孕女员工，之前的天价清洁工案即例证之一。女白领因怀孕不能适应原工作被单方调岗为劳动强度更大的清洁工，虽未降低劳动者工资，但基于目前大众对清洁工与白领的社会地位评价，可明显看出用人单位的调岗具有侮辱性，故此次单方调岗为违法的单方调岗。用人单位依据此种情形对孕期劳动者单方调岗时应注意，调岗前后的工作内容应尽量类似；尽量减少对劳动者的不利影响；工资不能因劳动者怀孕而有所降低。相似规定还有《四川省〈中华人民共和国妇女权益保障法〉实施办法》第25条将对孕期劳动者的保护扩大至哺乳期女职工；《山西省女职工劳动保护条例》第13条规定每日安排孕期劳动者一小时工间休息；《福建省企业女职工劳动保护条例》第10条明确将孕期、哺乳期职工调离第三级体力劳动强度的工作。

第三，为保护劳动者的身体健康，用人单位应对符合情况的劳动者予以调岗。《中华人民共和国职业病防治法》第35条中"与所从事的职业相关的健康损害"的限制相对较模糊，我们认为此种健康损害应为日常生活中普通人认可并达到一定严重程度的职业病，比如教师患咽喉炎，应认为属于职业病，但尚未达到需调离岗位的程度。相似规定也存在于《使用有毒物品作业场所劳动保护条例》第28条规定对从事使用高毒物品作业的劳动者进行岗位轮换；该条例

第 32 条规定用人单位应将有职业禁忌或形成职业病的劳动者调离原岗位;《中华人民共和国尘肺病防治条例》第 21 条用人单位应将已确诊为尘肺病的职工调离粉尘作业岗位;劳动部《关于防止矽尘危害工作的情况和意见的报告》第六点,对于确诊的矽肺病者,用人单位应将其调离解除矽尘的工作岗位。

(二)法条规定较抽象的单方调岗

通过搜索相应法规,我们搜索到以下 6 种法条规定较抽象的单方调岗情形。在以下 6 种法条规定较抽象的单方调岗情形中,客观的衡量标准较少,诸如"严重""客观需要"的主观性的词语较多。此种单方调岗,法官的自由裁量权较大,需要综合考量的因素较多。

第一,当客观情况发生重大变化时,用人单位可以单方调岗。法条依据为《劳动合同法》第 40 条。"客观情况重大变化"是一个较为抽象的概念,何种情况属于客观情况,达到何种程度属于重大变化?劳办发〔1994〕289 号第 26 条规定了"客观情况"的意指。也有学者认为,用人单位的合并、分立、转产,调整生产任务,人为因素或劳动者身体原因,其他致使劳动合同无法履行的因素等情况均可认为构成重大情况①。而在司法实践中是否构成重大变化,目前则由法官自由裁量权裁定。我们认为为保护劳动者的职业稳定权,保持劳动合同的相对稳定性,客观情况重大变化的范围不宜过大,具体可分为三种:第一种为不可抗力,如地震、突发疫情等;第二种为劳动者的原因,如劳动者怀孕或已达退休年龄等;第三种为用人单位的原因,用人单位自身发生涉及整个企业的改变,如部门取消或门店搬迁等。当用人单位发生不涉及整个企业的内部调整时,例如部分生产线改变等,不应赋予用人单位单方调岗权。例如,企业为追求利润最大化而将大部分员工调岗至生产车间前,应先与劳动者进行协商。此次调岗不属于客观情况重大变化,企业不具有单方调岗权。

第二,在某些情形下,法律规定将某些违法的单方调岗视为合法的单方调岗。例如《劳动法》司法解释四第 11 条,沪高法〔2009〕73 号三,苏高法审委〔2009〕47 号第 14 条等。以上条款均为劳动合同变更效力的认定条款,变相

---

① 李丽峰,郑莹. 律师帮你打官司系列丛书——如何打赢劳动争议官司 [M]. 济南:山东人民出版社,2004:103-105.

地给了用人单位极大的单方调岗权①。然以上条款在理论上暂无根据，因此在实务中尚不能达成一致看法。以《劳动法》司法解释 4 第 11 条为例。实践中，经常出现用人单位派劳动者出差超过一个月的情况发生，在此种情况下，用人单位可能会恶意利用第 11 条确认单方调岗行为有效②。除此之外，也存在用人单位故意给劳动者派发其他岗位的工作，并以劳动者实际完成了工作的事实作为劳动者同意调岗证据的可能性。我们认为，以上条款虽在实务中有极大的实际意义，但尚需对用人单位的单方调岗加以合理性限制的要求。

第三，当劳动合同显失公平时，用人单位可单方调岗。《厦门经济特区劳动管理条例》第 14 条规定，显失公平的劳动合同可以变更。但该条例并未规定如何判断是否显失公平，我们认为可参照民法中显失公平的判断标准，即一方当事人利用优势或对方没有经验，订立了权利义务明显不平等的合同。但考虑到劳动者利用自身优势或用人单位没有经验，订立了损害用人单位权利，增设用人单位义务的劳动合同可能性较小。再加上显失公平的证明标准较高，要求达到当事人之间在给付与对待给付之间严重失衡或利益严重不平衡的标准。故我们认为此法条在实务中的意义不大。

第四，当用人单位有经营需要，劳动合同或规章制度有相应约定时，用人单位可以单方调岗。法条依据为上海二中院民三庭 2014 年劳动争议案件质量讲评。无独有偶，津人社规字〔2018〕14 号第 10 条也规定了用人单位根据生产经营需要进行单方调岗的 5 个限制，但因限制未以相对客观具体的标准明确，故仍存在较大的自由裁量空间。实践中，还有许多类似于"用人单位有权进行单方调岗"的"口袋条款"，并以此为依据进行单方调岗。在我国目前的司法实践中，劳动合同双方可约定该种"口袋条款"，但并不能仅仅依据该"口袋条款"进行单方调岗，必须有其他合理理由。该种条款的约定不能视同用人单位获得了劳动者对某次单方调岗的授权③。我们认为此种条款不仅不能作为单方调岗的合理性依据，且对此种条款是否有存在的意义，能否充当单方调岗的合法性

① 于丽萍. 企业人力资源全程法律顾问［M］. 北京：清华大学出版社，2015：217-219.
② 侯玲玲. 论用人单位内工作调动［J］. 法学，2013（5）：34.
③ 张大伟. 用人单位单方调岗行为的合理性探析［D］. 济南：山东大学，2016.

基础存疑。首先，"口袋条款"本身效力就有争议，其过度扩张了用人单位的单方调岗权。实务中，绝大多数法院赞同上述学者的观点，认同"口袋条款"不能作为单方调岗的合理性依据。其次，用人单位必然是因外部客观因素变化或劳动合同双方当事人变化，才进行单方调岗。若无变化用人单位进行单方调岗，则此次单方调岗则不具有合理性。劳动合同因外部变化而有所改变本就具有合理性，无须"口袋条款"作为合法性基础。若一定要求以"口袋条款"为合法性依据，可以预见"口袋条款"将变成劳动合同的格式条款，并无实际意义。

第五，用人单位能够证明单方调岗行为具有合理性。法条依据为京高法发〔2017〕142号第5条、第6条；沪高法民一〔2006〕17号第6条；《山东省高级人民法院、山东省人力资源和社会保障厅关于审理劳动人事争议案件若干问题会议纪要》第11条；苏高法审委〔2009〕8号第3条；川高法民一〔2016〕1号第22条；等等。以上条文均提到"用人单位需证明单方调岗的合理性"，但"合理性"本身是一个过于主观的词，更像是一条原则。它需要通过法律或司法解释的形式以客观化的标准将之明确具体化。

第六，部分法规并未规定用人单位在何种情况下可以单方调岗，而是规定单方调岗满足相应条件即为合法有效的单方调岗。例如《天津法院劳动争议案件审理指南》第19条规定了用人单位单方调岗的五个限制条件：一是有劳动合同约定或规章制度规定；二是有生产经营需要；三是薪酬保持不变；四是不具有歧视性、侮辱性；五是不违反法律法规。津高法〔2017〕246号第20条、京高法发〔2017〕142号第5条、《广东省高级人民法院关于审理劳动争议案件疑难问题的解答》第9条、粤高法〔2012〕284号第22条、浙法民一〔2009〕3号第42条、《重庆市六部门劳动争议案件法律适用问题专题座谈会纪要二》第3条、昆山市劳动争议仲裁院、昆山市人民法院、苏州中级人民法院、苏州劳动争议仲裁处联合发布《劳动争议座谈会纪要》第5条等均有类似规定。该种用人单位可以单方调岗的情形与以上各种情形均不同，其设置相应条件来规范单方调岗。具体来讲以上其他情形均为特设情形，不承认用人单位具有单方调岗权。而此种情形默认用人单位具有单方调岗权，仅是设置了诸多限制条件。在此种情形下的单方调岗，不仅需满足限制条件中的积极条件，还需不存在消极条件。以《天津法院劳动争议案件审理指南》第19条为例，其明确写明：用人单位对劳动者的工作岗位进行调整，应当同时具备以下条件……该条以默认的方式承认了用人单位拥有单方调岗权。该条具体规定了五个条件：以劳动合同约定或规章制度规定，有生产经营需要和薪酬保持不变三项条件为积极条件，合理的单方调岗需满足以上三种条件；除此之外，以不具有歧视性、侮辱性和不违反法律法规为消极条件，合理的单方调岗需不存在此两种条件。

五、国外及台湾地区对单方调岗行为的法律规制及启示

在构建用人单位单方调岗合理性的判断标准之前，我们先了解了国外部分国家及我国台湾地区对此问题的法律规制。虽然各个国家或地区的劳动制度各有不同，但总体来说大多数国家或地区均承认用人单位具有单方调岗权，并在承认此权利的基础上设置了一些限制条件。我们从中提取适合我国国情，在我国具有可操作性的因素，用以构建我国用人单位单方调岗合理性的判断标准。

（一）日本对单方调岗行为的法律规制及启示

日本劳动法受多个外国法律制度的影响，在实践中形成了独特的调岗制度。在日本，劳动者通常每2~3年就要从一部门调任到另一部门工作，这样的目的是使劳动者理解整个公司或生产线的结构和功能，从而可以提出提升产品质量的建议。日本的用人单位和劳动者普遍认同这样的做法，故劳动合同中很少写明劳动者的工作地点和工作类型。

传统上，日本认为雇主应当拥有任意调配劳动者的权利，不受司法控制。但近年来，日本法院认为雇主的单方调动给劳动者和其家庭生活造成了各种不便，故主张从两方面审查其单方调岗的有效性。第一，审查调配命令是否具有合同基础。如若合同中对工作地点和工作类型做了具体规定，则雇主不享有单方调配的权利。目前，日本法院认为单个劳动合同、工作规章甚至是其中的原则或默认条款均可以构成调配命令的合同基础。实践中，大多数雇主在工作规章中加入"在经营需要时允许调职"的条款，确立他们的调配权。第二，审查雇主是否滥用调配权。这需要法官在经营的必要性和调配给劳动者带来的不利影响之间做出权衡。但日本的"经营必要性"取广义解释，即可以提高生产效

率、培养劳动者多种劳动能力、促进士气或有利于公司和谐管理等均可以构成经营必要。日本最高法院认为迫使劳动者和其家庭分离而独自生活的调配命令有效，并将这一不利视为"雇员必须忍耐的正常的不便"。总体来说，日本法院对单方调岗的态度是有利于用人单位的，但这种偏向是建立在日本长期雇佣的习惯上的。因为日本存在长期雇佣、终身雇佣的传统，故通常将调配作为替代解雇冗员，维持传统的关键机制。这种调配仅可基于善意，一旦被认定调配有不当动机，例如逼迫辞职等，法院将判决雇主承担侵权责任①。

从整体来看，日本企业合法的单方调岗需满足两个积极条件和一个消极条件。积极条件即调配命令具有合同基础和存在经营必要性，消极条件为单方调岗不具有不良动机。日本法院对单方调岗的审判逻辑并不同于我国法院的综合认定法，而是步步判断。如果在进行第一步审查时，发现没有合同基础，则认定构成违法调配，不再对下一步的内容进行审查。当第一步、第二步审查均通过时，发现雇主的调配命令有不良动机，则具有类似于一票否决的效力，认定调配违法。步步判断法提高了法院的裁判效率，一票否决也具有很大的借鉴意义。我们认为，日本方面对单方调岗的态度，是建立在日本长期雇佣制的劳动实践上的，我国不能单纯模仿。我国法院在审理具体案件时应在用人单位的用工自主权和劳动者的合法权利上进行权衡，并适当偏向劳动者。

（二）德国对单方调岗行为的法律规制及启示

德国在用人单位单方调岗方面规定了两种制度，分别为雇主指示令和变更性解雇。雇主指示令是指在劳动合同对某些事项未作规定时，雇主有权行使指示令对劳动合同进行填补。行使雇主指示令有两个限制：一是不得违反法律、集体合同和劳动合同，并不得降低雇员工资，除非劳动合同中另有约定；二是公平原则。调岗时必须充分考虑到雇员的能力以及工作经历，必须是出于工作的原因予以调岗，尽量减少对雇员的不良影响，时间安排上要顾及雇员的家庭。变更性解雇则是一种解雇之前必经的前置程序，这种变更通常对雇员不利。作为替代解雇的相对温和的措施，法院对其衡量标准较宽松，但也有两个限制：

---

① ARAKI T. *Labor and employment law in Japan* ［M］. Tokyo：Japanese Institute of Labor，2002：234-237.

一是社会正当性要求；二是如未达到企业经营不良以至于不削减福利，就可能要裁减人员的程度，变更往往违法①。

总的来说，德国以劳动合同为界限，根据调岗力度大小适用不同标准。需要更改劳动合同的，调岗力度较大的，适用变更性解雇的裁判规则；不需更改劳动合同的，调岗力度较小的，适用雇主指示令的裁判规则。类似地，我国也有学者提出，将劳动合同变更分为一般变更和重大变更②。我们认为，德国对可调岗的情况进行分类并适用不同裁判标准的做法值得我国借鉴，但考虑到我国劳动合同的约定通常不够完善，我国暂不应简单地以劳动合同为界进行分类。

（三）英国、法国、俄罗斯对单方调岗行为法律规制及启示

英国、法国和俄罗斯均认为用人单位单方调岗不得违反劳动合同。英国判例法认为仅在以下三种情况下雇主有单方调岗权：一是工作性质特殊的职业，社会普遍认同此种职业无固定工作地点，如空乘；二是劳动合同未具体明确工作岗位；三是劳动合同中预设了调岗条款。法国则认为用人单位在以下两种情况有单方调岗权：一是劳动合同中预设调岗条款；二是在劳动合同未明确约定工作地点的情况下，较小地调整劳动者的工作地点。俄罗斯对雇主的单方调岗权更为苛刻，认为雇主仅拥有将劳动者调动到同一地点的其他分支机构的相同岗位的自由③。这三个国家均通过紧紧依附劳动合同，允许用人单位在劳动合同约定不明确时行使用工自主权，以劳动合同为界限来判断单方调岗的合法合理性。我国《劳动合同法》第17条规定了劳动合同必备条款。因此，许多学者认为我国的单方调岗可近似认为是用人单位对劳动合同的变更。考量到我国目前劳动合同格式化、暂不完善的总体情况，我们认为，目前不适宜确立"单方调岗不得违反劳动合同"的司法裁判原则。

（四）我国台湾地区对单方调岗的法律规制及启示

我国台湾地区并无明文规定雇主如何进行单方调岗，但在司法实践中，法

---

① HROMADKA W, MASCHMANN F. *Arbeitsrecht*［M］. Berlin：Springer, 2011：302.

② 王占强. HR实务指引——招聘录用、调岗调薪、离职解聘全程风险防控与纠纷解决［M］. 北京：法律出版社, 2015：257-259.

③ 丁建安. 论企业单方调岗行为法律效力的判断［J］. 当代法学, 2015, 29（3）：25-27.

院逐渐形成了"调职五原则"处理单方调岗问题。调职五原则具体内容如下：①调职基于企业经营所必需；②不得违反劳动合同；③未对劳动条件做不利变更；④劳动者可胜任调职后的工作；⑤确有无法避免的对劳动者的不利影响，用人单位应予以补偿。长期以来，台湾地区依靠调职五原则裁量单方调岗案件，在实践中卓有成效。但学界中仍有部分学者对调职五原则的适用次序①以及不再考量个案情形②等有所异议。故近些年我国台湾地区最高法院在判决单方调岗案件中逐渐引入合理性、必要性等主观性较强的裁量标准与调职五原则配合使用，以更好地解决单方调岗问题。

六、用人单位单方调岗权行使规则的设计

对于单方调岗而言，目前我国还没有统一的合理性判断标准。各地先后出台过地方性司法文件，但标准不一。就合理性判断标准的内容来讲，现有的合理性判断标准可以分为两大类：第一类以列举特设的方式明确用人单位在何种情况下可以单方调岗；第二类默认用人单位有单方调岗权，只是设置了一些限制条件。本文选择在第二种方式上设计单方调岗的合理性判断标准。我们认为应默认用人单位具有单方调岗权，但需满足相应的条件。同前文所述，我们主张参照适用经营自主说，即用人单位对劳动者享有单方调岗权，但应对用人单位单方调岗的权利加以合理的严格限制。我们认为赋予用人单位单方调岗权使得企业减少人力资源成本，使得劳动关系相对稳定，避免了解雇的发生。如若认为用人单位不具有单方调岗权，则会使劳动合同固化，难以适应经济形势的变化和劳动者自身能力的变化，不利于维持良好的劳资关系。故在考量现实情况的前提下，应赋予用人单位对劳动者的单方调岗权。

（一）单方调岗的原则

欲正确判断用人单位单方调岗的合法合理性，不仅应有具体客观的判断标准，也应有能够作为单方调岗指导思想的原则。原则不仅体现了制度的总

---

① 林更盛. 雇主调职权限的控制——最高法院九十八年度台上字第六〇〇号判决评析[J]. 月旦裁判时报，2013（20）：5-15.
② 刘志鹏. 劳动法理论与判决研究[M]. 台北：元照出版有限公司，2000：164-167.

体价值取向，也可以帮助司法裁判者在具体案件中合理确定行使自由裁量权，更可以在具体裁判规则失灵时发挥漏洞补充的作用。具体到单方调岗，大多数学者认为具有合法合理性的单方调岗应使得企业生产经营对调岗的需求程度和劳动者因此遭受的不利益间保持动态平衡①。我们赞同单方调岗需保持动态平衡的总体要求，并认为具有合法合理性的单方调岗还应坚守以下三个原则。

1. 权利不得滥用原则

权利不得滥用原则要求权利人在追求自己的利益时，不得损害他人利益和社会利益。从法理的角度看，权利不得滥用原则负载了"社会本位"权利观的价值，体现了权利社会性的要求②，这与劳动法所具有的社会功能不谋而合。具体到单方调岗，用人单位在追求人力资源最优化时，必然会损害到劳动者的职业稳定权，甚至有可能降低劳动者的工资薪酬或增大劳动者的工作成本等。故权利不得滥用原则在单方调岗方面只限制恶意损害他人利益和社会利益。该原则具体可体现为，用人单位不得借行使单方调岗权之名，行恶意损害他人的合法权益之实。实践中最常见的是用人单位为节约人力资源成本，恶意将劳动者单方调到工资薪酬不如原岗位或有损劳动者人格尊严的岗位，以逼迫劳动者主动辞职。司法实践中，多位法官在裁判文书的本院认为部分中写明：用人单位单方调岗致使劳动者被迫辞职的，应视为"推定解雇"，并依法向劳动者支付经济补偿金。

2. 比例原则

比例原则将行为的效果和所造成的不利益综合衡量，要求在多个可以达到目的的措施中选取负面影响最小的，强调利益之间的平衡。具体到单方调岗，该原则要求，此次单方调岗是多个可以实现用人单位所欲追求目的的措施中，对劳动者造成损害较小的，禁止用人单位只考虑企业利益迫使劳动者作出较大的牺牲。故用人单位在对劳动者单方调岗时，应充分考虑劳动者的合法权益，尽量减小对劳动者的不利影响。例如用人单位不能因开设分公司，而将劳动者

---

① 丁建安. 论企业单方调岗行为法律效力的判断 [J]. 当代法学，2015，29 (3)：25-27.

② 钱玉林. 禁止权利滥用的法理分析 [J]. 现代法学，2002 (1)：55-61.

调离长期生活的城市。在用人单位完全可以新招劳动者或调动单身且户籍是外地的劳动者的情况下，此次单方调岗会给劳动者在家庭抚养方面造成巨大困难，不符合比例原则。司法实践中，〔2017〕粤03民终11497号裁判文书在本院认为中写明：工作岗位地理位置的变更不应给劳动者照顾家庭、上下班的工作成本造成更大的负担。

3. 保护劳动者原则

保护劳动者原则本就是《劳动法》的基本原则之一，且开宗明义明确规定于第一条。保护劳动者原则要求保护用人单位的利益的同时，也要保护劳动者的利益，并适当对劳动者有所倾斜。具体到单方调岗时，当用人单位有合理理由并遵循适当程序对劳动者进行单方调岗时，劳动者应接受用人单位的单方调岗①。但劳动者若能提出合理理由拒绝用人单位的单方调岗，保护劳动者原则应首先保护劳动者，保证劳动者的生存权，拒绝用人单位的调岗行为。

（二）法条规定较具体的单方调岗判断标准

前述四（一）中所列均属于法条规定较具体的单方调岗，这些情形下判断用人单位单方调岗合法合理性的标准较具体，故法官在裁判时通常以法条为裁判标准，自由裁量空间较小。

对于此种法条规定较具体的单方调岗，我们认为实际上可直接根据法条具体规定判断合法与否。例如用人单位以劳动合同存在预调岗条款为由主张单方调岗，则应由用人单位承担举证责任，即由用人单位向法院提交劳动合同。若劳动合同确有明确具体的预调岗条款，则应认为用人单位单方调岗具有合理性。再如用人单位以《劳动合同法》第40条中的"医疗期满"为由主张单方调岗，亦应由用人单位承担举证责任，即用人单位需有客观具体的证据证明劳动者经过培训或者调整工作岗位，仍不能胜任工作，符合第40条规定情形。若确有客观的考核量表或为劳动者提供过培训的记录，则应认为单方调岗具有合理性。程序上单方调岗须符合程序正义的要求。程序正义要求保障当事人参与裁判过程、表达自身意志的权利，其以严谨完善的程序来保证实体结果的正义。具体

---

① 徐丹，翟玉婷. 用人单位单方调岗正当性的认定标准［J］. 法制与社会，2015（12）：73.

到单方调岗，则要求保障劳动者的知情权、表达权等基本权利①。首先，调岗前用人单位应通知劳动者调岗原因以及调岗后的工作岗位，并出示所有相关证据，以保证劳动者的知情权。若是用人单位以 A 理由对劳动者进行单方调岗，而后劳动者证明以 A 理由进行单方调岗不具有合法合理性，用人单位不能再以 B 理由对劳动者继续本次单方调岗行为。调岗前用人单位应明确调岗理由，否则就有侵犯劳动者知情权之嫌。同时，用人单位需明确调岗后劳动者的工作岗位，使其具有确定性。其次，用人单位应给予劳动者适当的异议期，并适当听取劳动者的意见。最后，如果劳动者拒绝到新岗位报到时，用人单位应向劳动者再次说明调岗的原因，并将不报到的后果有效告知劳动者。如若具有合理理由调岗的用人单位已履行以上全部程序，劳动者仍拒不服从调岗，用人单位可与劳动者解除劳动关系，且无须向劳动者支付经济补偿金。

（三）法条规定较抽象的单方调岗判断标准

前述四（二）中所列均属于法条规定较抽象的单方调岗，这些法条中并未明确用人单位具体在何种情况下可以单方调岗，因此法官在裁判时往往需要考虑较多因素进行综合判定，自由裁量空间较大。我们将这些法条规定较抽象的单方调岗情形又分为两类：第一类为法条规定较模糊，用语主观性较强，例如四（二）中第一种、第三种、第四种和第五种情形；第二类为效力评价性规范，效力评价性规范仅是规定了某些较明确的条件，用人单位在单方调岗时满足了这些条件，即认为是合法合理的单方调岗，例如四（二）中第二种、第六种情形。

针对第一类规范，我们认为只要满足以下五个条件，即可认定单方调岗的合法合理性：①调岗缘由真实且重大；②调岗行为必要；③劳动者能胜任调岗后的工作；④通常情况下不可降低劳动者的劳动条件；⑤符合程序正义的要求。当用人单位的单方调岗行为不符合某一条件时，即不必再判断是否符合下一条件，可直接认定调岗行为不具有合理性，此次单方调岗属违法行为。

首先，"调岗缘由真实"要求用人单位能够以相对客观、具体的证据证明确实发生了法条中规定的调岗事由，且并未夸大调岗事由的严重程度。例如在因

---

① 徐丹，翟玉婷. 用人单位单方调岗正当性的认定标准［J］. 法制与社会，2015（12）：73.

劳动者怀孕而进行调岗的情形下，须有客观证据（例如业绩考核表等）证明劳动者不能适应原劳动。劳动者怀孕即调岗，或对虽怀孕但能够适应原劳动的劳动者进行调岗等情形均不满足调岗缘由真实的要求。"调岗缘由重大"是指调岗缘由对用人单位产生重大影响。例如，"用人单位发生重大变化""基于生产经营需要"等影响应涉及整个企业，上升到经营方针的层面，涉及企业的生死存亡。企业为应对该影响而做出的相应调整最起码应重大到经过股东会或董事会讨论，且对该调整有充分的理由说明。例如食品企业经常性地更换部分生产线，该企业不能以"生产经营需要"为理由对劳动者进行单方调岗；而整个企业由线下门店转为线上经营则可以属于"用人单位发生重大变化"，企业可据此情况对劳动者进行单方调岗。

其次，"调岗行为必要"要求调岗行为是解决问题的最佳方法。此种必要性不仅仅是针对企业，也针对劳动者。对于劳动者来说，"调岗行为必要"需满足调岗行为是必要的条件。例如在因企业破产重整而进行单方调岗的情形下，有较大结构变动的重整企业如不对部分劳动者进行调岗，则只能解除劳动合同。而大批量地解除劳动合同，对劳动者而言面临失业，对企业而言面临巨额经济补偿金。在此种情况下，应允许重整企业对劳动者进行调岗。此外，"调岗行为必要"还需满足调岗缘由与调岗行为有直接明显的关联性。实践中通常发生"捎带调岗"的现象，即用人单位不仅对需调岗的劳动者进行单方调岗，也顺带对无调岗理由的劳动者进行调岗。例如用人单位以合理理由，并遵循恰当程序将劳动者 A 单方调岗至劳动者 B 的工作岗位，进而对劳动者 B 也进行调岗。此时劳动者 B 的调岗行为则不必要，用人单位针对劳动者 B 的单方调岗不具有合法合理性。再例如某用人单位因业绩不佳，欲缩减线下门店数量，而某大学城附近几个门店销售情况均不佳。用人单位便将全部销售人员单方调岗至客服部门。该情形中，虽然调岗缘由真实且重大，但单方调岗前未事先允许劳动者在若干备选岗位中进行选择，未考虑每个劳动者的工作经历、所学专业等，直接将所有销售人员调入客服部门不具有直接明显的关联性。即用人单位对劳动者的调岗行为必要，但调岗缘由与用人单位直接将所有劳动者调入客服部门则无直接明显的关联性。

再次，"劳动者能胜任调岗后的工作"要求用人单位在单方调岗时，考虑到劳动者的工作经历、所学专业、年龄等。这要求劳动者调岗前后的工作大致类似或有所关联。如若确实需要将劳动者调至需要学习后才能胜任的岗位，用人单位应采取"老带新"或技术培训等方法，并给予一定时间的适应期和异议期。

最后，单方调岗时一般不可降低劳动者的劳动条件①。用人单位为企业利益而对劳动者进行单方调岗，劳动者应基于对用人单位的忠实义务接受调岗，但用人单位不能为追求企业利益而降低劳动者的劳动条件。劳动者的劳动条件不仅包括工资薪酬，也包括工作地点、工作时间、工作环境等。但如果是劳动者本身能力的下降或用人单位不降低劳动者的工作条件就无法继续存续的特殊情况，用人单位可以降低劳动者的劳动条件。例如《劳动合同法》第 40 条的"医疗期满""不能胜任"、《企业破产法》第 81 条的"企业破产重整"和《工伤保险条例》第 36 条的"五、六级工伤"等情形。

而第二类效力评价性规范，需有法律明确规定方可适用。第二类规范通常是省级出台的地方性法规，其中规定了某些明确的条件，部分也含有主观性较强的条件。对于法条中规定的例如不得降低工资薪酬或满足《劳动合同法》司法解释四第 11 条的规定，变更后的劳动合同即有效等明确的条件，必须满足该明确的条件才可以评价为合法合理的单方调岗。对于主观性较强的条件，则适用第一类规范的严格判断标准。

用人单位单方调岗是实际生活中频发的行为，但我国法律对此少有规制。我们在查阅了大量案例后，发现各地法院对单方调岗问题的裁量标准不一，经常造成同案不同判的现象。我们认为，为保持劳动合同的相对稳定性，应赋予用人单位单方调岗权。但为保证用人单位利益与劳动者权利的动态平衡，应对用人单位的单方调岗权予以限制。

我们查阅大量法规，总结用人单位可单方调岗的情形，并依据法条规定是否具体将用人单位可单方调岗的情况分为法条规定较具体的单方调岗和法条规定较抽象的单方调岗两大类。在借鉴国外及我国台湾地区对单方调岗问题处理

---

① 黄新发，汤云周. 企业人力资源管理完胜攻略：HR 的即时法律顾问［M］. 北京：中国法制出版社，2015：187-188.

方式的基础上，我们试图构建判断用人单位单方调岗合法合理性与否的体系：设置三项原则，分别为权利不得滥用原则、公平原则和保护劳动者原则；又针对不同类别的单方调岗情形设置不同的判断标准。我们的最终目的是希望用人单位在单方调岗时可适当参考我们建议的标准，进行合法合理的单方调岗，保护劳动者的合法权益。同时亦希望本书对我国司法实践在单方调岗问题的处理上有所帮助。

第三章

劳动关系解除规则：劳资双方权益的保护与平衡

第一节　小微企业解雇保护豁免制度

为了保证劳动关系的持续稳定发展，各国劳动法都对雇主的解雇权或多或少加以了限制，俗称解雇保护制度。从世界范围来看，我国劳动法确立的解雇保护制度是相当严格的，并且不加区别地适用于所有的用人单位。对小微企业而言，严苛的解雇保护制度无疑限制了其用工灵活性，不利于其长远发展。而小微企业在我国目前经济发展中起着很大的作用。在规模上，截至 2017 年 7 月底，我国小微企业名录收录的小微企业数目已达 7328.1 万户；在就业问题上，小微企业成为扩大就业的重要支撑，根据国家统计局抽样调查显示，平均每户小型企业就能带动 8 个人就业，一户个体工商户能带动 2.8 个人就业①。由此可见，小微企业在我国经济发展与吸收就业中起着非常重要的作用。如何协调小微企业的发展需要和解雇保护制度之间的关系便成为理论界和实务界共同面临的问题。

一、劳动法与小微企业发展之间的关系

2011 年《中小企业划型标准规定》增加了微型企业的标准，涉及了我国国

---

① 任兴磊，李献平，昃传勇. 分析与展望（中国中小微企业生存发展报告 2017—2018）
[M]. 北京：中国经济出版社，2018：1.

民经济的主要行业，根据不同的行业性质，做了不同的划分标准。自2011年10月12日国务院发出关于支持小微企业发展的财税金融政策后，银保监会、财政部、发改委等多个部门陆续发布有助于帮助小微企业发展的金融财政细则，给小微企业的发展创造更好的政策环境。在劳动法上，世界上大多数国家劳动法都对小微企业进行豁免或者提供一定的优惠待遇，并且随着经济发展，进行豁免的条件也根据企业规模、人数、纳税等因素不断变化。我国《劳动合同法》并未对小微企业进行分类规制，对于小微企业，如果按照大型企业那样同等对待，无疑会在很大程度上限制其发展。

（一）小微企业发展现状

根据国务院有关部门的数据，自2008年《劳动合同法》施行以来，其实施取得了一定的社会效果，可以概括为"两升一降"，劳动合同签订率以及参与社保人数与基金征缴工作显著上升，短期劳动合同数量下降，长期合同以及无固定期限劳动合同数量增加。《劳动合同法》的实施对于规范劳资关系，调节劳资矛盾，建立和谐稳定的社会关系起着一定的积极作用。《劳动合同法》通过限制用人单位自主用工权，以保障劳动者就业稳定。这也是一直以来我们《劳动合同法》的指导思想。但是，对于规模较小的小微企业来说，在其发展初期往往需要面对资金以及人员方面的问题，其灵活的用工配置与稳定的劳动关系存在矛盾。从目前我国小微企业的发展状况看，各类企业不加区分地一体适用劳动法，已对其生存与发展造成了比较大的困扰。

1. 小微企业的作用及其在经济发展中的困境

2011年颁布的《中小企业划型标准规定》针对中小微型企业做了划分规定，划分标准确定为从业人数、资产总额以及营业收入等。《中小企业发展规划2016—2020》显示，"十二五"期间，全国工商登记中小企业超过2000万家，个体工商户超过5400万户，中小企业贡献利税稳步提高，并且提供了大量的城镇就业岗位，然而传统产业领域中大多数小微企业处于产业的中低端，仍然存在着盈利能力差、产能过剩、用工难等现象。小微企业的显著特征就是抗风险能力弱，经营规模较小，与大中企业相比，小微企业经常会发生亏损、倒闭、关停的现象，其抗风险能力远不如大中企业。报告显示，近年来，受到经济放缓等因素的影响，仅有12%的小微企业表示营业额保持快速或高速发展，近

50%的小微企业反映市场需求不足、产品销售困难，近60%的小微企业反映市场竞争压力加大①。受到外部发展环境的制约，小微企业内部的劳动关系也需要对此进行调整。由于规模较小，自身竞争力差，小微企业的员工流动性较大，这些特性与《劳动合同法》所追求的"和谐稳定的劳动关系"背道而驰。小微企业具有灵活多变的用工特点，为了能够及时适应市场的变化，及时调整经营策略，需要不断优化自身的用工配置，雇佣适应企业发展的员工来增强企业的竞争力，如果小微企业不能够及时根据市场变化调整用工配置，或者产生过多的解雇成本，则不利于企业经营与发展②。而随着国内人口红利的优势的淡化，劳动力成本越来越成为小微企业发展的制约因素。

2. 劳动法对小微企业发展的影响

《劳动合同法》的施行备受争议，常凯教授认为立法在解雇保护制度上的加强有助于使劳动者工作稳定，增强对企业的认同，帮助企业发展，认为这是"劳动者的福音"；董保华教授则认为解雇保护制度的加强会导致劳动者因失业威胁的降低从而消极怠工，使企业利益受损，在用工方面会变得更加谨慎，企业不能轻易解雇员工，"出口"缩小了，"入口"也相应缩小，从而降低整个社会的就业率，是"善良的恶法"。在关于《劳动合同法》立法争论中，追求效益还是追求公平也体现了劳资双方不同的利益诉求。常凯教授认为，我国《劳动法》对于劳工的标准过低而不是过高，虽然我国在劳动立法上的一些内容，例如法定节假日的三倍工资等接近国际上的高标准，但是判断一个国家劳动标准高低不能仅看一个单项指标，还应当考虑到例如职业稳定、社保水平等多重指标，综合来看，我国劳工保护标准在国际上仍处于较低水平③。另一方面，董保华教授认为我国《劳动合同法》对于劳动者高标准的保护压缩了劳资双方协商的自治空间，过度强化管制，限制自治会导致市场灵活性不够，企业用工成本高以及立法过度倾斜等问题④。《劳动合同法》一方面严格限制用人单位解

---

① 任兴磊，李献平，昊传勇. 分析与展望（中国中小微企业生存发展报告2017—2018）[M]. 北京：中国经济出版社，2018：1.

② 倪雄飞. 我国解雇保护制度对小微企业的适用及其制度完善 [J]. 山东社会科学，2015（10）：170-177.

③ 常凯.《劳动合同法》的立法依据和法律定位 [J]. 法学论坛，2008（2）：3.

④ 董保华.《劳动合同法》的十大失衡问题 [J]. 探索与争鸣，2016（4）：4.

雇的权利，另一方面极度放任劳动者辞职自由，二者形成巨大反差，过度宽松的辞职制度会使用人单位丧失培养员工的积极性。此外，在劳资发生争议的仲裁程序上，某些特殊争议对用人单位一裁终局，用人单位不服仲裁结果不能起诉，劳动者则可以，这也为恶意诉讼留下了法外空间①。过度强调对劳动者的保护会限制企业规模的发展以及提高对用工的谨慎，降低市场的灵活性，而重视市场的灵活性则会降低对劳动者就业安全的保护。《劳动合同法》的立法宗旨是为了保护劳动者的权益，构建和发展和谐稳定的劳动关系，在制度设计上，在强调现有的制度设计应当保证劳资双方利益相对平衡的同时，也需要考虑企业一端内部利益的平衡。

（二）劳动法上的解雇保护制度

解雇保护制度包括解雇条件、解雇程序以及解雇待遇三方面。为了适应企业发展的需要，劳动者与用人单位之间的劳资关系变得复杂，最容易引起纠纷的就是用人单位的解雇行为。劳动者一旦被解雇，其以薪资为保证的稳定生活难以维持，其生存权利面临挑战。因此，对于用人单位来说，其行使解雇的权利是要受到限制的。也正是因为如此，各个国家出于对劳动者的保护纷纷建立一套自己的解雇保护制度。

1. 解雇保护制度的理论对比与评价

第一，从解雇自由到解雇保护理论。

"解雇自由"最初是源于民法中的"契约自由"，是指在雇佣关系中，由雇主或用人单位单方面终止劳动合同的行为。在资本主义国家，劳动关系被视为雇佣关系，"解雇"一词因此得来。早期的"解雇自由理论"认为，雇主为了维持其必要的经营，获得预期的利润，必须采取一切可以采取的方法来计算和经营，这样才能维持企业基本的生存和发展，是否解雇劳动者是雇主经营自由的权利，不应当受到干预。同样，劳动者也有选择雇主的自由，劳动者与雇主之间的劳资关系起初并不受法律调整。在 20 世纪初期，美国联邦法院依旧认为自由解雇是对联邦公民个体私有财产的保护，政府不能因为公共利益或者公共福利的需要而强迫任何人在其经营过程中采用与自己意愿相违背的雇员。但是，

---

① 董保华.《劳动合同法》的十大失衡问题和修法建议［N］. 组织人事报，2016-05-10.

这种形式上的平等掩盖了其实质上的不平等，雇主因为掌握了生产资料，在经济活动中往往占据着优势地位，而劳动者除了劳动力一无所有，这种天然的不平等性如果适用契约自由理论则本身就是"不自由的"，因此，若要实现法律所追求的实质正义，则必须对不同身份的人区别对待，使弱者获得较多的权利，强者承担更多的义务，对不同的人实行差别对待①。因此，自第二次世界大战以来，出于对劳动者的生存权、劳动权的保护，创造更好的社会发展环境，更多的国家开始对劳动者与雇主之间的劳资关系进行一系列的干预，雇佣自由理论受到很大的冲击，解雇保护理论也随之发展起来。德国1969年施行的《解雇保护法》中对非过错性解雇进行了限制，用人单位需要具备正当理由并且要经过联邦法院的审理以及支付劳动者经济补偿金。但是为了促进经济发展，对五人以下的小企业采取了豁免的原则，几经变化，最终调整成为十人②。美国政府也在经济危机后为发展经济以及社会稳定，主张对用人单位的任意解雇权进行限制，以避免过多的劳资纠纷带来的社会不稳定③。从发展上来说，解雇保护制度是国家干预的结果，是公权力介入到私权利领域以对雇佣自由的一种限制，从而达到保护多数劳动者就业稳定的作用。解雇保护的理论也越来越被世界各国所接受，只不过受到各国历史传统影响，对劳动者的解雇保护程度有所不同。

第二，宽松与严格的解雇保护制度。

宽松的解雇保护制度一般采用闭合列举法，列举一系列限制解雇权的滥用的情形，明确规定要有"正当理由"才能解雇雇员④。例如美国，美国成文法对一些特殊情形下雇主的解雇权做出了限制性规定，如"不能因为肤色，种族，宗教信仰等原因解雇"，在一些司法判例及仲裁实践中，都不同程度地反映出雇主的自由解雇权被进一步限制⑤。但是美国现行的劳动法案并没有对劳动者的权利做出规定，只是对某种不当类型的解雇做出了限制，大多数企业有关解雇

① 熊晖. 解雇保护制度研究 [M]. 北京：法律出版社，2012：32.
② 黄卉. 德国劳动法中的解雇保护制度 [J]. 中外法学，2007 (2)：99-112.
③ 常凯. 劳动论 [M]. 北京：中国劳动社会保障出版社，2004：339.
④ 程延园. 英美解雇制度比较分析——兼论解雇中的法律和经济问题 [J]. 中国人民大学学报（社会科学版），2013 (2)：130-135.
⑤ 熊晖. 解雇保护制度研究 [M]. 北京：法律出版社，2012：52.

保护的规定主要是通过工会与资方谈判以及签订集体协议解决①。英国也同样实施了较为宽松的解雇保护制度，尽管英国 1965 年颁布的《冗员补偿法案》及 1971 年《产业关系法》都不同程度地对雇员不公平解雇做了保护以及经济补偿金的条件、数额、要求做出了一系列规定，但仍有一部分劳工被排除在外，并不受到保护②。与此相对应的是以德国、法国为代表的较为严格的解雇保护制度。德国第一次世界大战以来，逐渐抛弃了雇佣自由的指导思想，转向为国家干预。例如德国 1923 年《停业令》规定，企业若要解雇一定比例以上的劳动者，需得行政机关批准，否则该解雇行为不发生效力③。法国劳动法立法也是倾向于保护劳动者，通过默认双方签订的是无固定期限劳动合同，有期限的劳动合同为例外来在订立合同上保护劳动者；以缴纳培训费的形式增加雇主在劳动者身上的投入；通过一系列解雇保护程序提交管理委员会审议以及经济补偿金、违法解雇惩罚制度等一系列制度来对法国劳动者的劳动权进行保障④。此外，为保障劳动者的话语权，法国劳动法还专门建立了劳工代表制度。

无论是宽松的解雇保护制度还是较为严格的解雇保护制度，其制度安排大致都是从解雇条件、解雇程序以及解雇待遇三方面进行制度安排。我国《劳动合同法》对于用人单位解除劳动合同的条件采用闭合式列举的方法，仅在规定的几种条件下用人单位有解除劳动者的条件。对企业解除劳动合同的限制较为严格。即使是劳动法上奉行解雇自由原则的美国，在解雇条件上也通过司法实践形成一些原则，例如不能违背诚实信用原则与公平交易原则等。解雇程序是雇主解雇劳工所必经的程序要件，不同国家对解雇程序有不同的制度安排。一般表现为雇主通知雇员以及雇员的一些救济途径。《劳动法》第 26 条规定，用人单位出于劳动者个人原因解雇时，不仅要符合法定事由，而且要提前 30 天通知劳动者。《劳动法》第 27 条规定，用人单位需要裁员的，应当提前 30 日向工

① 王益英. 外国劳动法和社会保障法 [M]. 北京：中国人民大学出版社，2001：294-300.
② 程延园. 英美解雇制度比较分析——兼论解雇中的法律和经济问题 [J]，中国人民大学学报，2013（2）：130-135.
③ 黄卉. 德国劳动法中的解雇保护制度 [J]. 中外法学，2007（2）：99-112.
④ 荣婷. 见贤思齐，师夷长技——浅谈法国劳动法对中国的启示 [J]. 法国研究，2007（1）：130-135.

会或者全体职工说明情况，听取工会或者职工意见，并向劳动行政部门报告。《劳动合同法》对于用工单位提前解除劳动合同规定了需提前通知工会的程序。《劳动合同法》第41条规定了经济性裁员的程序要件，包括提前向劳动者说明情况，听取工会意见以及向劳动行政部门报告三个方面。解雇待遇体现在《劳动法》第28条以及《劳动合同法》第46条规定的经济补偿金制度，与工龄、解雇理由以及所从事的职业有关。经济性裁员由于涉及人数较多，容易引发社会问题，所以《劳动法》对经济性裁员的规定也较为详细，程序也较为烦琐，包括提前30日通知工会或全体职工，提出裁减方案并征求意见，听取劳动行政部门意见，最后再公布方案并向被裁减人员支付经济补偿金以及出具裁减人员证明书等。

2. 解雇保护制度存在的必要性

劳动关系从早期的雇佣自由到国家干预，这不仅仅是劳资双方不断博弈的结果，还有一个原因是基于公共利益的考量。随着居民社会与国家相互渗透，某些私人领域的利益受到公共利益的限制而形成社会利益，可以说这是一种个人利益与公共利益相互渗透而形成的特殊利益①。解雇保护是指解雇的权利受到国家法律的制约，这种制约只适用于雇主，对雇员不适用，是劳动权的内容，源于社会法中的生存权保障原则②。解雇保护制度是以保护劳动者为基本原则，通过限制雇主的解雇权来保障劳动者的就业稳定，同时也维护了稳定的社会公共利益③。

我国《中华人民共和国宪法》（以下简称《宪法》）第42条规定了公民享有劳动的权利和义务，国家通过各种途径加强劳动保护，改善劳动条件，创造就业条件。各国宪法通过确认公民的劳动权，以保证国民能够正常生活，也是为了保护和帮助社会经济上的弱者，要求国家有所"作为"的权利，即要求国家权力的积极干预，以国家权力划定其应该去做的范围④。劳动法对劳动者权

① 董保华. 社会法原论 [M]. 北京：中国政法大学出版社，2001：3.
② 董保华. 十大热点事件透视劳动合同法 [M]. 北京：法律出版社，2007：315.
③ 黎建飞. 从雇佣契约到劳动契约的法理和制度变迁 [J]. 中国法学，2012（3）：103-114.
④ 周伟. 宪法基本权利司法救济研究 [J]. 北京：中国人民公安大学出版社，2003：90.

益的保障是《宪法》中关于保障公民劳动权利在实体法方面的体现。因此，劳动法中关于解雇保护制度对于平衡劳资双方的关系起着不可或缺的作用。

3. 小微企业豁免适用解雇保护制度的正当性

小微企业对于我国经济发展，吸收就业人数起着非常大的作用，但同时，小微企业作为企业发展的薄弱阶段，《劳动合同法》有关解雇保护制度的规定对于小微企业来说很难实行下去。小微企业劳动关系是非典型劳动关系，具有"二元性""不稳定性""本土性""家族性"的特征，如果以典型的劳资关系作为调整对象，并且将《劳动合同法》所追求的建立和谐稳定的劳动关系作用在小微企业上，这是不利于小微企业发展的，从整体上看也是不利于经济发展的。因此，我国《劳动合同法》所规定的解雇保护制度应当有条件地对小微企业实行豁免，以保证小微企业发展。

第一，小微企业的用工环境与《劳动合同法》所追求的宗旨有差距。

在用工环境上，小微企业更需要灵活的用工方式，以便不断调整其经营策略。根据《劳动合同法》第 40 条，当劳动者不能胜任当前工作，用人单位首先应当对劳动者进行培训或调整工作岗位，当二者都不能满足单位发展时，用人单位才可以经预告而解除合同。而对于规模小、岗位较少的小微企业来说，通常情况下会面临培训能力有限或者没有培训能力，而且岗位数量又有限，很难为劳动者提供培训或调整岗位，因而很难满足该规定解雇员工的前提条件①。在较为严格的劳动合同解除制度下，小微企业的用工条件受到牵制。

在与劳动者解除劳动合同程序上，《劳动合同法》第 43 条对于劳动合同解除程序做了规定，用人单位单方解除劳动合同，应当事先将理由通知工会。用人单位违反法律、行政法规规定或者劳动合同约定的，工会有权要求用人单位纠正。用人单位应当研究工会的意见，并将处理结果书面通知工会。工会制度在当代用工环境下对于劳动者的就业稳定以及劳动权益的保障起着很大的作用。然而，小微企业在工会组建程度并不高，并不仅仅是因为企业不愿意组建，人数少，企业与劳动者缺乏对工会正确的认识以及设立或加入工会组织程序烦琐，

---

① 谢增毅. 劳动法与小企业的优惠待遇［J］. 法学研究，2010（2）：97-109.

渠道不畅等都是小微企业没能组建工会的原因①。对于没有工会的小微企业，《劳动合同法》第43条中关于解除劳动合同经过工会程序就失去其实在意义。而对于未听取工会意见而解除劳动合同的行为，《劳动合同法》对于解除劳动合同的程序采用了"应当通知工会"的表述，从其字面理解上来看，未通知工会的解除劳动合同的行为应属无效。我国《劳动合同法》对此采取的统一调整模式并不适用没有工会组织的小微企业。《劳动合同法》的设立初衷是希望建立稳定的用工关系，但是事实上，由于成本以及利润、技术等硬件条件上的限制，小微企业往往需要用许多方法来规避《劳动合同法》里的规定。例如签订完一次劳动合同后不与工人续签劳动合同，将劳动者转到其不能胜任的岗位上逼迫其主动辞职，或者签订阴阳合同来规避法律义务②。小微企业自身实力较低，若要在严苛的解雇保护下解雇劳动者其必然会使用各种手段来规避《劳动合同法》，而且一旦有的企业采用某些规避方法，其他企业如果纷纷效仿，就会造成整个小微企业用工环境的混乱。

第二，小微企业较难具备制定符合法律规定的规章制度的条件。

《劳动合同法》第4条规定了用人单位建立和完善规章制度的义务，第39条第2款也把违反用人单位规章制度作为解除劳动合同的条件之一。规章制度作为单位内部调整劳动关系的准则，其制定与修改不仅需要全体职工或者职工代表大会提出方案，还需要与工会或者职工代表平等协商确定。《最高人民法院关于审理劳动争议案件适用法律若干问题的解释》第19条将规章制度作为法院审理劳动争议的依据，可见，规章制度对于用人单位与劳动者关系的协调起着很大的作用。但是，对于人数不够，并且用工灵活性强的小微企业来说，要求其按照劳动法制定规章制度是一件比较困难的事情。对于大中企业来说，由于管理正规，运营复杂，雇佣人数较多，需要制定规章来维持正常的生产秩序，明确权利义务关系，降低运营成本，而小微企业一般生产经营相对简单，而且小微企业的经营一般也是在不断探索中进行的，制定规章的条件以及程序都很

---

① 高云，陈洪，王汉城. 加强小微企业工会组织建设研究 [J]. 中国工运，2015（4）：45-46.
② 冯玉军，方鹏.《劳动合同法》的不足与完善——劳动合同法在中小企业适用的法经济学分析 [J]. 法学杂志，2012（2）：24.

难满足法律规定①。因此，对于规章制度的制定，有必要考虑到小微企业的特殊性，免除其制定规章制度的义务。

第三，小微企业对经济补偿金的承受能力较差。

经济补偿金制度规定在《劳动合同法》第40条、第46条、第47条，因劳动者过错而与用人单位解除劳动合同的不需要支付经济补偿金，如果非因劳动者过错或者经济性裁员而解除劳动合同的，则需要支付经济补偿金。经济补偿金在发挥其保障作用的同时也增加了小微企业的负担，对于小微企业来说，尤其是在企业发生经营困难的时候需要裁员增效，如果支付的解约成本过于高昂，会使用人单位经营雪上加霜②。小微企业的发展与社会发展密切相关，劳动法作为调整劳资关系的基本法，不仅应当考虑到公平性，还应当考虑到可行性。有学者认为，对于维持正常经营都困难的小微企业如果再要求其支付较高的经济补偿金，不利于企业扩大发展，也不利于社会稳定③。还有学者认为，当企业面临生产经营困难或者需要转型以适应市场变化，如果因为裁员而支付了大量的经济补偿金不仅会导致企业不堪重负，还会危及企业生存还有其他保留的工作岗位④。因此，对于规模较小的小微企业，经济补偿金的规定应当有选择地对其免除适用，以保证其发展。

二、我国劳动法上的解雇保护制度针对小微企业适用中存在的问题

由于《劳动合同法》并未针对小微企业做出特殊的规定，导致小微企业在适用法律上存在很多问题。小微企业很难满足法律规定的用工条件，也很难执行法律规定的用工制度，而严格的解雇保护制度也会降低小微企业的用工灵活性，制约其发展。

---

① 倪雄飞. 小微企业豁免适用规章制度的思考 [J]. 政策研究，2015（11）：22.
② 李坤刚. 劳动合同经济补偿金的功能、性质和制度完善 [J]. 阆江学刊，2009（8）：87-88.
③ 齐爱华. 试析我国劳动合同经济补偿金制度的不足及完善 [J]. 重庆大学学报，2011（5）：52.
④ 董保华. 劳动合同法中经济补偿金的定性及其制度建构 [J]. 河北法学，2008（5）：43-48.

（一）劳动合同订立过程中存在的问题

《劳动合同法》做出了劳动合同的订立条件、形式以及合同必要条件等方面的规定，在维护劳动者就业安全稳定性上起到了非常重要的作用，但是在提高劳动者就业安全性上的同时对劳动市场的灵活性也起到了一定的抑制作用。

1. 无固定期限劳动合同制度增加了劳资矛盾

无固定期限劳动合同规定在《劳动合同法》第14条，其宗旨在于克服劳动合同短期化给劳动者带来的就业不稳定因素，以实现劳动关系稳定化。但是有学者指出，用人单位对无固定期限劳动合同理解为长期或终身劳动合同，为避免雇佣成本过大，不少企业会选择回避这样的雇佣形式，例如在2007年《劳动合同法》正式施行前出现大规模的大企业辞职风潮，韩国LG、沃尔玛还有华为等企业都不同程度地进行裁员。无固定期限劳动合同在劳动合同制度设计中既体现了对弱势劳动者的倾斜保护，又稳定了社会就业，而用人单位刻意回避无固定期限劳动合同制度则反映出在制度设计中用人单位的利益被忽视①。

无固定期限劳动合同制度形成于固定工制度的改革，固定工制度的特点就是稳定。为激活市场竞争力，打破"铁饭碗"制度，1987年到1990年，我国开始对固定工制度进行改革，实行择优上岗，实行岗位合同化管理，而劳动合同制度既照顾到了老员工实行无固定期限劳动合同，新员工实行固定期限劳动合同制度，给予用工单位一定的自主管理权，也体现了给予老员工一定程度的照顾②。无固定期限劳动合同制度能够在一定程度上克服因为劳动合同短期化给劳动者带来的损害，但是其弊端也是相当明显的。董保华教授认为，在推进无固定期限劳动合同制度措施中，被称为"三管齐下"的强制续签制度、禁止约定终止条件制度、收紧法定解除制度将我国解雇保护水平推到一个新的高度上，在订立劳动合同过程中，企业会因为追求利益的考虑不愿意与劳动者签订无固定期限劳动合同，现行劳动合同制度会引发企业自动选择与劳动者签订短期劳动合同，使那些真正需要劳动合同保障的劳动者得不到真正的保障③。对于企

---

① 蔡健晖. 解雇自由抑或解雇保护——试析无固定期限劳动合同的制度困境 [J]. 福建师范大学学报，2011（1）：42-47.

② 董保华. 十大热点事件透视劳动合同法 [M]. 北京：法制出版社，2007：337.

③ 董保华. 论我国无固定期限劳动合同制度 [J]. 法商研究，2007（6）：53-60.

业来说，劳动市场要想完成劳动力的配置，必须要具备一定的灵活性，这决定了劳动关系不应该是一成不变的，尤其是对于中小企业来说，灵活多变的用工方式可以让其很好地适应灵活多变的市场环境，如果强制要求小微企业与劳动者签订无固定期限劳动合同，实质上将使一些中小企业丧失竞争优势，甚至威胁其生存①。在司法层面，最高人民法院在《关于审理劳动争议案件适用法律若干问题的解释》第16条规定："根据《劳动法》第20条规定，用人单位应当与劳动者签订无固定期限劳动合同而未签订的，人民法院可以视为双方之间存在无固定期限劳动合同关系，并以原劳动合同确定双方的权利义务关系。"有学者认为，最高人民法院司法解释的逻辑是将订立书面合同作为用工单位应当履行的强制性义务，如果不履行这样的强制性义务，那么法律后果就是应当与劳动者订立无固定期限劳动合同。这种司法解释混淆了法律后果与过错方应当承担的权利义务关系，而且也违反了《劳动合同法》中有关自愿平等订立劳动合同的立法精神，事实上，当无固定期限劳动合同被赋予了"稳定""保障""惩罚"等特征时，用人单位必定会选择尽量避免与劳动者签订无固定期限劳动合同，无固定期限劳动合同不但会无所体现，还会加剧劳动者与用人单位之间的矛盾②。因此，尤其是对于需要灵活稳定用工，不断适应市场变化的小微企业来说，无固定期限劳动合同制度加剧了企业与劳动者的对立，是不利于企业持续稳定发展的。

2. 小微企业用工灵活性与劳动者就业安全性的关系

我国劳动力市场改革经历了从注重稳定性丧失灵活性的计划经济时代，到逐步提高灵活性的改革开放初期，再到逐步提高安全性降低灵活性的波浪式改革，劳动力市场就业安全性与用工灵活性是一个动态平衡的过程③。我国小微企业发展面临很多种因素的制约，虽然我国政府不断从信贷、财政、技术等方面做了很多支持小微企业发展的措施，但是在法规上对小微企业的支持仍然还

---

① 董保华. 论我国无固定期限劳动合同制度 [J]. 法商研究，2007（6）：53-60.
② 秦国荣. 无固定期限劳动合同劳资伦理定位与制度安排 [J]. 中国法学，2010（2）：173-181.
③ 谢增毅. 劳动力市场灵活性与劳动合同法的修改 [J]. 法学研究，2017（2）：95.

不到位①。有学者指出，随着经济全球化的发展，劳动关系开始向灵活性就业发展，特别是当竞争加剧，产品更新换代速度快的情况下，企业需要及时调整用工配备等发展模式以便能够应对市场竞争②。特别是对于小微企业来说，劳动者与企业的关系比较紧密，劳动者的就业安全与小微企业的生存和发展息息相关，从某一方面上来说，小微企业内部劳资关系并不一定是对立的关系。《劳动合同法》期待建立稳定的劳动关系并不适用小微企业，小微企业的发展重心应当是生存和发展，可能对少部分劳动者来说，小微企业若要灵活用工就会导致自己利益受损，就业安全性得不到保障，但是对于大多数劳动者来说，保护了小微企业的发展就是保护了小微企业里大多数劳动者的就业安全性。

小微企业用工灵活性与劳动者就业安全性应当是并行不悖的，对于小微企业在劳动力市场上的现状，在针对小微企业用工环境的制度设计上，应当在提高小微企业在用工市场上的灵活性，保证小微企业能够得到发展的同时，也要坚持《劳动合同法》的立法理念，保障劳动者在就业市场上的安全性，在用工灵活性与安全性之间找到一个平衡点。

（二）劳动合同解除过程中存在的问题

在劳动市场上，由于劳动者与企业之间的劳动关系受到限制，劳动者往往会根据自身利益最大化的考量频繁跳槽，《劳动合同法》对劳动者解除劳动合同的规定仅仅是以提前30天通知的方式即可，而企业若要解除"不称职"的劳动者则需要经过工会等烦琐程序，以及事后的救济措施，劳动者与企业之间的"灵活性"过度失衡势必会引发道德风险。

1. 《劳动合同法》缺乏对劳动者辞职权的限制

《劳动合同法》第37条规定了劳动者解除合同制度，劳动者只需提前三十日以书面形式通知用人单位即可解除劳动合同，而未对劳动者解除劳动合同的权利进行限制。有媒体报道，宁波一家互联网公司的女员工入职三天就宣布怀孕，休完产假之后随即提出辞职，在女员工怀孕期间公司依旧照常给她发工资、

---

① 程如烟. 制定灵活性法规，促进中小企业发展——美国小企业署 2004 年《小企业经济》报告评述［J］. 中国软科学，2005（9）：156.

② 李坤刚. 就业灵活化的世界趋势及中国的问题［J］. 四川大学学报，2017（2）：146.

交社保。"隐孕入职"并不违反劳动法的有关规定,《劳动合同法》并未对劳动者"隐孕入职"的行为进行规制,并且要求用人单位不得在女职工孕期、产期、哺乳期期间解除劳动合同。有调查显示,中国民营企业寿命仅 3.7 年,中小企业寿命更是只有 2.5 年,而在美国与日本,中小企业的平均寿命分别为 8.2 年、12.5 年。中国大公司的平均寿命是 7 到 9 年,欧美大企业平均寿命长达 40 年,日本大企业平均寿命有 58 年①。大企业由于占据较为优越的市场地位以及充足的人力资源储备尚且不至于有什么影响,但对于小微企业来说,其抗风险能力远不如大型企业,这些企业往往"一个萝卜一个坑",养活一个"闲人"18 个月是它们难以承受的②。在小微企业的用工灵活性与劳动者的就业稳定性的平衡上,《劳动合同法》对于劳动者辞职的限定较少,也仅仅是规定了通知期制度(第 37 条),即时辞职的法定理由(第 38 条)以及违反约定造成损失的赔偿责任(第 90 条),而对用工单位解除劳动合同的限制较多,除法定解除条件外均对用人单位解除劳动合同的权利进行限制,这是不利于小微企业发展的。对于小微企业来说,若要招聘技术岗位人才,除了入职培训就是高薪聘请人才,而无论哪种方式,都需要前期一定资本的投入,如果只是单方面限制小微企业解雇"不称职"的劳动者,而不对劳动者辞职权利进行一定限制,那么企业势必会减少前期资本的投入,以防止自己的信赖利益受损或者卷入诉讼纠纷中,这是不利于小微企业长远发展的。

2. 劳动合同解除条件、程序未针对小微企业进行分类规制

《劳动合同法》并未针对不同规模的企业进行差别适用,而是"一刀切"地统一适用,不同规模企业之间的差异性被人为地忽视了,在法律适用的问题上难免会造成尴尬。劳动合同解除的条件以及程序规定在《劳动合同法》第 36 条到第 50 条,并未针对小微企业做出特殊规定。对比境外劳动立法,我国劳动立法也是根据倾斜保护的原理,但是倾斜保护立法应当根据具体的比较来定,一旦脱离具体意义上的保护对象,则很难确定其保护的界限及方式。因此,在

---

① 刘兴国. 中国企业平均寿命为什么短? 民营企业仅 3.7 年 [EB/OL]. 腾讯财经, 2016-06-01.

② 公宗. "隐孕入职"是履行正当权益还是钻了法律空子 [J]. 法学前沿, 2017 (10): 16-17.

具体层面，应当认识到由于企业规模不同，性质不同，对劳动者的解雇保护的程度上也应当区别对待。

《劳动合同法》第39条采用闭合式列举法规定了用人单位与劳动者解除劳动合同的几种情形，劳动者需满足列举六种条件之一用人单位才可以解除与劳动者的劳动合同，相比较概括式列举法来说，更大地限制了用人单位单方面与劳动者解除劳动合同的权利。劳动者损害用人单位利益的情形多种多样，除了法条列举的几种情形之外，更多地体现在用人单位的规章制度中，而对于没有规章制度或者是规章制度不完善的小微企业来说，很难与这样的劳动者解除劳动合同①。如果不满足法律规定或单位规章制度的则构成不当解雇。在解除程序上，《劳动合同法》也并未针对小微企业的特殊地位而做特殊的规定，尤其是《劳动合同法》第43条把通知工会作为用人单位单方面解除劳动合同的程序性事项，并没有把未能组建工会的小微企业排除在外。事实上，小微企业工会组建率并不高，并且在集体协商工作中，多数工会组织出现重合同轻协商，重形式轻内容，重文本轻履行等现象，使得工会组织集体协商等形式流于表面，并未发挥工会保护劳动者的作用②。工会制度对于企业与劳动者解除劳动合同的实体与程序性事项扮演着非常重要的角色。根据《中华人民共和国工会法》（以下简称《工会法》）第10条规定，人数超过二十五人的企业才需要组建基层工会，而对于不满足二十五人的企业，《工会法》并没有做硬性要求，一方面是考虑到对于人数不多的企业很难形成工会自治，另一方面，由于小微企业多以吸收大量剩余劳动力为主，员工素质较低，流动性较大，对于参与民主管理、谋取团体利益等观念超出了大多数小微企业员工关注点和能力范围，因此，对于不满二十五人的小微企业来说，很难满足《劳动合同法》中有关制定规章的实体要求③。对于没有制定规章的小微企业来说，如果不能满足与劳动者解除劳动合同的实体与程序性事项，那么其与劳动者解除劳动合同的行为应当无效。

---

① 沈同仙.《劳动合同法》中劳资利益再平衡——以解雇保护和强制缔约规定为切入点 [J]. 法学，2017（1）：57.

② 陶政宇. 中国企业工资集体协商机制构建状况研究——基于以工会为平台的私营企业分析 [J]. 劳动保障世界，2017（35）：4.

③ 倪雄飞. 小微企业豁免适用规章制度的思考 [J]. 政策研究，2015（11）：21.

关于工会制度，常凯教授认为，市场经济下的劳资关系多以集体劳资关系为核心，劳资之间发生矛盾多以工会或集体代表的形式通过谈判的方式来解决，目前工会制度还不能形成集体力量，因而在基层，更需要政府权力的介入，需要劳动执法部门和劳动监督部门的介入。发达国家具有成熟的工会制度与他们的历史传统以及配套制度的实施是分不开的，因此发达国家才会要求政府逐渐退出监管，争取"劳资自治"的理想状态，然而在我国目前阶段还达不到高度自治的程度，政府监管是必不可少的①。在与劳动者解除劳动合同问题上，应当考虑小微企业与一般企业的差异性，单独制定适用小微企业的制度或者对小微企业进行法律上的豁免，放松小微企业与劳动者解除劳动合同的限制，考虑小微企业的市场地位以及用工状况，制定专门适用小微企业的制度，以促进小微企业的发展。

3. 经济补偿金制度增加小微企业的负担

《劳动合同法》第46条规定了经济补偿金制度，规定了用人单位需要向劳动者支付经济补偿金的几种情形。有的学者认为，经济补偿金制度在经济不景气的情况下制约了企业裁员，对失业的劳动者起到了保险的补充，对劳动者对单位的贡献起到了补偿的作用②。根据《劳动合同法》中有关经济补偿金的规定，需要支付经济补偿金的情形可以分为三类：一是因企业原因而支付；二是因客观的情势变更而支付；三是因劳动者自身原因而支付。因为企业原因以及因情势变更原因而支付经济补偿金都是企业不能与劳动者履行预先订立的劳动合同而提前终止，通过支付经济补偿金体现了双方意思自治，也体现了经济补偿金对劳动者的一种经济补偿作用。因为劳动者原因而支付经济补偿金的情形包括劳动者与用人单位协商解除劳动合同，劳动者不愿续约或不能胜任以及劳动者因调离工作岗位而提前解除劳动合同的情形。对于用工灵活的小微企业而言，及时调整经营模式以及用工模式是其在市场上存活的重要条件，而我国劳动法规范一般是以中型企业为蓝本制定的，大多数小微企业在经营困难时并没有足够的能力满足法律的规定，这也导致了我国小微企业在《劳动合同法》的

---

① 常凯. 三十年凯劳资关系的演变历程 [J]. 中国商界，2008（6）：37-38.
② 李坤刚. 劳动合同经济补偿金的功能、性质和制度完善 [J]. 阅江学刊，2009（8）：86-89.

执行上存在很多问题。

三、境外劳动法之解雇保护制度对比及对我国的启示

不同的国家对于劳动法的调整模式有着不同的模式选择。统一调整模式是无论企业规模大小以及人数多少，统一适用国内劳动法的规定，以中国为代表，小微企业也统一适用劳动法调整。选择适用模式是目前大多数国家在劳动法调整的不同领域针对不同的企业规模采取不同的调整模式，在某些劳动领域将小微企业排除在适用范围之外，这些劳动法规将选择适用的领域包含在劳动法的多个方面，对于小企业在最低工资、解雇保护制度等多个方面都有涉及。平行法律调整模式是针对小企业单独规定一部适用的劳动法，避免不同法律之间存在适用上的纠纷，专门针对小企业规定了有别于大企业的差别对待，以保障小企业的发展。最后是完全豁免模式，指将少于一定雇佣人数的小企业完全排除在劳动法适用范围之外①。除我国劳动法外，针对小微企业，不同的国家和地区都有不同的模式选择，对小微企业存在立法方向的倾斜，以保障小微企业的发展。

表3-1 典型代表国家或地区劳动法对小微企业调整模式和调整方式

劳动法对小微企业的调整模式	统一调整模式	选择适用模式	平行适用模式	完全豁免模式
定义	无论企业规模，统一适用劳动法	根据企业规模差别对待	针对小企业制定平行于一般劳动法的规范	将少于一定人数的小企业完全排除在劳动法适用范围之外
代表国家或地区	中国	美国、德国、韩国等大部分国家或地区	巴西	巴基斯坦

---

① 倪雄飞，涂景一. 小微企业劳动关系的劳动法调整模式研究［J］. 政法论丛，2016（12）：134.

劳动法对小微企业的调整模式	统一调整模式	选择适用模式	平行适用模式	完全豁免模式
劳动法对小微企业的调整方式	我国对小微企业没有特殊的规则，适用统一的劳动法	美国 1964 年《民权法案》适用于员工 15 人以上的雇主。德国《解雇保护法》适用于 10 人以上的雇主。韩国《韩国劳动标准法》适用于 5 人及以上的企事业或工作场所，5 人以下的根据总统令适用部分条款	巴西 1999 年制定一部专门针对小微企业的劳动法，确保小微企业差别对待，以促进小微企业发展	巴基斯坦雇佣少于 10 人的企业，豁免劳动法的规范

（一）美国劳动法对小微企业的豁免

美国共有两千多万家中小企业，在美国经济中发挥重要的作用。美国许多劳动法律都体现了对小企业的扶持，考虑到小企业与大企业的不同，而对小企业有所照顾。即使是基于反对歧视而订立的保护劳动者的基本劳动法律，对于雇佣人数不足一定程度的小企业，美国一些劳动法规仍对这样的小企业在一些方面实行豁免的认定，以帮助小企业更好地发展①。美国早期雇佣政策受传统的"雇佣自由"思想影响很深，发展到今天，逐渐从立法和司法判例的层面树立了解雇保护制度，例如 1963 年的《平等工资法》以及 1964 年的《民权法案》，美国国会又在 1967 年和 1990 年分别通过了反雇佣年龄歧视法（ADEA）和残疾美国人法案（ADA），在很多地方扩大了对于雇主任意解雇的管制②。尽管不同的法规对雇主裁员的豁免的规定针对不同的企业规模有着不同的人数标准，但是其方向是最大限度地保证小微企业的扩大经营，以牺牲一小部分劳动

---

① 例如美国 1964 年《民权法案》规定对有关雇主的认定是在《民权法案》生效后的第一年内，拥有雇员少于 100 人的不认为是雇主，法案生效后第二年，拥有雇员少于 75 人的不认为是雇主，法案生效后第三年，拥有雇员少于 50 人的不认为是雇主。法案对于雇主的认定不适用于人数不足一定数量的小企业，主要是国会不希望联邦法律给小企业增加负担。详见：《美国民权法案 1964》第 701 条（The Civil Rights Act of 1964, section 701）。

② Daninel Foote. 美国劳动法的放松规制 [J]. 国家行政学院学报，2001（5）：79-80.

者的利益来扩大整个社会的就业市场，使人才在劳动市场自由流动。即使美国不足一定人数的小微企业的雇主对于劳动者有任意解雇权，但事实上美国的总人口失业率仍处于一个较低的水平，美国劳工部 2015 年公布的统计数据显示，总人口失业率已降至 5.5%。在裁员的赔偿金方面，美国反歧视法还针对雇主的不同规模进行不同的责任限制①。总的来说，尽管美国各州规定以及法律与法律之间有时候在小企业的解雇豁免问题上规定不尽相同，但都体现出了对于小企业不适用过多限制的指导思想。美国国会和法院曾经为了使州与州之间形成一致的解雇保护形式，曾经设计出了一套《统一解雇法案》，但是最终没能实施下去，没能实施下去的原因不仅仅是其中的倾斜劳动者立法的思想没有得到雇主的支持，在雇员方面，雇员也不希望有一部徒有其表，未能充分威慑雇主而保护他们的权益的法典②。美国劳动法律在立法以及司法层面形成了一整套较完备的解雇保护制度体系，虽然对于底层劳动者的保护不足，但是在帮助小企业发展方面以及降低失业率方面起着非常重要的作用。

（二）德国劳动法对小微企业豁免的规定

德国劳动法律内容完备，体系复杂，在解雇保护方面最为严格，雇主解雇雇员需经过严格的条件和程序，但其解雇保护法律仍然对小企业实行豁免。中小企业的数量占据德国 99% 的企业总数，雇佣超过 50% 的劳动者，德国学者认为，中小企业发展对于解决就业具有很重要的意义，因此应当促进中小企业的发展，其次在政治方面，在德国传统的认知中，中小企业代表社会中产阶级的中坚力量，对于中小企业的支持对整个社会就业起着重要的作用，尽管对豁免企业的劳动者的保护程度不如那些在大企业的劳动者，但是对于整个社会来说仍然是利大于弊③。因此，针对劳动力较少的小企业，德国劳动法根据企业规模、从业人数、销售额等综合指标进行评估，经过不断地调整，确立了一整套针对人数不同的企业做的不同的划分依据，对于超过一定人数的企业确定了

---

① 谢增毅. 劳动法与小企业优惠待遇 [J]. 法学研究，2010（2）：103.
② 柯振兴. 美国《统一解雇法案》简介及失败原因探析 [J]. 山东工会论坛，2014（4）：108–109.
③ 沈建峰. 德国法中按企业规模对劳动关系分类处理的方法 [J]. 劳动关系，2017（5）：137.

一系列规则，少于这个人数的小企业则进行豁免。

德国《解雇保护法》不适用于小型公司或小企业，划分小型企业和公司经过了几次变化，从1996年前的不到5人调整到10人以下，又到1998年的5人以下，最终在2003年，该数值又调整回10人。该法律规定《解雇保护法》的适用的前提是雇主须具备一定的规模，就是在2003年12月31日之前不超过5人的小型企业，在这之后雇佣不超过10人的企业不适用该规定①。在其他领域，德国劳动法律也贯彻了对小企业的保护。德国有发达的职工参与管理制度，受到《工厂组织法》的调整，德国《工厂组织法》设立工厂委员会的规定不适用于5人以下的小企业。该法规定"5到20人具有选举权人的工厂可以采用简易选举程序选举工厂委员会"，"在51到100个选举权人的工厂，选委会可以和雇主就简易程序达成协议"。调查数据显示，100人以下的小企业组建工厂委员会的比例较低，而小于50人的企业则更少②。雇员少的企业，由于雇员和雇主之间的关系很紧密，并没有设立委员会的必要。在经济补偿金方面，德国《不当解雇保护法》第10条规定，经济赔偿金一般以12个月工资为上限，雇员年满50岁且劳动关系存续15年以上的，赔偿金上限为15个月工资，雇员年满55岁且劳动关系存续20年以上的，赔偿金上限为18个月工资，对经济补偿金设置最高限额可以控制雇主的风险和成本，合理限制雇主的责任。从企业的视角来看，与大中企业相比，小微企业是市场竞争中的弱者，无论是资金、技术，还是人才、信息等方面，小微企业都处于劣势地位，差别调整应当考虑到小微企业的弱者地位，在劳动关系方面放宽对小微企业的管理。虽然德国以严格的解雇保护作为保护劳动者的立法宗旨，但是在针对小企业上面，德国劳动法针对小企业的特殊待遇，在促进小企业发展，增加其用工灵活性，促进就业以及经济发展等方面起着很重要的作用。

（三）韩国和日本劳动法对小企业的优惠政策

韩国《劳工标准法》第10条规定，该法适用于5人以上的企业或工作场

---

① 黄卉. 德国劳动法中的解雇保护制度 [J]. 中外法学, 2007（1）: 99.
② 沈建峰. 德国法中按企业规模对劳动关系分类处理的方法 [J]. 劳动关系, 2017（5）: 137.

所，同时不适用于雇佣住在一起的亲戚以及从事家务工作者，实际上是将小企业以及家族企业在劳动法上进行豁免；该法还规定，雇佣 5 人以下的企业根据总统令适用部分条款。可见，为了帮助小企业的发展以及尽量减少对家族自治企业的干预，韩国《劳工标准法》对这样的企业做了豁免的规定。日本《劳动标准法》也有着类似的规定，该法第 89 条规定该法所规定的制定企业规章的义务只适用于 10 人以上的员工的企业。在日本的小企业中，雇主和雇员在身份上存在着特殊的关系，其经营模式与管理模式都不固定，更多的是依赖紧密关系来调整，法律没必要介入其中。尽管日本与韩国在社会结构上具有一定的差异，但是他们的劳动法对于有利于小微企业发展的，突出小企业的意思自治上面是值得我们学习的，事实上，大多数国家都针对小企业做了不同的特殊规定，以帮助其发展壮大，这不仅是立法精细化的结果，同时也是稳定社会公平，促进最底层企业不断发展的有力保障。

（四）对我国的启示

解雇保护制度包括劳动合同解除条件、程序，以及经济补偿金和经济性裁员等有关保护劳动者劳动权利的条款规定在我国《劳动合同法》第四章，对于规范劳动合同，保护劳动者就业稳定方面起着很重要的作用。同时，我们也应当考虑到小企业的发展现状，不能对他们有着跟对待大企业同样的要求。在《劳动合同法》颁布之初，就有学者呼吁要对小微企业免除适用《劳动合同法》①。也有学者认为《劳动合同法》保护了少数缺乏竞争力的雇员，牺牲了大多数劳动者就业机会，会使就业难上加难，是会造成将来社会关系混乱的因素②。

劳动法根据企业规模做倾向于小企业的调整，从整体上看，是有助于小企业发展的。美国各个州在劳动法方面都制定过针对小企业的优惠政策的法规，这对美国长期保持一个较低的失业率起着很重要的作用，保证了小企业更愿意雇佣劳动者。但同时，在劳动合同解除方面，如果任由小企业解雇那些缺乏工作能力，例如受过工伤的员工，这对于小企业的劳动者的保护是极为不利的，

---

① 王一江. 新劳动法不应"一刀切"[J]. 中国电子商务，2008（Z1）：124.

② 董保华. 中外劳动法的比较与启示 [J]. 2008 年夏季 CCER 中国经济观察，（14）：8.

也是有违法律所追求的一般公平正义的理念的。尤其是对于一些工作环境较恶劣的小企业，发生安全事故的概率也比大企业大，例如电梯维修类的小企业以及承接转包工程的小型建筑公司，劳动法需要在解雇保护制度中的模式进行领域选择，也不可针对小微企业进行完全的豁免①。我国《劳动合同法》目前采用的是统一调整模式，对用人单位不分类，缺乏针对性。对于我国的小微企业而言，往往既没有工会，也没有职工代表会，如果严格按照劳动法的适用标准施行，将会影响小企业发展，如果选择性执法，将会影响法律权威②。因此，《劳动合同法》需要针对小微企业做出调整。

四、对我国小微企业适用解雇保护制度的思考

《劳动合同法》第39条规定了用人单位可以解除劳动合同的情形，即只在法律规定的六种情形下用人单位才可以解雇劳动者，反之则构成不当解雇。这种列举式立法技术与概括式相比较为明确，但同时弹性不足，难以穷尽所有的可能。实际上我国关于解除劳动合同的规定与美国实行的反向列举的禁止解雇的事由范围形成严与宽两个极端③。《劳动合同法》第41条与第43条分别规定了经济性裁员及其程序要件，工业化和信息化部的数据显示，我国小微企业具有数量大，分布广，平均产出不高，生命周期短等特征，若严格依照《劳动合同法》以及《工会法》有关程序，将会导致小微企业难以维持发展。小微企业用工流动性大，用工形式与劳资关系也更为复杂，劳动关系的变更随意性较大，与普通企业相比，具有特殊性④。小微企业并不等于法外之地，仍应当受到劳动法律的调整，只是针对小微企业，我们不能用与一般企业同等适用的法律去调整，应当根据小微企业的特性，制定一套灵活的适应小企业与市场经济发展的规范。

---

① 倪雄飞，涂景一. 小微企业劳动关系的劳动法调整模式研究［J］. 政法论丛，2016（12）：134.
② 董保华.《劳动合同法》的十大失衡问题［J］. 探索与争鸣，2016（4）：10.
③ 沈同仙.《劳动合同法》中劳资利益平衡的再思考——以解雇保护和强制缔约规定为切入点［J］. 法学，2017（1）：57.
④ 苏海南，胡宗万. 我国劳动密集型小企业劳动关系问题研究［J］. 华中师范大学学报，2012（3）：23.

（一）解雇保护制度对小微企业豁免适用的可行性

劳动立法对于现有小微企业劳动关系需要进行调整，使其回归到一个平衡点上。一方面，对小微企业的关系进行差别调整应当遵循比例原则，如果强化对劳动者就业安全性的保障，就会降低企业自主用工的灵活性，使小微企业在经营方面受到限制，小微企业发展受到限制则必然会降低其他劳动者的待遇；另一方面，如果放松对小微企业的监管，虽然可以促进其发展，但是劳动者的就业待遇就会受到损害，最后的影响是整体就业质量的降低，因此，对小微企业差别调整方向既要考虑用工市场的灵活性，也要考虑到劳动者的就业安全性。如果坚持"高标准"的解雇保护制度，就要调整覆盖范围，对中大型企业与小微企业分类规制，来矫正小微企业对现有制度的不适用性。在现有的解雇保护制度问题上，有必要针对小微企业制定特别的制度或者进行现行劳动法上的豁免，在保障劳动者就业安全性上促进小微企业的发展。

在对于小微企业的认定上，根据2011年实施的《中小企业划型标准规定》，中小企业可划分为中型、小型、微型企业，划分类型的标准主要是根据行业的不同通过区别营业收入以及从业人员进行划分，这使得我国劳动合同法对于企业分类规制成为可能。在解雇保护制度上，劳动法应当对小微企业实施倾斜保护或者豁免其部分法律上的义务，如制定规章或者经济补偿金等。在具体的豁免标准上，可以参考一些国际上发达国家的做法，比如德国《解雇保护法》经过长时间的博弈最终确定对于十人以下的企业实行解雇保护整体豁免[①]；又如日本《劳动标准法》规定本法不适用人数不足一定数量的小企业。好的法律的标准应当是具有普适性，而如果现有的各项制度标准普遍较高，那么违反法律将会成为更多企业的选择，立法者的初衷与社会现实发生偏离，不仅法律的权威性会降低，执行力也会降低，因此，有必要借鉴他国优秀的立法成果，结合我国劳动市场的现状，对小微企业实行一定程度上的豁免。

（二）在指导思想上仍应当坚持保护劳动者的原则

《劳动合同法》在立法宗旨上仍在于保护劳动者的基本权利，劳动者作为一

---

① 黄卉. 德国劳动法中的解雇保护制度 [J]. 中外法学，2007（1）：111.

个群体，与用人单位相比仍然处于弱势地位，尽管《劳动合同法》在规则的制定上有些缺陷，但是在规范劳动合同，提高社保参与率，为劳动者提供法律救济等方面发挥了重要作用，《劳动合同法》的基本价值理念并没有发生错误，应当坚持对劳动者适度倾斜的立法原则以及保障劳动者就业权的立法倾向，适当调整针对小微企业用工灵活性与劳动者就业稳定性之间的平衡，综合考量我国存在的短期用工问题、社会保障制度、劳动行政执法以及工会发展等现状，针对小微企业提高其用工灵活性，而针对劳动者保护不足的条款应当适度提高其安全性，以维护企业与劳动者之间，中大企业与小微企业之间的利益平衡①。

（三）小微企业应当豁免适用解雇保护制度的条件和程序

根据《劳动合同法》规定的用人单位可以解除劳动合同的几种情形，可以将解雇的理由分为过错型解雇（第39条），非过错型解雇（第40条）以及经济性裁员（第41条）。小微企业大多是劳动密集型企业，劳动力流动性强正是其具有的鲜明特征。有学者指出我国目前小微企业是大多数底层劳动者创办的个体工商与私营企业，在立法指导思想中应当承认其弱势地位，不能期望中小企业有和大企业相媲美的报酬、福利、劳动条件和就业稳定②。因此，在与劳动者解除劳动合同的条件上，对待小微企业应当与大企业区别对待，在劳动合同解除条件上增加对小微企业的豁免条款。有学者指出，根据小微企业的经营特点以及用工特点，小微企业应当拥有灵活的用工自主权，这样才能不断及时适应市场需求，调节用工配置，增强企业在市场竞争中生存的能力，如果产生过多的解雇成本，企业经营会面临严重困难，故雇佣自由是小微企业健康发展的必要条件之一③。还有学者指出，根据德国解雇保护法对小企业的豁免以及美国雇佣自由的理念来看，给予小企业解雇上的自由不仅能够满足小企业灵活经营，而且还可以促进就业，因为在我国一些企业因为担心解雇难度大而在雇佣劳动者方面会更加谨慎④。

---

① 谢增毅. 劳动力市场灵活性与劳动合同法的修改 [J]. 法学研究，2017（2）：95.
② 王一江. 呼吁请对中小企业免除《劳动合同法》[J]. 国际融资，2009（4）：72-73.
③ 倪雄飞. 我国解雇保护制度对小微企业的适用及其制度完善 [J]. 山东社会科学，2015（10）：170.
④ 谢增毅. 劳动法与小企业优惠待遇 [J]. 法学研究，2010（2）：108.

我们认为，劳动法对于小微企业在与劳动者订立与解除合同的条件和程序上应当与一般企业区别对待。在劳动合同解除的程序上增加一条，对不足一定人数的小微企业豁免适用；在条件上放宽小微企业与劳动者解除劳动的条件，只要理由正当即可解除，而不限于《劳动合同法》规定的六种情形。不仅仅是因为世界上大多数国家都采取了这种立法方法，根据我国小微企业发展的实际情况来看，建立小微企业在劳动法上的豁免制度也具有正当性①。《劳动合同法》中与劳动者解除劳动合同的程序对小微企业来说很难执行。法律制定应当满足最低标准，而不是订立过高的标准而导致大部分违法，从而影响法律的权威性。

（四）小微企业应当相对豁免适用经济补偿金制度

经济补偿金制度在一定程度上弥补了因为劳动合同无法继续履行而给劳动者带来的损害，《劳动合同法》在原有的《劳动法》有关经济补偿金制度上增加了劳动合同终止等一些情形，扩大了经济补偿金的适用范围，一定程度上弥补了劳动者因为用人单位的原因而受到的损害，基于经济补偿金是在劳动合同解除或终止后向劳动者给付的损害赔偿这样的功能定位出发，对于经济补偿金的性质理解应当为法定损害赔偿较为适宜②。小微企业豁免适用经济补偿金的有关规定在某种程度上符合其灵活用工的需求，但是不能以牺牲劳动者的就业安全性为代价，经济补偿金有助于帮助劳动者度过失业后的困难期，也是对劳动者失去工作岗位后的补偿，有其存在的必要性③。因此，对于小微企业适用经济补偿金的规定，应当既要考虑到保障劳动者的就业安全性，也要保证小微企业的用工灵活性与可持续发展。

在经济补偿金给付问题上，应当承认小微企业在企业竞争中的弱势地位，在经济补偿金制度上与一般规模的企业区别对待，有选择地豁免适用《劳动合同法》上有关经济补偿金的规定。由于目前我国经济补偿金的主要功能还是对

① 倪雄飞，涂景一. 小微企业劳动关系的劳动法调整模式研究 [J]. 政法论丛，2016 (12)：138.

② 董文军. 劳动合同经济补偿的制度嬗变与功能解析 [J]. 当代法学（双月刊），2011 (6)：99-104.

③ 王倩. 经济补偿金制度修改的制度替代及方案设计 [J]. 法学，2017 (3)：35-43.

劳动者实行倾斜保护，以保障劳动者的合法权益，其目的是保障劳动者就业安全性，因此，在经济补偿金制度问题上，应当对小微企业相对豁免有关经济补偿金的规定。根据《劳动合同法》，只有在小微企业存在经营困难，需要经济性裁员的情况下（第41条），应当考虑到小微企业存在无力支付或支付后难以经营的情况，对小微企业豁免适用经济补偿金的有关规定；但是在用人单位存在过错（第38条）以及与劳动者订立合同的客观情况发生变化（第40条）的情况下，应当遵循《劳动合同法》有关经济补偿金的规定，发挥其法定赔偿的功能，不豁免适用经济补偿金制度，以保障劳动者的就业安全性。

在《劳动合同法》出台之前，我国劳动关系的主要依据《劳动法》来调整，而《劳动法》中的许多规定具有较强的原则性，缺乏可操作性；在执法层面，许多《劳动法》所规定的劳动者的权利未能有效地得到保护，存在劳动合同签约率低，用工短期化，劳动合同不规范等现象[1]。正因如此，《劳动合同法》的出台充分强调了对于劳动者的保护，确立了以追求和谐稳定的劳动关系为目标。常凯教授认为，小企业发展是"成于转型，毁于规避"，在面对小微企业发展困境后，常凯教授也表示小型企业有其发展的特殊性，不能按照大企业对待，应当做一些特殊性规定使其能够生存下去。我国幅员辽阔，各个省之间经济发展水平和劳动力供求关系也存在较大差异，甚至有些地方法院在适用《劳动合同法》的问题上也产生与法条本身截然不同的解释[2]。规范用工市场，保护劳动者基本权益与帮助小微企业发展应当是并不矛盾的两条主线，《劳动合同法》中解雇保护制度应当针对小微企业做一些豁免的规定，保证小微企业发展的灵活性，同时也不能忽视对劳动者的倾斜保护。

第二节　失业保险与经济补偿双重改革法律问题

从根本上说，失业保险和经济补偿都是针对劳动者的经济救助制度，只不

---

① 常凯. 论劳动合同法的立法依据和法律定位 [J]. 法学论坛，2008（3）：5-13.
② 杨浩楠. 论我国解雇保护制度的不足与完善——基于中美解雇保护之度比较研究 [J]. 上海财经大学学报，2016（2）：97-108.

过失业保险体现的是一种国家（社会）责任，经济补偿制度体现的是一种企业责任。这两种制度是并行不悖的，并非此消彼长的关系。但是，考虑到两种制度责任主体保障能力的差异性，以国家（社会）为主体的社会保险制度对劳动者的救助功能应当得到更好的强化，而以用人单位为主体的经济补偿制度则主要承担辅助救助的功能。目前，我国这两种制度的保障作用正好反过来，经济补偿的保障强于社会保险的保障，让用人单位承压过重，间接削弱了其吸收劳动力的能力，不利于促进就业。因此，我国的失业保险与经济补偿制度均需要改革，如何改革是值得研究的课题。

一、失业保险与经济补偿的功能定位

（一）失业保险的功能定位

在商品经济迅速发展的当下社会，失业这个概念对人们来说并不会陌生，它是市场经济的产物。由于在市场经济下是不存在完全就业的现象的，所以失业也是必然会存在的。失业率的高低可以看出一个国家经济发展的水平，也可以看出人们生活的幸福指数和国家的调控水平。

在当下社会，失业问题已经成为国家需要重点关注的民生问题。从微观上来看，失业对劳动者而言，意味着丧失了收入，也意味着失去维持生计的来源，而长期处于失业的状态当中，会使得劳动者的生活陷入窘境，生活质量会迅速降低，从而影响生存与发展，衍生出一系列棘手难题。从宏观上看，大规模的失业会造成国家劳动力资源的极大浪费，以至于影响国家的经济发展，由于它是关乎民生的问题，如果失业问题没有得到有效解决或控制，还会使得人心惶惶，引发社会矛盾，造成社会动荡，进而影响社会的安宁和稳定发展。

随着失业问题逐渐成为当今社会大多数成员普遍面临的问题，劳资矛盾日益加剧。为了让失业问题得到控制和有效解决，也为了让劳动者在失业期间能够得到国家为其提供的临时性收入，保证劳动者的基本生活，降低失业的危害，兜牢民生底线，同时促进劳动者的再就业，国家制定了诸多有针对性的保障方案，失业保险也因此应运而生。

失业保险又称为失业保险制度，它是指国家通过立法强制实行，由社会集中建立基金，对非因本人意愿中断就业而失去收入的劳动者提供一定时期物质

帮助及再就业服务的制度①。失业保险制度是国家社会保险制度的重要组成部分之一，它和社会保险中的其他保险项目一样，具备着社会保险共有的功能作用，从微观上来说起着保障劳动者基本生活需要的功能作用，从宏观上来说对社会起着维护经济、政治秩序安定的功能作用。

（二）经济补偿的功能定位

用人单位依据相关的事由与劳动者解除或者终止劳动合同时，劳动者往往能够从用人单位获得一份金钱上的补偿，我国称之为经济补偿。经济补偿制度在我国《劳动法》和《劳动合同法》中都有规定，它是劳动法上的一个非常特殊的制度内容，不仅充分体现了劳动法的立法宗旨即追求劳动关系在实质上的公平性，还体现了劳动法在立法技术上对劳动者的倾斜保护②。

经济补偿制度并非所有国家都在实行，在实行该制度的国家中，对经济补偿的规定也是大相径庭，所以学界对经济补偿制度是否应该继续存在一直持有不同的意见。一种观点认为应该效仿美国、日本等国家，将经济补偿制度从我国的《劳动合同法》当中完全剔除；另一种观点认为仍然应该在我国保留经济补偿制度，但要在细节上做一些调整，将其进一步完善趋于合理化。

之所以会有经济补偿在我国应否存在的讨论，主要原因在于对经济补偿功能的定位众说纷纭，在我国大陆地区就存在四种学说，分别是"法定违约金说""劳动贡献积累补偿说""社会保障说"和"用人单位帮助义务说"。这四种观点各具千秋，各有其合理性。"法定违约金说"认为，经济补偿金是国家通过制定相关法律制度，运用法律的强制力，强行干涉用人单位与劳动者之间签订的劳动合同中的相关条款，要求用人单位在未能履行该合同条款所规定的义务时，承担相应的违约责任，以此来保障劳动者的合法权益③。"劳动贡献积累补偿说"则认为经济补偿金是用人单位对于劳动者在与用人单位的劳动关系存续期间所做劳动成果和劳动内容的认可，是其为用人单位做出的诸多贡献累积起来

---

① 毛健. 失业保险［M］. 北京：中国劳动社会保障出版社，2002：5.

② 丁婷. 劳动合同违约责任研究［M］. 武汉：武汉大学出版社，2014：106.

③ 傅静坤. 劳动合同中的解约金问题研究［J］. 现代法学，2000，22（5）：38-41.

所给予的一次性的补偿，以此来表示对劳动者的肯定①。持"社会保障说"观点的学者认为，国家制定法律强制要求用人单位在与劳动者解除或终止劳动合同时必须支付给劳动者一定数额的经济补偿金，这是从《宪法》和《劳动法》保障公民生存权的需求这一理念考虑的，劳动者可以凭借这笔补偿金度过没有生活来源和医疗支付来源的失业期②。"用人单位帮助义务说"认为，劳动者被动地结束与用人单位之间建立的劳动关系，这会使劳动者的生存利益受到最直接的影响，经济补偿金是用人单位在劳动者这一最无助、最需要帮助的时候给予劳动者在金钱上的有力帮助，同时这也是国家强制要求用人单位应尽的法定义务，将用人单位的资金帮助法定化、义务化③。

上述四种学说都从不同角度分析说明了经济补偿的功能作用，四种学说各有合理之处，但各自也都具有局限性，不足以全面地解释经济补偿所适用的不同情形，都不足以充分说明经济补偿的功能作用，原因在于经济补偿在不同的场合、不同的适用情形所发挥的功能和作用是截然不同的，所以经济补偿事实上是兼具各学说所述特征的。

（三）失业保险与经济补偿功能的相互替代性

关于经济补偿的功能的两种学说——"社会保障说"和"用人单位帮助义务说"表明，经济补偿金也具有一定的社会保障功能，它是一种补偿保障机制，是对解除劳动关系的劳动者的补偿，目的是保障或帮助失业的劳动者在失业期间不至于因为没有生活来源而难以正常生活下去，所以经济补偿金从某种意义上说也体现了个人失业保障金的作用，两者的部分功能是重合的。换言之，两种制度在立法目的上具有一致性，在功能上具有一定程度的相互替代性。因此，学界对他们的存废问题也展开了激烈的讨论。如何定位二者之间的关系才能顺应我国的发展潮流？在这两种可相互替代的制度同时作用下，对失业者是否会有重复救济之嫌？可相互替代的双重制度下会不会造成资源浪费，助长不良懒

---

① 贾占荣. 经济补偿金：无固定期限劳动合同的法律问题［J］. 广西青年干部学院学报，2001，11（3）：61-64.

② 刘京州. 浅议解除劳动合同的经济补偿［J］. 甘肃科技，2004，20（6）：168-170.

③ 董保华. 劳动合同法中经济补偿金的定性及其制度构建［J］. 河北法学，2008，26（5）：43-48.

惰之风？这些都成为焦点性的问题，也是两种制度双向改革急需解决的重要问题。

二、失业保险与经济补偿并行所导致的异化现象

1. 失业保险的功能正在被经济补偿替代①

如图 2-1 所示，柱状图为 2000 年到 2016 年全国参加失业保险人数的趋势统计图，折线图为 2000 年到 2012 年全国各级劳动争议仲裁委员会立案受理劳动争议案件数的趋势统计图。

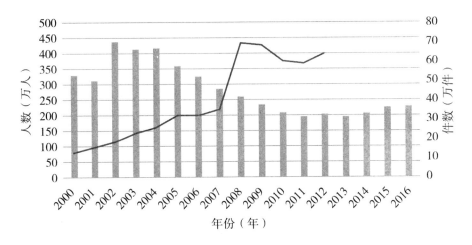

▨ 2000—2016年领取失业保险金人数（万人）
── 2000—2016年全国各级劳动争议仲裁委员会立案受理劳动争议案件数（万件）

图 2-1

注：图表数据通过整理来自中华人民共和国人力资源和社会保障部官方网站各年度人力资源和社会保障事业发展统计公报的数据绘制而成。

不难看出，从 2002 年开始直到 2016 年全国领取失业保险金人数从总体上来看是呈现下降趋势的，但要知道失业率一直是与经济周期的浮动挂钩的，所以领取失业保险金的人数的变化，从理论上来说要随着经济周期性变化而变化。

---

① 董保华，孔令明. 经济补偿与失业保险之制度重塑 [J]. 学术界，2017（1）：18-33，321.

众所周知，2008 年出现了全球性的经济危机，全世界都处于经济萧条的局面，中国也没有幸免于难，受到了影响。当时股市跳水，大多数企业难以经营下去，导致劳动者大规模的失业，失业率显著上升，此时正是失业保险要发挥作用的时候了，领取失业保险金的人数应该有明显的增加。但是从图中数据来看，2008 年我国领取失业保险金人数不仅没有出现显著增加的情况，反而出现了人数减少的现象，它依然处于人数持续下降的整体趋势当中。这种现象说明我国的失业保险制度并没有充分发挥其应有的救济失业的功能作用，尤其是在面对经济危机时，完全处于失灵状态，基本不受经济危机、失业潮现象半点影响。

由于经济补偿金是用人单位私下的保障行为，官方也难以进行统计，所以我们仅能通过对全国各级劳动争议仲裁委员会立案受理劳动争议案件数这一数据，对经济补偿来做一个大概的趋势分析，因为大多数劳动争议案件都会涉及经济补偿金的问题。从图中可以看到，2000 年到 2012 年全国各级劳动争议仲裁委员会立案受理劳动争议案件数量总体上是呈现上升趋势的，尤其是 2008 年开始到 2009 年突然出现了一个峰值，劳动争议案件数量较前面几年翻了一番，这与当时的经济背景分不开。由于经济危机的出现，企业陷入严重经营困难的窘境当中，大量劳动者被迫解除与用人单位的劳动合同，劳动争议的案件自然随之增多。可以看出经济补偿发挥出了它应有的功能作用，在一定程度上起到了帮助保障失业劳动者的作用。

从两种制度制定的初衷来看，在两种制度并行的情况下，理论上应该出现的图表信息是两项数据大致朝一个共同的趋势发展，理应是成正比延续的。然而图表中展示的现实情况却恰好相反，它们基本是成反比的态势，尤其是失业保险丝毫不受失业潮的影响，出现严重不合理的现象。这说明，在现实当中，作为国家稳定保障的我国的失业保险制度并没有发挥其应有的保障失业者基本生活的功能作用，反倒是用人单位通过经济补偿这种对失业者有力的保障发挥了巨大作用，可以说我国两种制度在具体实施当中，失业保险制度的功能作用正在被经济补偿制度的功能作用所替代，这是完全不符合立法初衷的。作为国家保障的失业保险始终应该保持在第一位，让经济补偿这种企业保障过度地发挥作用，只会徒增用人单位的用工压力，增加社会矛盾。

2. 失业保险与经济补偿的失衡

通过两种制度的运行现状与存在问题的对比，不难发现失业保险与经济补偿这两种制度并没有达到合理的平衡关系，而是长期处于一种较为失衡的状态当中，它们各有倾斜，甚至出现失业保险的部分功能被经济补偿制度所替代的现象，本末倒置了。

长期处于这种不正常的状态之下，失业保险没有发挥出其制度优势，这与制度建立时的目的是背道而驰的。尤其是在经济危机出现的时候，居然出现了失业保险制度失灵的情况，完全没有发挥其应有的价值，在此期间，它的制度作用被弱化，没有起到预期保障民生、促进再就业的效果，完全违背了立法的初衷。

相比较之下，经济补偿制度覆盖范围则更为广阔，更能体会和照顾到失业劳动者的实际需求，但是这种制度在当前也存在诸多弊端。它是由于《劳动合同法》的立法倾向性导致的，过于照顾劳动者的利益，而忽视了因此对用人单位所造成的巨大压力。它过分强调用人单位的帮助义务，试图将解雇的后果全部让用人单位来承担，让企业保障超过国家保险的作用，这对用人单位来说是极其不公平的，有推卸责任之嫌。

由于失衡现象长期存在会扭曲劳动市场资源配置的效果，所以当务之急就是要将两种制度恢复到相对平衡状态，遵循立法的初衷，扩大失业保险的功能和作用，同时平衡与经济补偿制度的利益关系，使国家的宏观调控发挥积极作用，缓解用人单位的压力，使失业保险与经济补偿这两种制度相辅相成，共同促进我国市场经济向又好又快的方向发展。

三、发达国家失业保险与经济补偿的规定及启示

发达国家主要是指经济发展水平相对较高的国家，这些国家失业保险和经济补偿的制度较为成熟，对我国会有诸多借鉴意义。通过对不同发达国家相关制度的横向对比和深入剖析，有助于发现各国制度的共性并汲取其中的经验，为我所用，推进我国两项制度的合理化改革。

目前，发达国家在失业保险制度和经济补偿制度的具体安排上有两种模式，一种可称为"单轨制"，一种可称为"双轨制"。

（一）"单轨制"主要国家

1. 美国

美国是典型的"单轨制"国家，只有单一的失业保险制度。之所以没有经济补偿的存在，是因为美国贯彻的是解雇自由原则，雇主可以在不具备正当理由时解雇劳动者，但要求雇主大量解雇劳动者的时候或者关闭工厂时，要与代表劳动者的工会进行谈判并且报告地方政府①。正因如此，美国的失业保险制度就显得尤为重要。

失业保险制度在美国的社会保险体系当中覆盖面是最广的，覆盖率达到全美劳动力的90%②，仅仅只有小部分工种不能参保，如某些农业雇工、宗教组织雇员、临时工、家庭劳动者、自我雇佣者以及工作时数少于一定规定的雇员以及规模太小的企业。由于美国劳动者群体十分庞大，这样高的覆盖率，能够充分保障劳动者的利益，乃至整个社会的利益。而我国的覆盖面相对较窄，适用的对象不够宽泛，在改革上，应该扩大失业保险的覆盖面积，让更多的劳动者参保。美国在受益资格方面的限制是十分严苛的，要求失业者具备积极就业的行动，申请者要能够履行定期向失业保险机构报告求职情况的义务，并能通过机构的审查③。做出定期报告的规定，能够保证失业者不会长期处于在家赋闲的状态，而是积极求职，从而防止惰性的滋生。这对于我国也有借鉴意义，我国可以出台相应的受益资格限制规则，提升我国失业保险救济的质量水平，也能促进再就业。美国失业保险的资金来源主要是企业向政府所缴纳的失业保险税，是由税务机关强制征收的。这种征收税款的方式，具有独创性，相比较我国的筹集方法而言，税收会更具稳定性和强制性。在失业保险的给付上，有的州是根据失业者过去一年的收入数额来确定统一的津贴额度，有的州则是根据不同收入水平确定不同的计发比例。我们更加倾向于后一种方式，这种模式我国也可以借鉴，它是对不同收入水平的劳动者进行了分级，低收入者计发比例更高，这更加偏向于照顾低收入人群，这种方式会更有针对性。

---

① 谢增毅. 劳动法的改革与完善 [M]. 北京：社会科学文献出版社，2015：204.

② 张敏. 美国的失业保险制度及其对我国的启示 [J]. 经济研究导刊，2015（11）：115-116.

③ 刘琳琳. 美国失业保险制度研究 [D]. 武汉：武汉科技大学，2013.

总的来说，虽然美国缺乏经济补偿制度，但其单行的失业保险制度网络十分发达，已经形成了一套完备而全面的失业保险体系，它完全能独立运行，保障社会稳定。从我国的借鉴角度考虑，我们能够学习部分优秀经验，但不能完全照搬，要结合我国的具体国情来制定规则，因为美国的经济发展较于我国更加迅速，而它们的国家福利制度也十分完善，而我国目前阶段仍然需要经济补偿制度予以辅助支撑。

2. 日本

日本只有失业保险制度，并定义为"雇佣保险"。它是国家在劳动者失业和再就业困难时，为了保障他们的生活和雇佣，促进再就业，而支付必要的失业补助的制度，并以实现劳动权保障为宗旨①。

它主要存在失业预防和失业保障两大系统，将预防和救助相结合，更有利于从根本上解决失业这一大问题及其所衍生出来的各种困难。顾名思义，失业预防是在失业之前采取各种措施来预防将来被保险人员失业问题的出现，它包括雇用安定事业和能力开发事业，能够提高职业技能，开发工作能力，从而促进就业，有种未雨绸缪的意味。失业保障则是在失业后给予失业者的补助，包括失业登记、失业统计、失业调查和失业给付四个步骤，其中最关键的是失业保险金给付，它有求职者给付、促进就业给付、教育培训给付和继续雇用给付四种类型，这是对失业人员因遭遇失业而遭受的损失给予一定的补偿，维持在失业期间的正常生活起居，保障基本的生活水平，并且为失业者再就业给予鼓励②。

日本的失业预防和失业保障这两大体系，对于我国的改革有极大的借鉴意义。它将预防与救助相结合，分阶段且有针对性地进行就业指导与帮助，对于劳动者自身素质的提升和失业者再就业的激励都是会有明显成效的。目前我国虽然在部分地区也有相应的职业促进的措施，例如职业培训、失业登记、再就业培训等，但地区之间制定办法的差异太大，并没有形成完整的体系模式，很多也只是流于形式，没有落实到位，更别说全国推广了。我们认为我国完善失

① 田思路，贾秀芬. 日本劳动法研究 [M]. 北京：中国社会科学出版社，2013：38.
② 李文琦. 日本失业保险制度的运行及对中国的借鉴 [J]. 陕西行政学院学报，2010，24 (1)：32-34.

业保险体系时也可以从这个角度着手，能够在这方面制定出一套完备的方案体系并保证全国施行，按时对劳动者、失业者进行登记和培训，及时帮助他们，这也可以充分利用失业保险基金，发挥其最大价值。

日本还将失业保险分为以长期工为对象的普通保险，以季节工为对象的短期保险和以临时工为对象的临时保险①。这就充分考虑到了不同参保对象的工种的具体情况，能够对短期工也给予一定的保障。而我国在这方面是做得远远不够的，我国失业保险覆盖的对象多为稳定就业时长的工种，可以说是以长期工为主导，而这就使得我国的失业保险适用对象范围过小，将短期工性质的工种排除在外了，例如农民工群体。

日本雇佣保险在待遇上会综合考虑失业者的年龄和失业前的工资水平，基本补贴的金额大致为上年平均工资的60%~80%，工资越高这一比例越低，领取期限上，年龄越大领取天数越多。与我国仅考虑工资水平相比，日本增加了年龄这一要素，对于失业者的保障效果会更加明显，保障也会更加精准。在发放金额比例上，日本较多考虑个人的工资情况再按比例发放，而我国则是参照具体地区的最低工资标准进行发放的，不与个人的工资水平挂钩，我们认为日本的计算模式会更加合理，很有借鉴意义。日本在领取期限上与年龄挂钩，这是考虑到了随着年龄的增长，再就业难度会加大这一因素，相比之下我国的领取期限则与个人的缴费时长相联系，更加倾向经济因素的考虑，与保险本身的性质不太贴合。

（二）"双轨制"主要国家

1. 英国

英国实行失业保险制度与用人单位过失情况下的经济补偿制度。

目前英国失业保险几乎覆盖到了周收入在66英镑之上的所有工薪阶层②，覆盖率已经达到了全英国劳动力的86%③。这样的覆盖率与美国相当。英国失业保险项目包括了缴费类型的失业保险、收入调查类型的失业保险和失业津贴。

① 赵立新. 德国日本社会保障法研究［M］. 北京：知识产权出版社，2008：66.

② 杨伟国，代懋. 劳动与雇佣法经济学［M］. 上海：复旦大学出版社，2013：174-176.

③ 刘燕斌. 构建积极的失业保险制度［EB/OL］. 中国人事报网，2011-01-09.

第一种是按照年龄阶段来划分的，18 周岁不满 25 周岁的每周给付金额为 56.8 英镑，25 周岁以后则每周给予的保险金平均在 60 英镑左右①；没有得到第一类保险金的，根据失业者家庭的结构、收入水平和年龄可以享受收入调查类型的失业保险待遇；失业津贴则是以 52 周的发放时间做了上限的规定，它发放的最高额能达到劳动者年周收入的 85%②。目前我国同大多数国家一样都只具备缴费类型的失业保险，即传统模式的缴纳失业保险费并取得失业保险金，随着我国经济的发展，丰富失业保险类型，增加后两种失业保险种类也是可行的，这是福利国家的表现，需要国家财政的大力支持，我国可以朝此目标发展。在英国，失业者享受基本的失业保险待遇要定期到职业介绍所进行失业登记，并且要接受介绍所介绍的工作、积极参加职业培训等③。我们看来，强制接受职业介绍所介绍的工作这一项要求略显苛刻，但也有可取之处，这也是为了防止失业者懒惰心理的出现，防止其为自己的不劳而获找借口，也能迅速帮助失业者再就业。在我国具体学习吸收时，可以着重考虑如何防止懒惰现象的出现，如何与职业介绍相协调，例如职业介绍达到一定次数时，要强制接受，不然职业介绍也失去了其设置的意义。

英国的经济补偿制度，仅仅适用于用人单位的不公平解雇和用人单位因自身原因的裁员。不公平解雇基本赔偿的计算方式是与年龄挂钩的④，劳动者连续受雇于同一用人单位超过 2 年，而后被裁员的，也可获得经济补偿⑤。不难看出，英国的经济补偿制度适用的范围比较小，仅针对抑制用人单位的过错解雇，保障劳动者就业的稳定。其与我国经济补偿制度最大的区别就是适用范围远远小于我国，它只适用于两种情形，而我国的适用情形相当庞杂，这也意味着我国用人单位的用工压力之大。英国不公平解雇的补偿标准与年龄挂钩，年龄越

① ESTREICHER S, HIRSCH J M. Comparative Wrongful Dismissal Law：Reassessing American Exceptionalism [J]. *North Carolina Law Review*，2013（26）：438.

② 翁玉虎. 中英失业保险制度之比较 [J]. 经济视角，2011（5）：145-146.

③ 张新文，李修康. 英中两国失业保险制度比较研究 [J]. 湖南行政学院学报，2011（3）：98-101.

④ 谢增毅. 劳动法的改革与完善 [M]. 北京：社会科学文献出版社，2015：203.

⑤ 董保华，孔令明. 经济补偿与失业保险之制度重塑 [J]. 学术界，2017（1）：18-33，321.

小，补偿越少，反之年龄越大，补偿越多，这是与劳动者再就业能力和机会相关联的，青年人再就业能力强，能比中老年人群更迅速地找到新工作，所以相对应的补偿少。我国的经济补偿则与工龄挂钩，工龄越长，补偿越多，对于长期工作的补偿显得人情味更足，但没有结合年龄考虑现实需求。英国裁员的经济补偿有时间门槛限制，相对于我国没有限制而言，这也是在减小用人单位的用工压力，不至于在面临经营困难时还需要无条件支付经济补偿金。

2. 德国

德国实行有主次之分的"双轨制"，以失业保险制度为主，经济补偿制度起补充作用。

德国的失业保险制度更加广义，它不仅具备发放失业保险金的基础功能，还包含职业培训和保障工作岗位的内容（称为职业促进）①。这种制度设计，对劳动者的保障更加充分全面，它的职业培训可以提升劳动者的工作技能，从而提升劳动者自身的竞争力，这有利于避免失业现象的普遍出现，从而降低失业率。我国虽然也存在职业促进的相关举措，但大多数都只存在于制度层面，没有具体落到实处，如果在实践当中加强这方面的建设，一定会有突出改观。

德国的失业保险参保对象基本覆盖所有雇员，但不要求不能被解雇的公务员、自由职业者和临时工强制参保②。对于后两者不强制参保，我们认为是略有不妥的，我国也将其排除在外，使得这部分人员在失业时没有国家的保障，生活可能难以维持，应该进一步增加参保对象。德国还要求投保人在失业后有再就业的决心且能够接受劳工局为其提供的职业，它要求失业者服从安排，能够促进就业，但提供的职业是否适合劳动者，我们认为应该制定一套考量标准，要能够双向选择，不能强制劳动者接受与其能力不相符合的职业。德国失业保险的待遇包含了职业促进的内容，具体包括职业培训、职业介绍、职业咨询的相关费用和基本的失业保险金，这是我国需要去学习的，我国要形成一套自己的完善的职业促进体系。德国还设立了失业救济制度，可以向相关机构申请救

---

① 郑功成. 社会保障学 [M]. 北京：商务印书馆，2000：277.
② 王冶英. 德国失业保险制度对我国的启示 [J]. 山西财经大学学报，2011，33（1）：52-53.

济金，如果失业者有需要抚养的子女，他的失业救济金则会是失业前净工资的68%①。这种失业救济制度也是西方福利国家的很好体现，除失业保险金外还有一份额外的救济金，能够帮助失业者解决基本温饱问题外，还能解决其他特殊的困难问题，很有福利性质。就我国而言，可以将其定为一种长期目标，等到经济发展水平达到一定阶段时加强我国的福利国家建设。

在德国，经济补偿制度只存在于违法解雇中。它要求劳动者认为用人单位对其的解雇行为存在理由不正当或者错误的现象，劳动者可以此为由向国家专门的劳动法院提起解雇保护之诉，经过法院依法对该解雇行为进行审理裁决，确认用人单位解雇行为属于违法解雇后，用人单位理应撤销之前的解雇，重新聘用该员工，但此时劳动者可以拒绝用人单位的再次聘用，要求法院判决不存在劳动关系，并要求用人单位给付解雇补偿金，以此来弥补劳动者的损失②。一般情况下，劳动者在该用人单位从事劳动每满一年可以获得半个月工资的解雇补偿金，通常以 12 个月的月收入为上限③，但也有例外规定，最高有 18 个月④。这种解雇保护之诉，很好地保障了劳动者的诉讼权和劳动权。在裁决后，对于再次聘用的问题也充分尊重劳动者的意愿，可以继续聘用，也可以要求支付解雇补偿金，这与我国要求直接给予经济补偿金是有很大区别的。德国这种制度更能保障和尊重劳动者劳动的权利，在补偿金的发放数额上既考虑到了劳动者的年龄问题，也考虑到了工龄问题，更具有合理性，我们认为我国在改革中可以学习这种做法。

3. 法国

法国形成的是健全完备的失业保险制度与低标准的经济补偿制度并驾齐驱的局面。

---

① 赵立新. 德国日本社会保障法研究［M］. 北京：知识产权出版社，2008：42-44.

② 卫学莉，杨帆，刘辉. 德国劳动法解雇保护制度及对我国的启示［J］. 河北法学，2016，33（10）：146-151.

③ BLANPAIN, BISON-RAPP, CORBETTt, et al. *The Global Workplace*：*International and Comparative Employment-Law Cases and Materials*［M］. Cambridge University Press，2007. 401.

④ 姜维真. 德国解雇保护法律制度评述［J］. 华北水利水电学院学报（社科版），2011，20（3）：115-117.

失业保险适用于除自愿失业者、公务员、自我雇佣者以外的所有雇员①，这与我国适用失业保险对象的窄范围现状形成强烈对比。失业保险金的计算标准是按平均日工资来计算的，到手的保险金一般为劳动者失业前一年平均日工资的 57.4%~75%②。这样具体到"日"这一单位的计算，十分精确，更能考虑到失业劳动者自身的情况。法国失业保险也附加了其他功能，例如鼓励劳动者学习新的工作技能，失业保险金采取递减发放的模式，国家财政支持鼓励用人单位聘用失业者，即将倒闭的企业要负责员工的转岗培训③。这些都是对失业者的再就业有促进作用的举措，也都具有可行性，例如，失业者学习新技能可以提升工作能力，国家递减发放保险金可以刺激失业者求职，鼓励企业聘用失业者也能提升就业率，企业转岗培训能够增强员工的求职竞争力。

经济补偿金在法国的《法兰西共和国劳动法典》当中称之为"解雇补偿金"，在雇主有合法理由解雇雇员时适用。在数额认定上，法律只规定了以缴纳社会保险费用之前的全部工资为计算基础的最低限额，不得低于每年工龄折算为 1/10 的月工资，从第 11 年工龄开始，每年工龄折算为 1/15 的月工资。根据此种法定的计算方法，有 10 年工龄的员工被用人单位合法解雇后，所得的补偿金仅为其一个月的工资，该制度与我国的制度相比较，存在天壤之别，我国的标准过高，而法国的规定数额非常低，解雇补偿金只是对解雇员工的心理安慰④，不能起到其他明显的作用，给用人单位的压力较小。

不难看出，在法国能给予失业者更多帮助的是失业保险制度在发挥主导作用，而经济补偿由于给付数额标准太低，实际上不会起到明显的作用。不单单是法国，这样的模式已然成为一种国际趋势，它更加强调失业保险制度的作用。我们认为，我国的改革也应该遵循国际潮流，不论是在理论层面还是实践层面，都应强调失业保险制度的重要性，充分发挥其价值，经济补偿制度只能摆在辅助层面，对失业保险予以补充。

---

① 董保华，孔令明. 经济补偿与失业保险之制度重塑 [J]. 学术界，2017（1）：18-33.

② ESTREICHER S, HIRSCH J M. Comparative Wrongful Dismissal Law: Reassessing American Exceptionalism [J]. SSRN Electronic Journal, 2013（92）：391-392.

③ 长缨. 法国退休与失业保障制度 [J]. 创业者，2001（8）：56.

④ 郑爱青. 法国劳动合同法概要 [M]. 北京：光明日报出版社，2010：165.

（三）发达国家相关制度对我国的启示

通过前文对发达国家中具有代表性的美国、日本、英国、德国、法国在失业保险制度与经济补偿制度具体安排上的比较，可见，各国制度的优缺点是并存的，但都顺应了本国的发展，满足于各国的劳动市场现状，这对我国的制度改革有一定的借鉴意义。

以美国和日本这两大世界经济巨头为代表的"单轨制"国家，只制定了失业保险制度而没有建立经济补偿制度，虽然制度单一，但是制度体系十分健全完备，网络十分发达，可以说是面面俱到了，国家在制度层面为劳动者的就业、失业提供了有力的保障，这也可能是经济高度发达的后备力量，因为就业问题有推动力，民生问题有保障。另外一类则是像德国、法国、英国这样的复合型制度的国家，统称为"双轨制"国家，采取失业保险与经济补偿两种制度并行的模式，但是它们都偏重于失业保险的建设，失业保险制度始终占据主导地位，并且有强化的趋势，而经济补偿制度只是对失业保险制度功能上的一种补充，处于辅助地位。根据经济补偿制度的强弱，又可以将这一类再细分成以德国、英国为代表的过错下的经济补偿和以法国为代表的安慰补偿（覆盖广、标准低、数额低，仅对被解雇的员工起到安慰作用）。

各国的制度没有优劣之分，实行不同类型的制度都是为了顺应和优化该国的发展现状，毕竟法律应当做到因地制宜，没有最好只有最适合。同理，各国的优秀经验也不能随意照抄，否则就会出现南橘北枳的结果，一定要与本国的实际情况相结合，汲取别国制度之精华，转化使用。

根据前文所述我国失业保险与经济补偿运行的现状及问题，可以有针对性地学习借鉴别国的做法，来提升我国这两种制度的亲民性。从各国经验的总结来看，强化失业保险的功能作用和相对限制经济补偿的适用已经是一种趋势。要巩固失业保险的主导地位，在失业保险制度的建设上要扩大适用范围、提升劳动者的参保率、优化资格限制标准、提高保险金发放的额度，最重要的一点是创新保障机制，不仅要提供金钱上的保障，还需要有促进就业的积极举措，例如参考日本的失业预防和失业保障制度，参考德国、日本、法国的加强职业技能培训的做法，参考多国将失业登记与职业介绍结合的方法，提供给失业者更多的工作机会，也可以学习美国采取税收的方式征收失业保险费，更加具有国家强制力和执行力。在经济补偿制度的改革方面，可以学习德国、法国、英国的做法，慢慢给予经济补偿制度一定的限制，例如缩小适用范围、适用情形，降低用人单位支付的费用，以此来减轻用人单位的压力，毕竟我国《劳动合同法》在此制度上过于倾斜，应该重新摆正位置，现阶段将经济补偿放到辅助的地位更佳。

四、对我国失业保险与经济补偿制度改革的建议

（一）改革的总体构架

当前国内专家学者对于失业保险与经济补偿这两种制度的态度存在不同的看法与分歧，但改革是迫在眉睫的事情，在这点上他们是存在共识的，仅仅是在改革的方向上有所争议。有学者认为应该取消经济补偿制度并将其合并到失业保险制度当中，完全实行"单轨制"，只保留失业保险这一种制度。这一学说将社会保障与企业保障混为一谈，在现阶段难以适应我国的经济状况，毕竟我国的失业保险制度并不像发达国家那样成熟，它是有待进一步完善的，但是从长远角度看，等到将来我国经济水平提高了，各项制度都制定完备了，这一观点是有可能实现的。有人认为，应该依然实行"双轨制"，在保留失业保险制度的同时，对经济补偿制度进行进一步的完善。例如不能不考虑企业利益而不分情况地要求企业承担经济补偿责任，而应该区别对待几种情况，只有在企业存在过失行为时才承担经济补偿责任。还有一种观点是与第二种观点类似的，但在经济补偿上有分歧，他们认为应该保留经济补偿制度，但需要降低经济补偿标准，毕竟在实行"双轨制"的情况下，劳动者的利益是有保障的，而且具有两种制度的双重保障。

我国现阶段实行的是"双轨制"模式，它让社会保障与企业保障并驾齐驱，但在细微处存在诸多不足，尤其是利益分配不公现象极为明显，不利于企业的发展与社会的和谐。在我看来，三种学说观点各有其优点，他们并不是对立关系，而是位阶关系，是与国家的经济状况和具体国情相关联的，在不同的阶段可以实行不同的制度。

其实我国的改革也是可以参照各专家学者的不同学说进行的，将它们视为是一种位阶关系，要在不同的经济社会发展阶段适用不同的模式，由有侧重的

"双轨制"逐步向"单轨制"发展。总体来讲就是无论处于何种阶段都要保留失业保险制度，并加以完善，强化国家保障的中心地位。经济补偿制度这种企业保障只能放在辅助地位，在不同的发展阶段发挥它的不同作用，但它的作用应当是逐渐削弱的。近期目标是按照第三种观点，降低经济补偿金的补偿标准，中期目标是参照第二种观点，在用人单位存在过失之时才适用经济补偿制度，而长期目标是参照第一种观点，即完善失业保险制度，实行"单轨制"。

改革的构想之所以要把失业保险放在主要地位，这是因为失业保险制度是由国家财政进行的官方保障，由国家强制实行，具有较强的稳定性，保障能够更加到位充分。而现阶段我国暂时不能实行"单轨制"而要实行有侧重的"双轨制"的原因，则与我国的经济政治现状相关。我国的社会福利等相关制度暂时没有西方国家那么发达完善，现阶段单一凭借失业保险制度发挥作用是远远不够的，将经济补偿放在一个辅助的地位，更加有利于失业保险制度的实行和对失业劳动者的保障。

从法学理论上来说，也应是如此，这样的改革构想在价值层面上也是兼顾到了效率与公平的。单一从效率的角度来评判，两种制度并行下的双重保障措施，对充分保障失业劳动者的基本生活是十分有利的。失业保险是国家社会保险政策的保障，这种保障具有极强的稳定性，在劳动者失业时国家能够立即对其启动该机制，在保障速度和持续性上具有先天的优势。经济补偿制度则是在很大程度上利用了用人单位和劳动者的亲密关系，正是因为用人单位与劳动者的关系极为紧密，它是劳动者的直接接触者，与劳动者的距离最近，在劳动者失业时，通过经济补偿制度的规定，用人单位能够在第一时间给予失业的劳动者补偿保障，这是一种高效的保障机制，能让劳动者得到最快速、最直接的保障。在注重效率的同时也应该兼顾公平，所以现阶段实行有侧重的"双轨制"模式是理所当然的，两种制度在改革方案当中存在偏向性是十分必要的，这与国家和用人单位之间的利益分配相关联，也与国家和用人单位所要承担的社会责任密不可分。国家作为公共权力主体，掌握国家政权，具备权威性和刚性的强制力，有着稳定而持续的财政收入，它面对的是所有国民，所以失业这种民生问题主要依靠国家进行调控，理应将作为国家保障的失业保险放在主要位置，发挥重要作用；而劳动法上的用人单位是私主体，它在经营活动中是要自担风险的，其生存和发展得讲究经济效益，它面对的也只是与之相对应的个别劳动者，对失业劳动者只能从个体上提供保障，不具有稳定性。所以企业保障与国家力量的保障相比就相形见绌了，企业只能承担适当的社会责任，焦点还是应聚集到国家的责任上。

目前，我国改革的主要目标应该是平衡失业保险与经济补偿两种制度之间的关系，改变两种制度之间利益不平衡的现状，扩大失业保险的覆盖范围，提升失业保险在市场当中的重要性，将失业保险的作用完全发挥出来，相对应地缩小经济补偿的适用范围，降低用人单位的用工压力和用工成本，形成一种最优状态，尽量使两种制度在利益上达到相对平衡。在宏观上既保障在市场经济体制下就业形势的稳定性，又能增加劳动力市场的灵活性，使得两种制度能够更加适应当前的市场经济环境；在微观上着重发挥保障劳动者基本生活这一重要作用的同时，也能平衡用人单位的利益，让各方都能处于一种相对公平而稳定的状态，持续发展。

这样的改革规划可以达到缓和社会矛盾的效果，主要是缓和国家、用人单位、劳动者三者之间的矛盾。让国家的失业保险基金在实质上发挥其最大作用，合理分配，能够做到物尽其用；在制度上做到不偏不倚，对用人单位的利益保障能够得以实现，提升用人单位的地位，降低用人单位的用工成本。两种制度设立的初衷都是为了保障劳动者的利益，这是关乎民生之本的问题，对劳动者的利益保护力度不断加强，改革只是在责任主体等相关问题上做轻微调整，让制度更加合乎理性，对劳动者的保障也能更加充分、全面、合理。这两种制度的优化，在缓和三方之间的矛盾上有关键作用，三方和谐、稳定的状态下，能够促使市场经济向更好的方向发展。

（二）对失业保险制度改革的建议——巩固其主导地位

改革失业保险制度，主要是对我国《中华人民共和国社会保险法》（以下简称《社会保险法》）和《失业保险条例》进行相关的修改调整，让失业保险制度强大起来，使之能够发挥主导作用，从而推进我国社会保险体系的完善、福利国家的建设，最重要的是更加全面有效地保障失业者的利益，推进再就业，保障民生。

具体能从六个方面进行制度上的改革，分别是扩大失业保险覆盖范围，充分利用失业保险基金，提升失业保险统筹层次，灵活调整失业保险费率，对失业保险金实行阶梯发放模式。

1. 扩大失业保险覆盖范围

应该扩大我国失业保险制度的覆盖范围，增加失业保险的适用对象，最好与经济补偿制度相当。从长远看，可以将失业保险的适用对象扩大到包括灵活就业人员等在内的社会全体劳动人员，扩大到与用人单位形成事实劳动关系的职工，做到全行业参保，人人都能享受到失业保险的保障。在短期内至少要将农民工群体和待业大学生群体列入我国失业保险制度适用的范围之列。因为在我国的特殊国情下，劳动力市场当中农民工群体所占比例巨大，在 2016 年全国农民工总量就达到了 28171 万人，是全国劳动人员总数的 36.3%，且他们普遍文化水平不高、维权意识较低、法律意识淡薄，属于劳动者中相对弱势的群体，他们更加需要得到国家的制度保障。增加待业大学生是因为每年新增大学毕业生众多，基数很大，且相比较之下他们具有牢固的理论知识，具备更高的劳动价值，但是他们刚从高校毕业进入社会，工作经验不足，社会经验不足，没有经济基础，也需要得到国家的保障，同时促进他们的就业。

2. 充分利用失业保险基金

由于失业保险基金结余过多，导致出现基金分配不充分的情况。在改革过程中应该着重关注失业保险基金收支平衡的问题，可以开发新的保障项目，例如增加失业保险的种类，拓展失业保险发放的途径，如医疗补助金、职业培训的教育资金和职业介绍的补贴等，但资金的发放要形成一套完备的程序体系，严格遵守制度的规定并落实到位，这样就能从不同方面来保障失业者的生活，也能提升他们的工作能力，也就使他们具有了竞争力，最终能够促进他们再就业，这样还能够做到物尽其用，尽可能地充分利用和发挥失业保险基金的价值，让基金的进出流动起来，使其收支达到平衡的状态。

3. 提升失业保险统筹层次

要提升失业保险统筹层次，形成全国统一统筹或者大区域统筹。我国目前是实行的省、市级统筹，有些管理不到位的地方如县级统筹，造成地区之间存在明显的差异，尤其是保险待遇千差万别，影响到了使用效率。当下我国的国情是流动人口众多，且呈增长趋势，更应该尽快提升失业保险的统筹层次，尽量减少地区之间的差异，减少不公平现象的发生。我国的失业保险统筹层次应该实行全国统一标准，或者多个临近省份、经济发展程度相当省份统筹，形成大区域的模块管理。比如，按照珠三角、长三角经济圈，并辐射到邻近省份进行划分，同一区域统筹。也可以参照北上广深这种按照一、二线城市进行划分的模式，同一层级的城市统筹。这样的方式提升了统筹层次，使失业保险基金能够在不同地区之间流通，防止过多的地区差异存在，减少由于管理不统一而互不承认现象的发生。

4. 灵活调整失业保险费率

在失业保险费率的确定上，要改变费率统一的现状。因为这种固定费率的模式是过于死板的，虽然形式上看似公平，但是它没有考虑到不同收入人群的现实状况存在很大差异的情形，同时还要关注高收入人群的社会责任问题。改革应该发挥失业保险费率的机动性，适当对费率进行灵活调整，对不同收入的行业、人群实行略有差异的失业保险费率标准。我们的观点是，可以对不同收入水平的行业、用人单位予以区别对待，设置几个合理适当的费率档次，像税收制度一样，实行超额累进费率，让不同的收入层级对应不同的失业保险费率档次，让费率与收入水平直接挂钩成正比，这样既可以让能者多尽社会义务，同时也能照顾到低收入人群，并且这种方式不会增加劳动者的负担，还更能体现法律制度的公平性与正义性。

5. 失业保险金实行阶梯发放模式

改革需要改变失业保险金发放方式单一的现行模式。我国现阶段采取的这种失业保险金固定金额的发放方式，不利于提升失业者再就业的积极性，因为失业保险金已经达到了当地的最低生活保障标准，如果生活节俭一点，是能够维持生活的，这样就会导致失业者安于现状，而不积极再就业。改革可以适当有梯度的提高和降低待遇水平，例如在失业初期可以发放相比现阶段金额较高的失业保险金，然后呈逐月递减的趋势进行发放，时间越长发放金额越低，到后期就能使失业人员被迫更加努力求职，从而对失业人员的再就业起到促进作用，也能防止出现"躺在权利上睡觉"的情况，减少失业者惰性的滋生。这种方式从长期来看，它的发放金额总数与现阶段是无差别的，所以不会造成资金的浪费，是一种更优的举措。

6. 降低缴纳失业保险的时间门槛

要降低失业保险的领取条件，可以考虑降低失业保险的时间门槛。现行失业保险制度要求劳动者缴纳失业保险费满1年才能够领取失业保险金，这样要求是很严苛的，相当于是把季节性工种、短期工种直接排除在保障范围之外了，这与失业保险制度设立的初衷是相违背的，它没有尽最大可能地帮助有需求的失业者，所以过高的时间门槛的设置缺乏合理性，它已经不再适合我国现实的需要。在改革当中，我们认为可行的方法是可以将失业保险费以"年"为单位的计算方式，更改为以"月"为单位进行计算，也可以设置针对长期、短期不同工种的不同险种，最后失业保险金的发放数额也可以与缴费情况相联系，缴费的时间越长，获得的保障金越多，这样也能保障更多短时工的利益，还能更充分地体现民意，保证社会的公平、稳定。

（三）对经济补偿制度改革的建议——强化其辅助功能

改革我国的经济补偿制度，主要是修改我国《劳动法》与《劳动合同法》中关于经济补偿的相关规定。现阶段要降低经济补偿的地位，削弱它的作用，将经济补偿制度退居辅助的位置，以此来巩固失业保险制度在保障失业人群上的主导作用，降低用人单位的用工压力，有效缓和劳资双方的紧张关系。

改革的具体措施有：在部分情况下降低或免除用人单位的经济补偿金，对经营困难的用人单位放宽经济补偿金的给付要求，设置经济补偿金发放的时间门槛，修改经济补偿金的计算标准，降低违法解除或终止劳动合同的赔偿标准。

1. 部分情况下降低或免除用人单位的经济补偿金

在非用人单位过错等类似情况下解除或者终止劳动合同，可以暂时降低或者免除用人单位的经济补偿金，我们认为这是很有必要的。要知道当前劳动法的立法是倾向于劳动者的，这让用人单位的利益受到了许多限制，在非用人单位过错等情况下解除或者终止劳动合同，这并非属于用人单位的过错，更无须用人单位来承担责任、义务，也说明现行制度明显有失公平，对于劳动者的过度保护，是十分不利于用人单位的发展的。所以在失业保险已经对劳动者的失业进行了充分保障的情况下，剩下的这种保障责任不应该由用人单位来承担，二次重复的保障是多余的，还会带来许多不利影响，它除了会造成资源浪费以外，还会提高用工成本，从而增加用人单位的压力，激发出一种不满情绪，对用人单位的发展十分不利，长此以往对国家经济的发展也有不利影响。

2. 对经营困难用人单位放宽经济补偿金给付要求

当中小企业、微型企业由于经营困难而需要大批量裁员时，改革应该对这些相类似的一系列用人单位，额外地降低经济补偿金的给付标准，也可以延长它们的给付期限，或让它们采取分期支付的方式对劳动者支付经济补偿金。采取这样的改革措施，主要是考虑到这一类的用人单位，在它们资金周转本身就已经非常困难的时间段，还要向劳动者支付高额补偿金，这极有可能会直接导致相关企业的破产倒闭，现行制度没有设身处地为企业的发展考虑，存在颇多弊端。改革后，采取新的经济补偿给付方式，可以给予这些经营困难的用人单位一个支付经济补偿金的缓冲期，以此来暂时缓解它们在这方面的资金压力，这样的做法既能让企业在市场竞争当中活起来，也不会降低用人单位对劳动者的保障标准，实现了双赢。

3. 设置经济补偿金发放的时间门槛

可以设置经济补偿金发放的时间门槛，以此来提高经济补偿制度的适用条件。这是受到我国现行失业保险制度做法的启发从而构建起来的。具体实施时，要将不同的行业特征、就业稳定性等诸多因素考虑在内，要求劳动者在同一用人单位工作达到一定的时间标准，才能有资格获得用人单位所支付的经济补偿金。我们认为，这个标准可以高于改革后失业保险的时限标准，也要根据不同行业的不同特征，根据各行业就业稳定性的高低，从多个角度来确定具体的时间，采取不同行业区别对待的方式进行时限的确定，可以以季度、半年或者一年为单位进行时间门槛的设定。设置出这样的一个时间门槛并实施后，还能够保障劳动者在同一用人单位工作的稳定时限，在降低失业率上也会起到一定的帮助作用。

4. 修改经济补偿金计算标准

应该修改经济补偿金的计算标准，不能完全按现有制度仅仅以工作期限满半年、满一年这种方式来进行经济补偿的计算。使用这种硬性的"一刀切"模式，会失去公平原则的约束，中间的时间跨度有六个月之久，标准却是一致的，既不能给用人单位带来利益，也会损害劳动者的利益，细分会更加合理。我们认为，在改革的具体操作上，应该在符合前款经济补偿金发放门槛的时间要求下，精确到以"月"为单位进行经济补偿金的计算，按一定比例来给付经济补偿金，例如劳动者在同一用人单位工作每满一个月就要支付一定数额的经济补偿金，这样能够提升计算的精准度，也更能保证公平的实现，很有实际施行的必要。

5. 降低违法解除或终止劳动合同的赔偿标准

现行制度要求用人单位违反《劳动合同法》解除或者终止劳动合同的，用人单位需要支付二倍经济补偿金作为赔偿，这对用人单位的处罚是过重，法律向劳动者一方倾斜过于严重了，我们认为应该改变二倍补偿金的赔偿制度，寻找更优的方式进行弥补。但这并不意味着对违法行为的不处罚不追究，改革之后可以由相关政府监管部门与用人单位进行约谈要求及时改正，或者对用人单位进行行政处罚，责令用人单位改变原行为，撤回违法解除、终止的劳动合同。也可以参照其他国家的做法，在确认用人单位行为不合法后，征求劳动者个人的意见，如果劳动者本人愿意恢复劳动关系，则责令用人单位立即与劳动者恢复原关系，重新聘用，如果劳动者不愿意恢复劳动关系，则要求用人单位对劳动者给予一定数额的赔偿，但以两倍补偿金作为赔偿的处罚过重，可以降低这一标准。

失业保险与经济补偿两种制度的巧妙设计在我国运行多年，对保障失业劳动者的基本生活起到的积极作用是值得肯定的。但随着时代的发展，两种制度已经不能适应当前经济社会发展的需要了，制度运行逐渐脱离轨道，出现了失衡现象，同时对用人单位的公平性也存在质疑之声，改革已是必然趋势。要扩大失业保险的功能作用，同时也要平衡经济补偿当中的利益关系，将失业保险的保障作用发挥到极致，并缓解用人单位的压力，将这两种制度珠联璧合，共同推动我国的民生法制建设。

第四章

企业经营方式转变时的劳动关系处理规则

第一节　企业并购中劳动者权益保护规则

近年来，随着经济体制改革，产业结构不断调整，并购行为成为企业增强企业竞争力、实现优势互补、扩大企业规模效益的重要途径。企业并购的直接动因是企业希望在激烈的市场竞争中获得竞争优势，谋求更好的发展从而获得更大的经济效益，劳动者作为企业的一员被动接受企业并购行为时，自身劳动关系处于不稳定状态，不仅劳动条件发生改变甚至面临被解雇风险，对自身的生存发展产生根本性影响。当企业的经营权与劳动者的生存权产生碰撞，极易引发劳动纠纷甚至是大规模罢工事件，如微软收购诺基亚导致诺基亚东莞工厂员工大规模罢工事件，联想收购 IBM 引发职工离职案件。企业并购中保护劳动者合法权益事关社会公平与稳定，我国《劳动合同法》仅规定劳动合同承继制度，并不足以应对企业并购中出现的劳动争议，因此需要在现有法律制度的基础上，完善我国企业并购中劳动者权益保护制度，平衡企业自主经营权与劳动者权益保护的关系。

一、企业并购中劳动者权益保护问题的研究现状

（一）理论研究概况

在企业并购中劳动者权益保护的法理基础方面，许建宇副教授认为在立法

不足、法条竞合、权利冲突三种情况下，劳动合同的解释以及劳动争议的处理应当以"有利于劳动者"这一基本理念和价值为依归①；劳动权作为公民的基本人权和宪法性权利，劳动权在我国的权利体系中应是一项具有上位（优位）效力层次的重要权利，当它与其他权利（力）发生矛盾或冲突时，应受到法律的优先保障②。张如海在《试论我国营业转让法律制度之构建》一文中提出，现代社会中企业需要对各个利益相关者承担社会责任，而不能仅仅成为实现股东营利的工具，劳动者作为企业最重要的利益相关者，保证其就业权是企业不可推卸的责任③。

在企业并购中劳动合同承继制度的研究方面，董保华教授、冯彦君教授等学者以劳动关系承继为题，在理论上论证了并购中劳动关系自动承继原则的必要性和现实意义。董保华教授认为我国劳动合同承继制度的基本特点是"新主体执行旧合同"，与劳动合同的履行、变更、解除存在本质的不同④。冯彦君教授指出我国劳动契约承继制度应当考虑价值取向及立法宗旨、规范构成、制度设计、公司分立类型、劳动者业务类型、劳动者的异议权、无理解雇行为的禁止以及不利益变更行为的禁止制度等问题，全面规范劳动契约承继制度⑤。侯玲玲在《我国企业重组中的劳动合同继承问题研究》一文中提出我国《劳动合同法》第34条规定的劳动合同承继制度在立法上并未切实保障劳动者的独立人格权与工作权，企业合并、分立和资产转让中劳动合同的处理应当防止解雇滥用，保障劳动者的权益⑥。在企业并购中劳动者权益保护研究方面，较多学者根据我国立法现状，比较研究域外国家和地区立法经验，对完善我国企业并购

---

① 许建宇."有利原则"的提出及其在劳动合同法中的适用 [J]. 法学，2006（5）：90-98.

② 许建宇. 劳动权的位阶与权利（力）冲突 [J]. 浙江大学学报（人文社会科学版），2005，1（35）：168-175.

③ 张如海. 试论我国营业转让法律制度之构建 [J]. 法学杂志，2010（10）：44-46.

④ 董保华. 公司并购中的新话题——劳动合同的承继 [J]. 中国人力资源开发，2007（9）：80-83.

⑤ 冯彦君. 公司分立与劳动权保障——我国应确立劳动契约承继制度 [J]. 法学家，2005（5）：15-18.

⑥ 侯玲玲. 我国企业重组中的劳动合同继承问题研究 [J]. 华东政法大学学报，2008（6）：103-109.

中劳动者权益保护提出意见和建议。颜湘蓉在《公司并购中雇员权利保护制度的比较考察》一文中借鉴欧盟各国公司并购中雇员权利保护的立法与实践，认为我国需要完善有效的法律制度，使员工在包括并购在内的企业事务中享有知情权、参与权、发言权以及公平补偿权①。陈俐茹在《解析公司分立之职工保护》一文中通过比较日本《公司分立劳动合同承继法》以及我国台湾地区《企业并购法》，认为我国在公司分立程序中应当肯定职工的信息取得权、异议权以及资遣费请求权②。张颖慧在《企业组织变动与工作权保障》一文中通过比较欧盟、德国、英国、日本等国家和地区的立法，提出从劳动者异议权、劳动合同承继制度、不当劳动行为禁止制度三个方面建立劳动者权益保护制度③。肖蓓在《企业并购中劳动者的劳动权保护研究》一书中提出，在企业并购中，应当明确保护劳动者劳动权的价值取向，并设置用人单位的劳动保护义务，通过建立劳动者解雇保护、参与管理、职业培训、经济补偿制度以及企业吸纳就业的激励机制，协调和平衡企业并购中的劳资关系④。林树杰认为企业社会责任以及维护实质公平的价值观要求为公司并购引起的劳动关系变更、解除中受影响的雇员权益保护提供制度安排。一方面，应当保障雇员在并购中的知情权、发言权和公平补偿权，由并购受让方概括继受转让方的劳动关系；另一方面，应当允许公司在并购后满足法定条件时进行经济性裁员，从而在雇员权益保护以及企业生产经营自主权维护之间寻求适当平衡⑤。

（二）研究局限与不足

近年来企业并购行为火热并引发一系列劳动争议问题已经引起学者的关注，并在诸多文献中提出意见与建议，但在现有的理论研究成果中，针对企业并购中劳动者权益保护问题的系统性研究专著较少，研究成果多分散在公司法与劳动法领域。从研究内容上看，现有研究成果关于企业并购和劳动者权益保护问

①　颜湘蓉. 公司并购中雇员权利保护制度的比较考察 ［J］. 社会科学，2006（6）：86-92.
②　陈俐茹. 解析公司分立之职工保护 ［J］. 比较法研究，2007（4）：115-119.
③　张颖慧. 企业组织变动与工作权保障 ［D］. 长春：吉林大学，2012.
④　肖蓓. 企业并购中劳动者的劳动权保护研究 ［M］. 北京：中国社会出版社，2012：148-169.
⑤　林树杰. 我国公司并购中的雇员权益保护 ［J］. 法治论坛，2010（3）：291-300.

题的研究较多，但是将企业并购与劳动者权益保护问题结合起来进行研究讨论的较少，多集中于对劳动关系的研究，针对企业并购中所呈现的一般性问题研究较少，我国《劳动合同法》第34条规定了劳动合同的承继制度，现有理论成果对劳动合同承继制度进行了充分探讨，但忽视了企业并购行为所导致的其他劳动者权益保护问题，对企业并购中个别劳动权保护的研究较多，对于集体劳动权的研究稍显不足。从价值取向上看，学者们多呼吁加强企业并购中对劳动者的倾斜保护，在企业并购中如何平衡用人单位经营与用工自主权和劳动者权益保护，兼顾公平和效率的研究存在不足。因此为了更好地保护劳动者权益，同时兼顾用人单位自主经营的权利，促进社会经济稳步发展，应当继续对我国企业并购中劳动者权益保护制度进行探讨，同时从实践出发，结合理论研究，使法律在实践中更具备可操作性。

二、企业并购与劳动者权益保护的冲突

根据联合国贸易与发展会议的定义，并购（Merger and Acquisition，简写为"M&A"）具体包括两种形式，一是收购（Acquisition），二是兼并（Merger），指的是公司兼并和收购的总称①。"收购"包括资产收购和股权收购。从行为结果上看，"兼并"等同于我国《公司法》中规定的"吸收合并"。我国《公司法》规定公司合并的方式为吸收合并和新设合并。为与我国法律规定保持一致，本文所探讨的企业并购中劳动者权益保护问题将在用人单位发生收购与合并的背景下进行讨论，无论是企业收购还是合并，都将造成用人单位的经济结构或法律人格发生变化，并对原有的劳动关系产生影响，对劳动者权益保护产生冲突。

（一）企业并购影响劳动合同效力

劳动合同是明确劳动者与用人单位权利与义务的重要协议。企业在生产经营过程中，为适应市场发展的潮流，寻求更大的经济效益，往往面临合并、收购的选择，而这一系列并购行为会使原用人单位的经济结构和法律主体发生变动，作为劳动合同的一方主体，以上变动势必会对劳动合同产生影响。不同的

---

① 张世明，王济东. 企业并购法贯通论［M］. 北京：中国政法大学出版社，2018：62-68.

并购行为会带来不同的法律后果,用人单位的法律人格是否发生变动对劳动合同的影响也存在差别,具体而言:

合并行为,指两个或两个以上的企业在履行相关法律程序后合并为一个企业,无论是新设合并行为还是吸收合并行为,都将导致被合并的企业法人人格消灭、丧失法律主体资格。合并导致作为劳动合同缔约方的用人单位,丧失法律主体资格,这意味着原劳动合同将丧失履行的基础条件,在此情况下,依据《劳动合同法》规定,原劳动合同继续有效,新的用人单位将承继原劳动合同。一般而言,劳动者经过深思熟虑,对原用人单位的生产经营状况、基本工作条件表示认可,与用人单位签订劳动合同成为该用人单位的成员,企业的合并行为在某种意义上来说彻底改变了原用人单位的组织结构,尤其是被合并的企业将丧失主体资格退出市场,此时,因合并行为所引起的劳动合同承继将面临劳动者与新用人单位之间是否相互认可,集体劳动合同能否得以继续的问题,如何继承劳动合同,如何保护劳动者工作权等合法权益,在企业合并过程中都需要进一步考量与规范。

收购行为往往是企业通过股权收购或资产收购的方式取得其他企业控制权的行为。具体而言,股权收购是一家企业通过购买另一家企业的股权,使其所拥有的股权达到一定的份额,成为企业生产经营过程中占有绝对表决权的控股股东,股权收购结束后,企业法人人格和法律主体地位虽然没有发生变动,但是控股股东不同的经营理念及实际管理对劳动者而言,其实际用人单位已经发生变更,甚至无法完全履行劳动合同的约定,进而引发劳动纠纷。资产收购中,就小规模的资产收购而言,资产收购的结果仅仅是造成被收购企业的资产转移,与一般买卖交易没有差异,被收购企业的法人资格一般也不受影响,但是大规模的资产转让,则有可能造成企业合并、分立的法律后果①,若被收购企业的经营部门与资产全部转移至收购企业,该经营部门的劳动者随企业资产一同被转移至收购企业,此时劳动者与用人单位之间的劳动关系的缔约主体也将发生变动。2013 年 9 月东莞诺基亚移动电话有限公司(以下简称"东莞公司")作为诺基亚的智能设备业务部门,被微软公司收购,微软公司答应顺延东莞公司

---

① 朱婧. 企业并购中劳动者权利保护问题研究 [M]. 北京:法律出版社,2016:48.

原员工的劳动合同，但是实际上并不打算与东莞公司原员工重新订立劳动合同，但此时，基于微软公司的收购行为，与劳动者签订原劳动合同的东莞公司已经丧失法人主体资格，东莞公司的劳动者的劳动关系得不到承继，劳动合同得不到保障，成为爆发百人罢工的原因之一①。诺基亚东莞公司百人罢工事件的社会影响恶劣，究其原因便是在资产收购情况下，劳动合同效力如何在法律中没有具体规定，因此在企业进行资产收购时，如何履行劳动合同义务需要在劳动立法中进一步规范，以减少或避免劳动争议。

（二）企业并购使劳动者面临被解雇风险

解雇行为是指用人单位单方面解除劳动合同的行为。大规模的解雇行为所造成的失业现象，对于劳动者个人而言，严重影响其正常的生存和发展；而对于社会整体而言，不仅意味着社会保障救济支出的增加，还将影响社会的安定。我国劳动基准法对于用人单位的解雇行为设定具体的法定事由和法定程序来维护劳动者的职业安定，企业的并购行为往往伴随着组织结构的调整与人事关系的变化，两种后果都会对劳动者权益产生影响，企业在并购过中为了实现利益最大化，出于经营成本的考虑首先想到的是裁员，直接与劳动者结束劳动关系，减少用工成本，获得短期成本利润。根据实践中的相关案例，用人单位在并购中违法解雇劳动者主要有以下两种情形。

1. 用人单位拒绝依约与劳动者重新签订劳动合同

在米泉国与湖南莱孚铝业有限公司劳动争议纠纷一案中，湖南莱孚铝业有限公司（以下简称"莱孚公司"）认为其兼并怀化市三角滩水轮泵水电站（以下简称"三角滩水电站"）之后，对三角滩水电站职工的管理具有用工自主权。莱孚公司向三角滩水电站的职工明确通知了签约要求为该部分职工需要先与三角滩水电站解除劳动关系，办理买断工龄手续后，莱孚公司再与其签订劳动合同建立劳动关系。米泉国按要求与三角滩水电站解除劳动关系，领取买断工龄费后与莱孚公司签订劳动合同时，却被告知其与原单位有纠纷为由拒绝签约，故而成讼。再审法院最终认为莱孚公司应当按照兼并协议，将米泉国与其他职工一视同仁，最终改判米泉国与莱孚公司存在劳动关系。该案法院最终依据劳

---

① 王江松. 东莞诺加亚罢工事件与企业并购中的劳动问题［J］. 中国工人，2014（3）：21.

动合同承继制度支持了米泉国的诉讼请求，但是该案历经一审、二审、终审程序，劳动者才得以维护合法权益，耗费了大量的时间成本。实践中企业并购后用人单位变相解雇的现象时有发生，如何有效避免企业并购中用人单位拒绝依约重新签订劳动合同需要劳动法作出明确的规定。

2. 用人单位迫使劳动者主动辞职

在上海昊钰软件信息技术有限公司与余某某的劳动合同纠纷案中，2008 年昊钰公司兼并了余某某所在的上海路华网络信息技术有限公司的业务部门，2009 年 3 月昊钰公司同余某某重新签订劳动合同，此后余某某劳动关系转移至昊钰公司。余某某诉称，其在昊钰公司工作以来，一直表现优异，超额完成公司指标。后因昊钰公司税务违法被罚，余某某被怀疑为举报人，昊钰公司出于报复心理故意将余某某考核评为不合格，余某某迫于被降职的压力而申请解除劳动合同，并请求昊钰公司支付解除劳动合同的经济补偿金。上海市第二中级人民法院认为余某某以为昊钰公司是出于报复心理将其考核认定为不合格，缺乏证据支持，因此对余某某主张经济补偿金的诉求不予支持。实践中，经常出现用人单位在并购活动结束后按照法律规定承继劳动关系，但是在此后的用工过程中通过降低劳动报酬、更换劳动岗位、设定苛刻的工作目标等方式使劳动者难以继续正常工作，迫使其主动辞职，从而避免《劳动合同法》规定经济补偿或经济赔偿责任，损害了劳动者的职业安定权。这种情况下，劳动者主动辞职后想要主张经济补偿金或赔偿金已不符合法律规定，并且在举证方面十分困难。

（三）企业并购引发的劳动债权问题

劳动债权，是指劳动者基于提供劳务而产生的对价给付请求权[①]。企业在生产经营过程中，未足额向劳动者支付工资、福利、缴纳社会保险等必要费用，或者因违约或侵权行为从而产生的应当向劳动者支付经济补偿或经济赔偿等所导致的负债，密切关系着劳动者的生存与发展。基于人权保障理论，劳动债权相较于普通债权具有优先受偿性。我国《企业破产法》第 113 条规定，劳动债权的范围主要包括两大类：劳动者基于提供劳务而产生的劳动合同约定或法律

---

①　黄越钦. 劳动法新论［M］. 北京：中国政法大学出版社，2003：6.

规定的劳动报酬与用人单位的违约或侵权行为产生的劳动补偿或赔偿费用。在国际劳工组织第173号公约《在雇主无偿债能力的情况下保护工人债权公约》中将"无偿债能力"一词的含义扩展到因雇主财务状况方面的原因而使工人债权无法得到偿付的其他情况。企业的并购行为会导致用人单位法人人格的变动或灭失，从而造成劳动债权负债主体的变更与灭失，原用人单位丧失偿还债务的能力与资格，新用人单位刚刚耗费大量人力、财力完成并购行为，偿付能力不足，劳动者针对原用人单位享有的劳动债权受偿存在较大的风险，并引发一系列劳动争议。

1. 劳动者基于提供劳务产生的劳动报酬受偿难

工资为劳工之报酬，为劳工生活之所依赖，必须特予保护，逐步实现社会正义①。在企业并购中，新的用人单位往往拒绝承认其对原用人单位欠付的劳动者工资承担责任，认为该工资债权的产生基于劳动者为原用人单位提供劳务，是原用人单位的经济遗留问题，劳动者主张工资债权基于的劳动合同的缔约主体是劳动者与原用人单位，因此原用人单位应当支付其拖欠的工资，新用人单位与劳动者尚未建立劳动关系，缺乏支付劳动报酬的基础，拒绝承担责任，对此，司法实践中并没有统一的认定标准。在郭新良与新乡市双飞胶粘带有限公司（以下简称"双飞公司"）等劳动争议上诉案中新乡市中级人民法院认为用人单位改制导致职工群体性下岗，整体拖欠工资等而引起的纠纷，是企业制度和劳动用工制度改革中出现的特殊现象，不是履行劳动合同中的问题，因此引发的纠纷，应当由政府有关部门按照企业改制的政策规定统筹解决，不属于劳动争议。而在江丁古与永兴县黄泥乡兴隆煤矿（以下简称"兴隆煤矿"）劳动争议案中，郴州市中级人民法院认为兴隆煤矿与雄发煤矿进行了合并，依法合并前的债务应当由合并后的企业承担，因此，雄发煤矿拖欠江丁古的工资应当由合并后的兴隆煤矿承担。在上述两个案件中，均因用人单位经济结构发生改变，劳动者向用人单位主张变更前工资债务的支付，但法院的判决却不尽相同。工资是劳动者主要的收入来源，保障劳动者的基本生存与发展，在司法实践中

---

① 王泽鉴. 民法学说与判例研究（第1册）［M］. 北京：北京大学出版社，2009：305－312.

缺乏统一的认定标准，不利于劳动者权益的保护。

作为劳动力对价的不只有工资，还有福利待遇和用人单位依法缴纳的社会保险费。由于法律并未明确规定原用人单位对劳动者承诺的福利待遇，新用人单位是否应当认可以及原单位社会保险费欠缴的责任是否应当归属于新用人单位，而导致实践中存在争议，劳动者的权益得不到保障。

2. 劳动者基于用人单位的违约或侵权行为产生的经济补偿或赔偿受偿难

实践中，用人单位的违约或侵权行为会损害劳动者的合法权益，从而产生对劳动者支付经济补偿或经济赔偿的责任，包括经济补偿金、工伤赔偿等。

企业并购中针对经济补偿金的劳动债权的争议主要体现在两个方面：第一，原用人单位因履行劳动合同义务不当或解除劳动合同所产生的经济补偿金债务。对于这部分劳动债务应当如何处理，一种观点认为，出于保护劳动者的考虑，应当由并购后的新用人单位承担，确保劳动债权的清偿；还有一种观点认为，基于原用人单位的不当行为所产生的经济补偿金，应当由原用人单位来承担，新用人单位的用工行为符合法律规定，因此对该部分经济补偿金新用人单位不承担清偿责任[1]。实践中针对因原用人单位行为产生的经济补偿金债务，新旧用人单位相互推诿，劳动者往往由于原用人单位的注销或清偿能力不足而得不到清偿。第二，劳动者被移转至新用人单位后的工作年限计算问题。企业并购完成后，若产生用人单位需要支付经济补偿金的情况，必然会涉及劳动者的工作年限。新用人单位往往主张以与劳动者重新签订劳动合同的年限为基准计算经济补偿金。2018 年华润雪花啤酒（齐齐哈尔）有限公司与被告强家明劳动争议纠纷一案中原告以仅并购原用人单位的资产，不包含原用人单位对其员工应承担的因劳动关系产生的债权债务为由进行抗辩，认为应当从重新签订劳动合同时开始计算工作年限，确定经济补偿金数额。案件结果是法院认定被告强家明的劳动关系因用人单位资产收购的原因而从原用人单位被移转至雪花啤酒公司，被告强家明被移转至雪花啤酒公司之前，原用人单位没有向其支付过经济补偿，因此新用人单位在支付经济补偿金时，应以劳动者在新旧用人单位的工作年限为基准来计算经济补偿金数额。法院的最终判决虽然维护了劳动者的合

---

① 朱婧. 企业并购中劳动者权利保护问题研究 [M]. 北京：法律出版社，2016：267-268.

法权益，但基于企业并购行为所造成的劳动者工作年限计算的问题在实践中也屡见不鲜，劳动者维权费时费力。

工伤赔偿是用人单位在履行劳动合同中出现违约行为产生的，应当属于劳动债权的范畴。若用人单位为了降低用工成本而未为劳动者缴纳工伤保险时，劳动者就无法享受工伤保险待遇，这种结果是由用人单位的过错行为所引起的，此时用人单位对于劳动者发生工伤事故时应当承担工伤待遇的赔偿责任。企业并购中，原用人单位所负担的工伤赔偿及待遇往往被视为新用人单位的"包袱"，拒绝继续支付，并拒绝承认该债务。劳动者遭遇工伤事故后，不仅面临着高昂的医疗费用，其身体与精神上也都承受着巨大的痛苦，而用人单位的过错导致其不能享受社会保险待遇对其更是雪上加霜，因此，用人单位的工伤赔偿责任在劳动债权保护中同样具有迫切性。

三、企业并购中劳动者权益保护法律制度分析

（一）企业并购中劳动合同承继制度

1. 域外劳动合同承继制度相关规定

关于劳动合同承继制度，境外立法主要体现为以下三种模式。

第一，概括继受主义。《欧盟并购劳动保护指令》规定企业受让人自企业转让行为发生之日起承担转让人根据雇佣关系而产生的权利义务；法国《劳动法典》规定雇主法律地位变更发生之日仍在履行中的全部劳动合同在新雇主与企业员工之间继续存在；德国《民法典》规定雇主将工厂转让或部分转让给另一所有权人时，该所有权人将概括承继至自工厂转让之时起便已经存在的劳动关系中来。概括继受主义将劳动合同承继制度规定为企业并购中用人单位的无差别的法律义务，在企业用工自主权与劳动者职业安定权之间选择立法保护后者，充分体现了企业并购中对劳动者权益的保护与对社会稳定的保障，对于企业用工自主权的保护稍有不足，便会在实践中影响企业并购的效率和成功率。

第二，自由继受主义。我国台湾地区对于劳动合同承继时采用自由继受主义。我国台湾地区《企业并购法》将企业并购后雇佣关系的选择权赋予企业，同时规定留用的劳工工作年资将合并计算；《劳动基准法》同样承认留用劳工的工作年资。这种模式中肯定了新旧雇主的自愿雇佣原则，强调用人单位的用工

自由，但在实践中忽视了对劳动者职业稳定权的法律保护，迫使劳动者承担用人单位并购行为的不利后果。面对自由继受主义存在的弊端，我国台湾地区《劳动基准法》以及《企业并购法》中以给予劳工资遣费和承认工作年资来弥补劳动者职业稳定权受到的损害。总体来说，企业因并购行为解雇劳动者在法律上是被认可的，充分鼓励了企业的并购行为，提高了并购成功率与效率。

　　第三，折中继受主义。日本采取的就是这种劳动合同继受模式。公司转让时，日本法院和学者的主流观点都提倡日本《民法典》中劳动契约上的权利义务的人身专属性，规定未经劳动者同意（承诺），企业不能将该劳动者的权利向第三方转让（日本《民法典》第 625 条第 1 款）。公司合并时，吸收合并的存续公司自合并生效日起概括承继被注销公司的所有权利和义务（日本公司法第 750 条第 1 款），新设合并中设立的新公司在其成立之日起，承继被注销公司的权利和义务（日本公司法第 754 条第 1 款）①。公司分立时，日本《劳动合同继承法》将劳动者类型作出了具体划分来考虑劳动者移转的问题。第一，当劳动者主要从事分立部门的工作时，如果其在公司分立计划中不被转让，劳动者可以在法律规定时间内书面提出反对意见，则其原劳动关系将被移转至受让单位，如果劳动者在分立计划中被转让，则劳动者不能拒绝转让，劳动关系将自动移转至受让单位；第二，若劳动者仅从事一些分立部门外部的、非核心的工作，如果其在公司分立计划中，劳动者在规定时间内有权拒绝移转，劳动关系将不会发生变化；第三，当劳动者不从事分立部门工作时，雇主想要把劳动者转让到分立计划所设立的公司，则需要征得劳动者的同意。同时日本 2000 年 12 月 27 日第 127 号有关《劳动合同继承法》实施的指导纲要确定出让方和受让方均不能因为公司分立而解雇劳动者②。折中继受主义仅仅在公司分立的情况下对劳动合同承继赋予了劳动者与用人单位双方选择的权利，但不论合并还是分立，公司的重组计划都不能成为雇主解雇劳动者的合法事由。折中继受主义兼顾了用人单位的用工自由选择权与劳动者的职业安定权，但依据劳动者对分立部门

---

① ［日］近藤光男. 最新日本公司法（第七版）［M］. 梁爽，译. 北京：法律出版社，2016：404-406.

② ［日］荒木尚志. 日本劳动法（增补版）［M］. 李坤刚，牛志奎，译. 北京：北京大学出版社，2010：111-112.

的参与程度来决定劳动关系的转让，在实践中的操作会比较困难。

2. 我国劳动合同承继制度安排

我国劳动立法中采用概括继受主义规定劳动合同承继制度。《合同法》第90条规定了当事人合并时的合同法定继承规则与当事人分立时的连带债务责任；《中华人民共和国民法总则》（以下简称《民法总则》）第67条规定合并分立后的法人享有和承担合并分立前的法人的权利义务；《劳动合同法》第34条规定用人单位发生合并或分立等情况，原用人单位与劳动者签订的劳动合同的效力不发生变化，劳动合同由承继原用人单位权利与义务的新用人单位继续与劳动者履行，明确了企业并购中劳动合同的承继模式在我国采用法定的概括继受主义。《劳动合同法实施条例》第10条规定非因劳动者本人原因而发生的工作调动，劳动者在新旧用人单位的工作年限被合并计算。最高人民法院《关于审理劳动者争议案件适用法律若干问题的解释（四）》第5条进一步细化了劳动者工作年限合并计算的具体规则，明确规定因用人单位发生合并、分立等原因导致劳动者工作单位发生改变的，新用人单位应当承认劳动者在原用人单位的工作年限，同时与劳动者在新用人单位的工作年限合并计算，合理计算劳动者工作年龄。企业并购行为往往是用人单位因自身经营不当规避经营风险或为提高市场竞争力而做的一种具有市场风险的商事行为，从而导致合并、分立、收购等法律后果，引起用人单位主体在法律地位上的变化，但是用人单位的商事行为所导致的法律后果不能仅由劳动者承担，法定的概括承继劳动合同制度维护了企业并购过程中劳动者与用人单位之间劳动关系的稳定性，保障了劳动者的职业安定权。

（二）企业并购中解雇保护制度

劳动立法中一般限制用人单位的单方解雇权，尽管世界各国和地区在企业并购中选择的解雇理念有所差异，但随着社会经济发展，劳资协作不断加强，总体立法趋势还是趋向于合理限制用人单位的单方解雇权，只是世界各国和地区对用人单位单方解雇权限制的程度有所不同，并由此形成了不同特点的解雇保护制度。

1. 域外企业并购中解雇保护制度安排

域外国家和地区在企业并购中采用的解雇保护制度主要包括两种立法模式。

第一种立法模式表现为雇主不能以企业并购行为为正当事由解雇雇员。《欧洲并购劳动保护指令》规定转让企业、业务或部分经营、业务的本身行为不应成为转让人或受让人解雇的理由；德国《民法典》规定在企业转移的情形下，原雇主或新企业主因企业转移而做出的终止劳动关系的通知无效；英国《企业转让（雇佣保护）条例》规定雇主如果不能确定其解雇的原因属于经济、技术或组织的原因所导致的劳动力需求的变化，那其因企业转让或与企业转让相关的原因而进行的解雇是不公平的。一般而言，受欧盟指令影响的国家，在相关立法中认为企业并购并非用人单位解除劳动合同的合法事由，以保障劳动者职业稳定，维护社会安定，但是各国并不排除在企业并购中用人单位基于其他合法事由解除劳动关系。第二种立法模式表现为用人单位得以企业并购为正当事由解除劳动关系。美国在劳动立法中采用雇佣自由主义，因而在企业并购中充分肯定雇主的解雇自由权，对于企业并购中的解雇问题法律并不加以干涉，由雇主自行决定是否在企业并购中解雇员工；我国台湾地区《劳动基准法》第20条规定事业单位改组或转让时，劳工是否得以留用取决于新旧用人单位的商定，并在《企业并购法》第17条中规定公司进行并购时雇主具有自由解雇权。美国的雇佣自由主义促进了企业并购的效率，尽管在企业并购中用人单位能够以企业并购为由解雇员工，但是美国完善的社会保障制度使劳动者即使失业也不会面临较大的生存压力，强大的失业保障机制间接保护了劳动者的合法权益；我国台湾地区则在立法中强调因用人单位改组、转让及并购行为未留用的劳工，应当依法向其发放退休金或资遣费，以尽可能的补偿劳工所受到的损失。

2. 我国企业并购中解雇保护制度安排

我国劳动立法中严格限制用人单位单方解除劳动关系，但是立法中并没有明确规定企业并购是否为用人单位解除劳动合同的正当事由。企业并购往往导致企业升级转产，资源优化整合，为了提高竞争力，调整经营方式及重大技术革新等是随着企业并购而产生的衍生行为，不可避免地会产生大量剩余劳动人员，企业为了更好地生存与发展必须采取裁员的手段，与企业并购劳动合同承继制度产生冲突。我国《劳动法》第27条、《劳动合同法》第41条对经济性裁员的适用情况做出了严格性规定，严格规定在法律规定的情形中，避免用人单位对经济性裁员制度的滥用。但是总的来说我国劳动立法中对于企业并购中劳动解雇保护制度的法律规定存在不足，这也成为实践中解雇争议较多的原因，需要对企业并购中劳动解雇保护制度做进一步研究。

（三）企业并购中劳动债权保护制度

企业并购所带来的劳动债务主体变动，使劳动债权的清偿面临种种困难，不利于劳动者的生存和发展，因此对劳动债权的保护极为重要。

1. 域外企业并购中劳动债权保护制度安排

国际劳工组织第 173 号公约规定会员国或是以优先权手段保护工人债权，或是以担保机构保护工人债权，或是兼采用两种方法保护工人债权。

受该公约影响，世界各国和地区均在立法中体现劳动债权优先原则，并在企业并购中关于劳动债权的对外承担清偿责任的主体，逐步表现为两种模式，一是承继主义模式，二是连带主义模式。承继主义模式是指劳动债权随着劳动关系的变动和转移至新的用人单位，新用人单位对劳动债权负有清偿责任，英国、法国采取承继主义模式。法国《劳动法典》规定新雇主自企业变更之日起履行由新雇主承担的责任。英国《企业转让（雇佣保护）条例》规定基于被转让的劳动关系，转让人所享有的权利和应承担的义务与责任由受让人继续享有和承担。连带主义模式是指劳动债权不随着劳动关系的变动发生转移，但是新用人单位成为新的债务人，与旧用人单位对劳动债权承担连带清偿责任，德国、意大利和我国台湾地区均采取这种模式。德国《民法典》规定因工厂或工厂的一部分转让给另一所有权人时，原工厂对雇员所负的义务在转让当时成立并且在转让后 1 年内到期，原雇主与新的所有权人对此项义务作为连带债务人负责。意大利《民法典》规定在企业移转的场合，受让人在劳动者移转时对劳动者基于提供劳动而保有的一切债权，与转让人一同承担连带责任。我国台湾地区在《企业并购法》中规定公司发生分割后既存或新设的公司，对分割前公司所负债务在其受让营业出资范围内承担连带清偿责任。虽然具体规定存在差别，但都在法律中明确规定了并购前后的新旧用人单位对劳动者所保有的劳动债权承担连带清偿责任，以保护劳动债权的清偿，减少因企业并购产生的社会不安因素，保护劳动者合法权益。

除在劳动债权清偿程序中将劳动债权视为优先债权进行保护之外，域外一些国家和地区还通过设立劳动债权保障基金制度和劳动债权保险制度保障劳动债权的清偿。奥地利1977年《无支付能力时的报酬保证法》规定国家通过设立"其他雇员与雇主共同建立的薪酬保证制度"以保障雇员在企业破产时劳动报酬能够得以清偿；德国设立了劳动保障基金，用于企业破产不能清偿劳动债权时确保至少破产宣告前三个月的劳动债权可以得到清偿；我国台湾地区《劳动基准法》规定公司应当预先提拔职工福利金和劳工退休准备金，公司并购完成后，消灭公司所提拔的职工福利金应当专款存储，留备续办职工福利事业之用；法国规定雇主向保险公司投保确保工资制度，建立工资的预先性保障制度。英国《企业转让（雇佣保护）》规定了雇主责任强制保险制度，并规定在雇主依法无须参保强制责任险的情形下，新旧雇主需要对雇主的责任承担连带责任；域外国家和地区关于设定的劳动债权担保机制进一步保障劳动债权的清偿，通过事先预防将个体利益的保护上升到社会整体的责任分担，是对劳动债权的积极性保障，既保障了劳动者的合法权益，也使得企业的生存发展更加高效与灵活。

2. 我国企业并购中劳动债权保护制度规定

对于企业并购中关于劳动债权保护制度的法律规定，在我国主要体现在《中华人民共和国民法典》（以下简称《民法典》）《中华人民共和国公司法》（以下简称《公司法》）《企业破产法》等民商事法律中。《企业破产法》明确了劳动债权的范围，同时规定劳动债权在担保债权之后优先受偿的原则以保护劳动者权益。我国《公司法》规定分立后的公司对公司分立前的债务承担连带责任，与我国《民法总则》第67条、《合同法》第90条对新当事人的概括承受规则相一致，《最高人民法院关于审理与企业改制相关民事纠纷案件若干问题的规定》将新设公司承担连带清偿责任的范围限制在所接收的财产范围内。《公司法》第176条、《民法总则》第67条、《合同法》第90条都规定了连带清偿责任的除外情形，即债权人与债务人达成清偿协议的，可以不受连带清偿责任的限制。同时《工伤保险条例》规定了企业并购后承继单位的工伤保险责任。

四、我国企业并购中劳动者权益保护制度的不足

（一）企业并购中劳动合同承继制度存在的问题

1. 劳动合同承继制度适用范围不全面

第一，未明确规定资产收购的情形。企业的并购行为包括合并与收购，而

收购又包含股权收购与资产收购，一般而言用人单位进行股权收购或是一般资产收购，仅仅造成用人单位股权结构、投资人、实际负责人等事项的变更，对劳动合同的履行并没有实质性影响，依据《劳动合同法》第33条应当继续履行劳动合同。《劳动合同法》第34条没有采用穷尽式列举的立法方式，因此在法律条文中对资产收购时劳动合同的承继问题未作规定。资产收购行为本质上是一种买卖行为，劳动关系具有人身依附性与财产依附性，大型的资产收购行为中会导致劳动者履行原劳动合同的基本生产条件已不复存在，难以继续履行原劳动合同，被移转至新用人单位。依据《劳动法》第26条、《劳动合同法》第40条规定情势变更时用人单位与劳动者就变更劳动合同不能达成一致的，用人单位可以无过失辞退劳动者。目前，资产收购时的劳动合同承继问题尚缺乏明确的法律规定，因而不可避免地会导致实践中用人单位以情势变更为由与劳动者解除劳动关系，此时劳动者因用人单位的自主行为导致订立劳动合同时的客观情况发生变化而被解雇，对劳动者来说并不公平。

第二，未规定集体合同的承继问题。集体合同是劳资双方代表在平等协商的基础上签订的以全体劳动者劳动条件和生活条件为主要内容的协议。集体合同是维护劳动者整体合法权益、调整和改善劳动关系的重要协议。用人单位与劳动者信息不对等的地位导致劳动者在用人单位进行并购时处于弱势地位，劳资关系的不平等往往导致劳动者权益受到侵害，而在劳资双方代表在平等协商基础上签订的集体劳动合同，我国劳动立法中没有规定在企业并购中应当承继，反观世界上许多国家和地区普遍认同企业并购中集体合同的承继效力，规定原用人单位签订的集体合同在并购完成后继续有效，并自动承继至新用人单位与被移转的劳动者之间以保护劳动者权益，我国立法中关于集体劳动承继相关规定的空白，对于全面保护劳动者权益非常不利。

2. 忽视了劳动者的异议权

我国劳动合同承继制度采用法定概括继受主义，劳动合同的承继不以新用人单位和劳动者的意志为转移，当企业发生劳动法上所规定的变动形式时，新用人单位概括承继劳动关系，取代原用人单位在原劳动关系中的主体地位，并在企业并购时加入到原有劳动关系中①。从劳动关系的本质上讲，劳动者与用人单位之间具有双重性关系，即财产的依赖性与人身的依赖性②。一般而言，劳动者与用人单位订立劳动合同时，是基于对该用人单位工作条件和经营方式等方面的认可，企业并购往往伴随着公司转产、组织结构的重组、技术革新等行为，与原企业的生产经营模式与工作条件往往存在出入，劳动者基于信任与用人单位签订劳动合同的期待利益已不复存在，此时根据劳动合同承继制度，劳动关系将被直接转移至新用人单位，忽视劳动者与用人单位的协商，缺乏意思自治的空间。劳动者异议权与法定劳动合同承继制度并不矛盾，劳动合同概括承继主义并不意味着完全禁止劳动者进行工作选择的权利，相反在企业进行转产转业的情况下，强制劳动者在其不熟悉、不擅长的领域继续工作，劳动合同承继制度保护劳动者权益的初衷反而成为束缚劳动者自由选择工作的枷锁，使得劳动合同承继制度在实践运用中比较僵硬。

（二）企业并购中解雇制度致劳资关系不平等

1. 未限制新用人单位变相解除劳动合同

企业并购作为商事行为，最终目的是为了利益最大化，在企业并购中，用人单位为了降低劳动力成本，在并购后往往采取不当行为，迫使劳动者主动辞职或者变相满足《劳动合同法》所规定的辞退劳动者的法定条件，变相解除劳动关系。对于这种行为，劳动者在维权过程中往往缺乏强有力的法律依据，并且举证困难，即使诉诸法院，缺乏证据的支持也很难维护自身权益。域外相关立法中规定拟制解雇制度避免雇主在并购后变相解雇雇员的行为，但是我国劳动立法中对于新用人单位变相解除劳动合同的行为没有明确规定其应当承担什么责任，这使得劳动合同承继制度无法切实保护劳动者的权益。

2. 企业并购中经济性裁员制度存在不足

我国劳动立法中使用"经济性裁员"的概念特指用人单位单方面解除与多数劳动者之间的劳动关系③，是用人单位为了改善企业的经营发展而进行的一

---

① 张颖慧. 论企业并购中的劳动者拒绝留用权［J］. 江汉论坛，2017（7）：108-113.

② 冯彦君. 劳动权的多重意蕴［J］. 当代法学，2004（3）：40-44.

③ 杨复卫. 企业并购中的经济性裁员制度研究——基于劳动者解雇保护的视角［J］. 甘肃社会科学，2014（5）：188-191.

次性与多名劳动者解除劳动关系的行为①。企业的并购行为在于新旧企业整合企业资源、重组组织架构等行为，目的是提高企业的生产经营效率与竞争力，在并购结束后，企业往往会裁减一些经营部门与项目，不可避免地产生剩余员工，进行经济性裁员。我国劳动立法中严格限制用人单位的单方解雇权，规定了经济性裁员制度的具体适用情形。但是经济性裁员制度中关于企业并购行为后的解雇保护制度存在诸多问题。首先，经济性裁员的界定标准。依据我国《劳动合同法》企业裁减20人以上的或裁减不足20人但占企业职工总数10%以上的为经济性裁员的标准。不同于其他国家和地区"阶梯式"的标准，我国劳动立法中相对笼统的规定缺乏对并购企业实际情况的具体考量，同时没有规定经济性裁员的期间，在实践中并购企业往往可以采取"化整为零"的方法通过个别解除劳动合同来规避经济性裁员的严格程序，使企业并购中解雇保护制度存在法律上的漏洞；其次，经济性裁员的回避义务。我国对于经济性裁员的规定在适用条件上虽然采取严格的规定，但是并没有明确规定经济性裁员的回避义务，这使得企业并购后跟随企业资产转移的劳动者被确定为被裁员人员时与劳动合同承继制度存在很大的冲突，如何保障企业并购后被移转的劳动者的职业稳定在经济性裁员制度中应当有所体现；最后，经济性裁员制度中的劳资协商程序的虚置。欧洲经济共同体理事会指令1992年第56号指令（以下简称"92/56/EEC"）认为雇主准备集体裁员时，应当与劳工代表进行协商，并达成一个关于集体裁员的协议，尽量避免和减少集体裁员所产生的不利后果。经济性裁员制度中我国劳动立法体现出劳资协商机制，但是该规定只是流于形式，在实践具体操作上并没有做到真正的劳资协商，仅仅规定用人单位听取工会或职工的意见，听取之后如何操作并没有体现出来，法律规定用人单位应当将裁减人员方案向劳动行政部门报告，但是对于用人单位没有报告便进行裁员又该如何救济等问题没有明确规定，劳资协商在经济性裁员中并没有发挥作用的余地，程序如同虚置，无法真正地保障经济性裁员中劳动者的合法权益，在今后的法律研究中应当重点考虑。

---

① 刘俊. 劳动与社会保障法学（第二版）［M］. 高等教育出版社，2018：104.

（三）企业并购中劳动债权保障机制不完善

1. 新旧企业承担连带清偿责任存在除外情形

《公司法》第176条、《民法总则》第67条、《合同法》第90条都规定了新旧企业承担连带清偿责任的除外情形，即债权人与债务人达成清偿协议的，可以不受连带清偿责任的限制。在现实中，用人单位为达成并购交易，避免并购行为结束后的劳动债务纠纷，会与劳动者达成所谓的"自愿"协议，为劳动者明确清偿主体，变相地免除用人单位的清偿责任，损害劳动者权益。在王辉与陕西恒华置业投资有限公司、西安科达化工厂劳动争议一案中，王辉原是科达化工厂的职工，2002年科达化工厂被恒华公司所兼并，恒华公司为科达化工厂的员工制定了职工安置方案，并表示恒华化工厂会向科达化工厂中希望解除劳动关系的职工一次性足额支付经济补偿。但是之后恒华公司未按照职工安置方案向原告一次性支付经济补偿，原告为了维护自身利益，请求法院判决二公司承担连带支付责任。法院在审判过程中认可并购企业之间关于劳动债权的协议，判决恒华公司足额向原告支付职工安置方案中确定的经济补偿，科达化工厂不负有支付责任。企业并购中，新旧用人单位对外承担连带责任有效避免了并购企业面对劳动债权相互推诿的现象，但是我国法律规定的除外情形，则使连带承担责任的效果大打折扣，不利于劳动者追偿劳动债权，维护切身利益。

2. 劳动债权缺乏相应社会保障机制

国际劳工组织第173号公约对于保护工人债权规定除了工人债权在债务清偿程序中以优先清偿外，还通过设立担保机构保障劳动债权的偿还。通过设立担保机构，在用人单位缺乏偿还能力时保障劳动债权的清偿。我国《企业破产法》确定了劳动债权仅次于担保债权的优先受偿原则，通过优先权手段保护劳动债权。企业并购的目的在于促进企业的重生，增强市场竞争力，促进社会经济发展，在企业并购中，新旧企业对于劳动债权将承担连带清偿责任，保障了劳动者求偿主体的稳定性，但是在无形中增加了并购企业的经济压力，不利于企业并购的效率及成功率，同时没有考虑到用人单位缺乏偿还能力时劳动债权应当如何得到保障。我国目前没有统一的劳动债权担保机构，关于劳动债权担保机构的法律、行政法规更是少之甚少，劳动债权缺乏社会保障，在实践中难以得到有效清偿，无法全面保护劳动者权益。

五、完善我国企业并购中劳动者权益保护制度的建议

（一）健全企业并购中劳动合同承继制度

企业并购行为属于商事行为，主要涉及商事关系，由《公司法》《合同法》等民商事法律进行调整，但是企业作为劳动关系的主体，其不仅仅是一个营利性组织，更肩负着企业社会责任，用人单位的组织结构及法人人格的变动必然导致劳动关系发生变化，健全企业并购中劳动合同承继制度不仅关乎并购企业的利益，也与劳动者的切身利益密切相关。

1. 扩大劳动合同承继制度适用范围

第一，规定资产收购时的劳动合同承继制度。《劳动合同法》第 34 条并不穷尽列举企业并购的所有类型，这使得企业在进行资产收购时劳动者主张劳动合同适用劳动承继制度缺乏法律依据。用人单位发生变动应当特殊对待劳动者，因为用人单位的变动具有影响雇佣需求变化机能，用人单位整体或部分变动均会影响劳动关系的效力①。对于劳动合同承继制度的范围，国外相关立法均认为即使用人单位的一个部门发生转移变动，也应当适用劳动合同承继制度。德国《民法典》第 631 条规定工厂整体或者是部分进行转让的，都需要承继劳动合同。英国《企业转让（雇佣保护）条例》中规定该条例的适用范围包括事业移转、营业移转、部分事业移转、部分的营业移转，企业进行资产收购虽然没有导致企业的法律主体人格发生变化，但是使企业被资产收购部门的劳动关系发生变化，足以影响劳动者的去留问题。根据我国现行立法，企业进行资产收购后，随企业资产一同转移的劳动者的劳动关系往往受到侵害，法律没有明确规定资产收购时劳动合同应当承继至收购企业，因此在企业进行资产收购时，收购企业可以情势变更为由解除该资产密切联系的劳动者的劳动关系，并且无须承担任何责任。用人单位出于对自身经营发展的考量而进行资产收购，是用人单位的自主商事行为，该行为所带来的风险不应由劳动者来承担。因此根据资产收购可能会导致的法律后果，借鉴境外劳动合同承继制度的立法经验，我

---

① 张颖慧. 劳动合同承继制度体系之构建——兼谈《劳动合同法》第 34 条之修改［J］. 政策研究，2016（6）：11.

国《劳动合同法》第34条应当明确将企业资产收购适用于劳动合同承继制度，即在企业资产收购，收购企业在承继收购的经营资产时，同时承继与该经营资产有密切联系的劳动者的劳动关系，避免劳动者因企业的自主行为而面临失业的风险，全面保护劳动者的权益。

第二，劳动合同承继制度应包括集体合同。集体合同覆盖较大规模的职工，并具有强制力和替代效力，当劳动者与用人单位签订的劳动合同约定的劳动条件低于集体合同时，劳动者与用人单位之间的劳动合同内容将直接适用集体合同中所规定的劳动条件，有效维护了劳动者的合法权益。企业并购中，劳动合同的承继制度也应当包括集体合同。世界上许多国家和地区普遍规定并购完成后原用人单位与劳动者签订的集体合同仍然有效，并自动承继至新用人单位与被移转的劳动者之间，只是各国和地区根据本国和地区立法价值取向和基本国情对集体合同继续有效的范围和时间做出不同的规定。《欧盟并购劳动保护指令》规定，雇主转让完成后，在原集体合同终止、到期或订立了新的集体合同之前原集体合同中约定的条款将继续适用于新的雇主和雇员，并规定最短不少于1年的期限。欧洲大多数国家在承继集体劳动合同效力的基础上对集体合同的适用期限和范围作出了具体规定，德国《民法典》第613条第1款规定，原团体协约将约束新企业主和受雇人，且新企业主在转移后1年内不得作出不利于雇员的变更①。我国台湾地区《团体协约法》规定因并购而消灭的公司于工会签订的团体协约将转移至存续公司或受让公司。

借鉴域外国家和地区的立法经验，我国在劳动立法中应当将集体合同纳入概括承继制度的范围，具体内容为：一是集体合同的承继问题。首先，劳动者与用人单位签订的原集体合同的效力不因并购中用人单位主体发生变动而无效，我国劳动立法明确规定并购后新设或存续的用人单位作为继受者明确劳动关系的延续，因此对于集体合同承继制度，也应当明确承继后的集体合同仍然有效；其次，新用人单位与因并购行为转移的劳动者受原集体合同约束。当新用人单位与劳动者重新签订的劳动合同相较于原集体合同约定的劳动标准更不利于劳

---

① 沈建峰. 论集体合同对劳动者和用人单位的效力［J］. 西南民族大学学报（人文社会科学版），2012（9）：95-99.

动者，此时用人单位与劳动者之间继续适用集体合同，重新签订的劳动合同不生效，同时新用人单位享有原用人单位在集体合同中的权利和义务；最后，在集体合同期限届满或其他终止条件出现时，新用人单位仍未与劳动者签订新的集体合同，原集体合同将持续有效，以避免用人单位不作为，从而规避集体合同的承继制度。二是集体合同的竞合。当并购后的新用人单位与本单位劳动者签订了集体合同，又承继了集体合同，新用人单位与劳动者之间便存在两份集体合同，若两份集体合同的劳动标准不同，则会存在差别待遇的问题。本文认为若劳动者更希望适用新用人单位的集体合同时，则可以通过协商将集体合同内容变更与新用人单位集体合同相同，原集体合同将不再适用，若劳动者认为原集体合同更有利于自身权益，则继续适用原集体合同。劳动者是自身权益的最佳判断者，将选择权赋予劳动者是对劳动者真实意愿的尊重，同时承继原集体合同是新用人单位的义务，无论劳动者选择哪份集体合同，对于用人单位来说并未加重其负担，也减少了因此而产生的劳动争议。三是集体合同的变更。《集体合同规定》规定劳动者与用人单位协商一致，可以对集体合同作出变更或解除。根据集体合同承继规则，企业的并购行为虽然不会导致集体劳动关系的无效，但是用人单位的变化，使劳动者履行集体合同的客观情况发生了重大改变，集体合同承继制度保障了企业并购中集体合同效力的承继，但是该制度并不禁止用人单位与被移转的劳动者代表进行集体协商，并在协商一致的基础上对集体合同的内容作出变更以适应用人单位并购后的实际经营发展需要。当然对于集体合同变更的结果法律必须予以保护，以避免用人单位通过变更集体合同的合法方式，降低集体合同的劳动标准。因此在未来的立法中应当明确规定企业并购中不得对集体合同作出不利于劳动者的变更，但对于集体合同变更的保护也应当是有期限的，如德国《民法典》规定新企业主不得在转移后1年内作出不利于雇员的变更，结合我国的集体合同期限一般为1—3年的规定，法律对集体合同的变更保护应当在企业并购完成后的1年内为宜。

2. 赋予劳动者异议权

我国劳动合同的概括继受主义制度通过立法保护了劳动关系的存续，但并未考虑到在企业并购完成后劳动者同样具有选择工作单位的权利，劳动者享有异议权与用人单位应承继劳动合同的规定并不会发生冲突，反而是对劳动者真实意愿的尊重，在我国的立法及司法实践中应当得到重视与肯定。

我国劳动立法倾斜保护劳动者的权益，但是企业并购中，在对劳动者倾斜保护的基础上也应当兼顾用人单位的经营自主权与企业并购的效率，而在劳动合同承继制度中赋予劳动者异议权，则需要对异议权制度作出相应规定以平衡劳动者的异议权与用人单位的经营自主权。首先，享有异议权的主体。企业并购并不必然导致用人单位主体资格发生变化，并购企业的劳动关系也不必然发生转移，因此，并购中劳动合同即将发生或已经发生移转的劳动者享有异议权，英国、德国以及我国台湾地区均赋予此种劳动者异议权。根据我国并购行为的分类，具体而言，当并购行为为新设合并、吸收合并时，往往导致并购企业主体资格发生变化，根据劳动合同承继制度，劳动关系应当被承继至新用人单位的劳动者，此时对于劳动合同的移转至新用人单位享有异议权；当并购行为仅仅为股权收购或一般的资产收购，并购企业的组织形式并未发生变化时，劳动者与用人单位的劳动关系几乎不受影响，此时，劳动者不具有异议权，若劳动者主动提出解除劳动合同，则应该适用《劳动合同法》的一般规定；当并购行为为资产收购时，新旧用人单位的主体资格虽然没有发生变化，但是被收购的资产往往伴随劳动关系一同转移至收购企业，此时，被转移劳动关系的劳动者有权提出异议。同时我国采用概括承继模式，企业并购完成后，新用人单位承继原用人单位的劳动关系是法定义务，若新用人单位拒绝承继劳动关系，将要承担违法解雇的法律责任。

其次，异议权的内容。企业并购后，享有异议权的劳动者同意移转劳动关系，但在合理期限内，当新用人单位的工作条件明显发生变化损害劳动者合法权益时，劳动者可以提出异议，要求恢复工作条件或解除劳动合同；享有异议权的劳动者拒绝转移劳动关系，其劳动关系保留在原用人单位，但当原用人单位不愿意或者不能安排其继续工作时，其有权解除劳动关系。

再次，劳动者行使异议权的期限和方式。德国《民法典》规定雇员通知到达后1个月以内，应当以书面形式向原雇主或新雇主对劳动关系转移提出异议。我国台湾地区《企业并购法》规定异议权的期限为收到留用通知起10日之内，以书面形式通知新雇主是否同意留用。异议权的行使关乎劳动者的切身利益，因此各国一般采用书面形式，能够较好地留存证据，减少劳动争议，同时劳动者异议权行使的结果关乎劳动合同承继的效力,应当在合理的期限内行使。我国《劳动合同法》规定用人单位与劳动者解除劳动合同时应当提前 30 天告知,应在劳动者知道或应当知道劳动合同将移转至新用人单位之日起 30 天内以书面形式向原用人单位或新用人单位行使异议权的规定比较合理。同时,在劳动者被转移至新用人单位的 30 天内,如果新用人单位的工作条件发生明显变化,损害了劳动者利益时,劳动者也可以提出异议。

最后,行使异议权的法律后果。异议权的行使直接影响承继的劳动合同是否生效,在异议期限内以书面形式向新用人单位或原用人单位提出拒绝移转劳动关系的劳动者,其仍属于原用人单位的职工。并购行为是企业的自主商事行为,其并购产生的不利影响不能由劳动者来承担,一种观点认为经济补偿是雇主在雇员被动结束劳动关系时,应承担的法定帮助义务①,另一种观点则认为主张劳动合同终止的经济补偿尽管会加重雇主的经济负担,经济补偿的对象也不仅限于被动结束劳动关系的雇员②。我们认为,企业并购后劳动者与劳动者解除劳动关系的方式虽然是由劳动者主动提出,但实质上还是由用人单位的并购行为造成劳动者工作内容、工作环境等的变化所引起的,此时即使劳动者拒绝转移劳动关系最终导致劳动合同的解除,其仍可以根据法律规定请求用人单位支付经济补偿金。因此,因用人单位的兼并行为导致用人单位性质发生改变或主体灭失,劳动合同需要转移至新的用人单位时,劳动者提出异议,或者在并购完成后的合理期限内,劳动者在新用人单位工作条件发生明显变化,其合法权益遭受损害时,可以提出解除劳动关系,新用人单位应当向其支付经济补偿金;在原用人单位仍然存在时,劳动者对转移劳动关系提出异议,其劳动关系仍然存在于原用人单位,如果原用人单位因为并购行为或其他原因不能继续为劳动者提供劳动条件,劳动者仍然可以根据《劳动合同法》的一般规定与原用人单位解除劳动关系,并请求原用人单位按照法律规定支付经济补偿金。

---

① 董保华. 锦上添花抑或雪中送炭——析《中华人民共和国劳动合同法(草案)》的基本定位 [J]. 法商研究, 2006(3): 46-53.
② 王全兴. 劳动合同立法争论中需要澄清的几个基本问题 [J]. 法学, 2006(9): 19-28.

（二）优化企业并购中劳动合同解雇制度

1. 用人单位不得以并购为由单方解除劳动合同

用人单位能否以企业并购为合法事由解除劳动合同与劳动合同承继模式、相应的解雇理论及现实的社会保障机制有关，受欧盟指令影响的国家基本更倾向于保护劳动者的合法权益，将企业并购行为排除在解雇的正当事由之外；而认为企业并购行为构成用人单位解雇的正当事由的国家通常更注重促进企业并购的效率，并拥有完善的社会保障机制，尽量减少失业对劳动者造成的生存压力。我国在劳动立法中采用倾斜保护劳动者的基本原则，当用人单位发生合并、分立等情形时，劳动合同概括继受主义维护了劳动者的职业安定权。在解雇问题上我国的劳动合同解除实行的是一种"法定理由"制度①。并购行为往往是企业为了增强市场竞争力、获取更大的利益的自主商事行为，劳动者对于关乎企业生存发展的重大决策往往并不知情，即使知情也无法改变，但是并购行为不能成为用人单位与劳动者解除劳动关系的合法事由，这既不符合我国劳动基准法倾斜保护劳动者的立法价值，也无视了劳动者职业安定的权利。因此结合基本国情与立法现状，我国同大多数欧洲国家立法相同，在倾斜保护劳动者权益与促进企业并购效率之间选择保护劳动者权益，在企业并购中劳动合同概括继受主义模式下，拒绝企业以并购为由解除劳动合同显然是对倾斜保护劳动者权益的立法取向的一脉相承，需要配套实施。德国《民法典》第613条第4款规定原雇主或新企业主因企业或部分企业的转移而终止劳动关系的意思表示，不生效力②，在企业转移的情形下具体规定了一项独立的禁止解雇事由对我国立法具有借鉴意义。在劳动立法中，《劳动合同法》第34条规定，"用人单位不得以并购行为及相关事实为由与劳动者解除劳动合同"，解决实践中企业并购是否构成劳动合同签订时的客观情况发生重大变化之争。

企业并购不能单独构成用人单位与劳动者解除劳动关系的合法事由，但是一概将企业并购行为视为用人单位违法解除劳动合同的事由对于企业又过于严

---

① 董保华. 我国劳动关系解雇制度的自治与管制之辨 [J]. 政治与法律，2017（4）：112-122.

② 陈卫佐. 德国民法典（第3版）[M]. 北京：法律出版社，2010：230.

苟。世界各国立法虽然认为雇主不得以企业并购行为进行解雇，但是并不禁止企业并购中的解雇及裁员。德国《民法典》第613条第4款虽然规定因企业转移而为的终止劳动关系的意思表示不生效力，但在该条款中同时规定雇主仍然可以根据其他原因而终止劳动关系。英国《企业转让（雇佣保护）条例》规定在企业转让过程中，雇主因经济、技术、组织的原因导致劳动力需求的变化可以进行解雇。劳动基准法规范的是劳动合同双方主体，只考虑保护劳动者一方的利益，在法理上和情理上都是讲不通的①。在保护劳动者权益与维护用人单位经营自主权之间应当把握一种平衡，企业并购中的解雇仍须遵循解除劳动合同的一般性法律规定。我国《劳动合同法》第39条规定劳动者有严重违反用人单位规章制度等情形时，用人单位可以单方面解除劳动合同，企业并购不能单独构成用人单位与劳动者解除劳动关系的合法事由，但是企业并购后劳动者具有《劳动合同法》第39条规定的情形之一时，用人单位仍然可以合法解除劳动合同以维护自身合法权益。《劳动合同法》第41条规定企业转产等情况，经变更劳动合同后，仍需裁减人员，可以按照相关程序适用经济性裁员制度，这也是对企业进行转产升级时人事管理方面的保障，无论是兼并行为还是收购行为，其结果往往导致用人单位的生产经营方式与产业发展发生变化，此时企业可以与劳动者协商变更劳动合同以适用企业发展，变更后仍需裁减，可以进行经济性裁员。《劳动合同法》第41条的规定不代表用人单位可以并购行为为由合法解除劳动关系，而是在并购后保护劳动者职业安定权与用人单位自主经营权之间寻求一个平衡点，所以《劳动合同法》对用人单位以企业转产等理由进行经济性裁员时设定具体的程序，避免用人单位以企业并购为由解除劳动关系。因并购产生的劳动合同问题，我国采取概括继受主义模式，在该立法价值取向下，在具体操作中也应当进行配套规定，我国《劳动法》《劳动合同法》均肯定了在劳动者严重违反用人单位规章制度等情形下，用人单位具有单方解雇权，同时对经济性裁员问题作出了明确规定以保障企业进行内部资源整合。为了协调并购行为导致的解雇与经济性裁员的关系，我国《劳动合同法》第34条除了规

---

① 董保华. 我国劳动关系解雇制度的自治与管制之辨 [J]. 政治与法律，2017（4）：112-122.

定用人单位不得以并购行为及相关事实为由与劳动者解除劳动合同，同时还需明确企业并购中用人单位基于其他合法事由辞退与裁员的权利不受影响。

2. 企业并购中适用拟制解雇制度

拟制解雇，也称间接解雇，是指在企业并购后从表面上看是劳动者主动与用人单位解除劳动关系，但其实是用人单位的变相辞退行为，该行为被视为用人单位的解雇行为，被视为用人单位单方面辞退劳动者并应当承担单方面辞退劳动者的法律责任。《欧盟并购劳动保护指令》第4条规定雇主应对因其转让行为使雇员的工作条件发生变化并损害雇员权益，最终导致雇佣合同或雇佣关系的终止承担责任。英国《企业并购（雇佣保护）条例》认为因企业转让导致工作环境发生改变，损害被转让的雇员权益，雇主的行为被视为解雇。拟制解雇的立法目的在于保护雇员在企业并购后，其在原企业的既得利益不会受到实质损害。在企业并购中，用人单位为了以更低的代价辞退劳动者，减少用工成本，通过将准备裁员的劳动者安排至难以完成工作目标的岗位，或是为其日常工作增加苛刻条件等行为迫使劳动者主动辞职，从而规避支付经济补偿金或经济赔偿金的责任，拟制解雇制度能够有效规避用人单位以合法形式掩盖非法目的的隐蔽侵权行为，在用人单位采取不正当行为迫使劳动者主动辞职的情况下为劳动者提供法律保护。

我国劳动立法虽然没有明文规定拟制解雇制度，但是在劳动基准法及相关司法解释中也体现着拟制解雇的相关规定。在企业并购中适用拟制解雇时，需要在劳动基准法的基础上明确以下几个问题：

第一，关于用人单位不当行为的认定。我国《劳动法》《劳动合同法》及相关司法解释规定用人单位做出损害劳动者权益的不当行为时，劳动者具有随时解除权，并追究用人单位的责任。拟制解雇的初衷是为了避免用人单位以合法的手段掩盖非法侵权的目的，在用人单位作出不正当行为迫使劳动者主动离职时提供法律保护，但是法律也应当认可用人单位自主经营、管理的权利，在确定拟制解雇制度时，必须对用人单位的不当行为作出明确规范，将拟制解雇的适用条件与用人单位日常经营管理中正常的调换岗位、变更合同内容等行为相区分。实践中，用人单位在并购后迫使劳动者离职的不当行为多种多样，如果新用人单位规定的劳动条件为大部分正常劳动者所接受不了，则可以适用拟制解雇，比如歧视、工作条件异常严苛等等①。当然也要允许用人单位因正常经营管理作出的调换岗位、变更合同内容等正当行为而为的解雇行为。

第二，关于用人单位不当行为的举证责任。一般而言，用人单位迫使劳动者主动离职的不当行为通常具有隐蔽性，劳动者很难掌握证据维护自己的权益，因此用人单位往往负担其人事决定的合法性与合理性。《劳动法司法解释》列举了部分举证责任倒置的具体情形，但是不包括常见的年终考核不合格、降职调岗等情形，但是这种情形一般直接导致劳动者收入减少，迫于生存压力会寻求更好的工作机会，因此在这种对于劳动者平时考核、调岗的决议也应当列入用人单位承担举证责任的"等决定"范畴中。

第三，关于劳动者利益的实质性损害。拟制解雇制度的适用条件是用人单位在并购后通过一系列改变劳动者工作内容或工作条件的行为对劳动者权益造成实质性损害，因此并非用人单位所有的不当行为都会适用拟制解雇制度，用人单位的不当行为必须对劳动者权益造成实质性损害。所谓实质性损害应当是涉及劳动者的基本权利方面的损害，不仅包括物质利益损害，还包括精神方面的利益损害，比如职业发展、劳动者人格尊严等，在实践中则需要仲裁机构和法院根据案件的具体情形具体判断。总而言之，在企业并购后适用拟制解雇时，除了对企业不当行为的考量，还应考虑不当行为对劳动者利益的实质性损害，避免法律滥用，阻滞企业经营发展。

3. 完善企业并购中的经济性裁员制度

企业并购通常伴随着企业之间组织结构的内部整合，尤其是会淘汰一些经济效益低的业务或部门，不可避免地会产生经济性裁员的客观需要，用人单位因为经济性原因进行大规模裁员时，必然会在一定程度上与劳动合同承继制度相冲突。企业并购行为不应当成为用人单位终止劳动关系的合法事由，但用人单位仍然具有依据其他合法事由解除劳动关系的权利，经济性裁员制度便是其一。企业并购完成后，用人单位往往以基于转产、调整经营方式为由进行经济性裁员，此时因企业并购行为而被移转的劳动者的权益应当如何保障，需要从以下四个方面寻求并购企业的改组与劳动者权益保护之间的平衡。

---

① 喻术红. 劳动合同法专论 [M]. 武汉：武汉大学出版社，2000：106-107.

第一，"阶梯式"经济性裁员的判断标准。我国台湾地区采纳欧盟对集体裁员的界定标准，采用"阶梯式"的立法模式，充分考量不同企业的承受能力，对于经济性裁员的数量标准作出较为合理的规定，同时规定裁员的期限为60日内，避免用人单位"化整为零"式随意解除劳动关系。而我国《劳动合同法》中经济性裁员的笼统标准显然没有充分考虑不同企业间的区别，因此，结合不同企业间的经济承受能力，我国劳动立法关于经济性裁员的标准也应当采取"阶梯式"的立法模式，以适应不同企业间的内部整合。同时应当在劳动立法中明确规定经济性裁员的期限以避免用人单位通过化整为零的方式规避经济性裁员的正当程序，结合我国当前的劳动力市场与职工保障制度，将经济性裁员的期限规定为90天在实践中更容易操作。

第二，落实经济性裁员时的回避义务。回避义务即用人单位对于企业并购中承继的劳动者不能随意进行经济性裁员，而应该尽可能地选择替代性措施[1]，大规模的裁员不仅会损害劳动者的职业安定权，还会对社会稳定造成一定的影响，因此用人单位在进行经济性裁员时必须谨慎对待。企业并购后，被移转的劳动者的职业安定是大部分职工最为关心的问题，涉及劳动者的生存与发展，企业作为并购行为的施行者，其对劳动合同承继具有法定义务，因此对于企业并购后被移转的劳动者的经济性裁员问题法律必须做出规定。我国《劳动合同法》第41条规定企业转产等情况下，应先履行与劳动者变更劳动合同的先行义务，履行该义务之后仍需裁员的，才能依据法律规定进行经济性裁员。该条与国际社会中经济性裁员的回避义务其实是一致的，欧盟92/56/EEC规定企业并购后进行集体解雇时，政府应当出台相应政策和措施，内部调整劳动者岗位或对劳动者进行培训再上岗，以尽量维持被移转劳动者的职业安定。我国劳动立法中对于企业并购后被移转的劳动者的培训问题并没有明确规定，劳动者享有接受职业技能培训的权利，在其面临经济性裁员时，除了可以变更劳动合同适应企业发展，还应当享有接受并购企业职业技能培训的权利，当劳动者培训之后仍不能完成工作任务时，再将其列为被裁人员则更为合理。

第三，完善经济性裁员中劳资协商程序。《劳动合同法》第41条虽然规定

---

[1] 朱婧. 企业并购中劳动者权利保护问题研究 [M]. 北京：法律出版社，2016：252.

了经济性裁员时用人单位向工会或职工的说明义务，但是对于应当说明的内容缺乏具体的规定，对于工会和职工的意见也仅仅是听取，听取之后是否应用于裁员方案中并未可知，使得工会和职工的意见对于最终的裁员结果并没有任何影响，作为维护劳动者权益的平等协商制度也并未发挥任何作用。92/56/EEC规定企业并购后雇主欲进行集体裁员，为了使得劳工代表资讯在对等条件下进行，雇主先向劳工代表说明相关裁员信息，与劳工代表进行资讯对话，最终达成有益于劳工利益的协议。在今后我国劳动立法研究中，可以借鉴欧盟的立法经验，在用人单位并购后意欲实施经济性裁员时，用人单位应当与工会或职工代表进行平等协商，并且用人单位应当将裁员的理由、被裁减劳动者的种类和人数、经济性裁员计划生效的时间、通过何种标准来裁减员工以及对被裁减人员的经济补偿办法向工会或者职工代表进行披露，使工会或职工代表在用人单位提供的裁减方案的基础上与用人单位进行协商，提出合理并且可行的建议，形成最终的经济性裁员的方案，并向劳动行政部门报告、备案。

第四，经济性裁员中介入行政监管。经济性裁员作为企业并购中解雇保护制度的最后一环，关系着并购完成后被移转的劳动者在劳动合同承继后的生存与发展，经济性裁员中的劳资协商制度赋予劳动者与用人单位平等对话的权利，但是我国目前的工会地位与作用受到较大的限制，因此对于企业并购后经济性裁员的合理性与合法性应当介入行政监管。我国《劳动合同法》第41条规定用人单位在进行经济性裁员时具有听取工会或者职工的意见和向劳动行政部门报告的义务，但是对于用人单位未及时报告的情况，或劳动行政部门不同意用人单位的裁减人员方案时应当如何处理没有规定，法律规定的缺失使得该条文在实践中的应用价值大打折扣，因此在未来的劳动立法中应当充分填补法律规定的空缺，将行政监管纳入企业的经济性裁员制度中，对用人单位未及时报告备案的情况，或劳动行政部门不同意用人单位的裁减人员方案的情况进行行政干预，以完善我国企业并购中的解雇保护制度。

（三）完善企业并购中劳动债权法律保护制度

破产法领域对于劳动债权的研究较为集中，但是企业并购所引发的劳动债权问题同样值得关注，并且需要在明确劳动债权的基础上建立和完善相关劳动债权清偿原则与保障机制以减少劳动争议，保护劳动者权益，更好地完成企业并购，促进社会发展。

1. 明确企业并购中劳动债权的范围

因并购行为引发的劳动债权问题，在实践中争议颇多。我国现行立法中对劳动债权的规定主要存在于《企业破产法》中，并且在《企业破产法》第113条对劳动债权的范围作出规定，基于《企业破产法》的法律规定，企业并购中导致的劳动债权主要分为两种：第一种为劳动者基于提供劳务而享有的劳动报酬给付请求权。该类请求权所引起的劳动债权包括劳动者与用人单位签订的劳动合同中约定的工资、福利以及用人单位所欠的社会保险费用、医疗、伤残补助、抚恤费用。支付劳动报酬、为劳动者缴纳社会保险都是用人单位的法定义务，因此在企业并购中，用人单位所欠的上述费用归于劳动债权的范畴，劳动者有权向用人单位主张清偿，维护自己的劳动成果所带来的合法利益。第二种是由于用人单位的违约或侵权行为而导致应当支付给劳动者的经济补偿或赔偿。这类劳动债权产生的基础是劳动者与用人单位之间具有劳动关系，用人单位违反了劳动合同的约定或是侵害了劳动者权益所导致的应当支付给劳动者的费用，包括经济补偿、经济赔偿以及因用人单位的侵权行为导致需要由用人单位承担赔偿责任的费用。明确企业并购中劳动债权的范围是劳动者主张权利的基础，我国劳动基准法对于劳动债权的范围并没有明文规定，需要参考《企业破产法》第113条的规定，但是劳动债权是劳动者的合法权益，应当尽快在劳动基准法中对劳动债权的范围作出明确规定，以维护劳动者的合法权益。

2. 明确承担清偿责任的主体

企业并购的目的在于实现市场资源的优化配置和有效重组，提高企业的竞争力，促进社会经济发展，当企业进行合并时，原用人单位主体资格往往归于灭失，我国《民法总则》规定法人合并时，其权利和义务由合并后的法人享有和承担，因此在合并行为完成后，新用人单位或主体资格存续的用人单位承继原用人单位的劳动关系，此时劳动债权的清偿责任应当随劳动关系转移至新用人单位或存续的用人单位，由新用人单位或合并后的用人单位承担清偿责任。在企业进行收购时，无论是股权收购还是资产收购，一般情况下，用人单位的主体资格继续存在，此时将存在新旧用人单位并存的情况。在新旧用人单位并存的情况下，确定新旧主体承担连带责任的清偿规则无疑是对劳动债权的最大保护，从促进并购交易完成的角度出发，新旧用人单位更希望对连带清偿责任做限缩解释以减轻企业的责任承担，但是考虑到企业通过并购行为恶意逃债的现象时有发生，过度限制连带清偿责任会造成滥用规则的可能，因此连带清偿责任的适用需要一个边界作为用人单位与劳动者双方利益的平衡点。

我国《民法总则》《公司法》及《合同法》在公司分立前债务的承担主体方面规定相一致，均采取的是普通连带责任，即由分立后的公司对公司分立前的债务承担连带责任，并未对分立后公司负责清偿债务的资产作出限制，《最高人民法院关于审理与企业改制相关民事纠纷案件若干问题的规定》对新设公司承担连带清偿责任的范围限制在所接收的财产范围内。但是在企业并购中劳动者处于弱势地位，无法了解企业真实的财务与资产状况，若对新旧用人单位承担连带清偿责任的财产范围限制在其所接收的财产范围内，用人单位有可能用恶意篡改财务账簿等方式以规避承担劳动债务清偿的责任，因此针对企业并购中所产生的劳动债权应当借鉴《公司法》及《合同法》中的规定对新旧用人单位的连带清偿责任做普通连带责任解释。

《公司法》第176条、《民法总则》第67条、《合同法》第90条都规定了连带清偿责任的除外情形，即债权人与债务人达成清偿协议的，可以不受连带清偿责任的限制。但是现实中，用人单位为达成并购交易，避免并购行为结束后的劳动债务纠纷，会与劳动者达成所谓的"自愿"协议，迫使劳动者放弃对清偿主体的选择，约定某一方用人单位甚至是第三方来清偿债务，虽然表面上是用人单位与劳动者双方自愿的选择，但是从实质结果来看，却是在变相地免除用人单位的清偿责任，损害劳动者权益。我国《劳动合同法》明文规定，用人单位免除自己法定责任的劳动合同条款无效，企业并购中新旧用人单位对劳动债权承担的连带清偿责任应当尽早在立法中体现，以确定为用人单位的法定责任，借鉴我国《劳动合同法》的相关规定，《公司法》第176条、《民法总则》第67条、《合同法》第90条规定的除外情形则不适用于企业并购中用人单位对劳动债权的清偿责任，新旧用人单位对企业并购前劳动债务负有连带清偿责任的规则应当为强制性规定，没有除外情形与免责事由。

德国《公司改组法》规定对于企业分立生效后5年内因企业经营恶化解雇

劳动者产生的债权，投资公司也作为连带债务人负责人①，德国《民法典》第613条第2款也规定了原雇主与工厂新的所有权人在转让当时成立并且在转让后1年内到期的义务承担连带责任。我国台湾地区《企业并购法》也确定了自分割基准日起2年内的诉讼时效。我国《公司法》《中华人民共和国合伙企业法》（以下简称《合伙企业法》）及《中华人民共和国个人独资企业法》在立法中对于债务的连带责任请求权的设立一直存有争议，但目前的立法中上述三部法律对连带责任请求权没有设定行使期限。企业设立的初衷是为了盈利，发起并购行为是为了增强竞争力，更好地存在于市场竞争中，劳动债权的重要性毋庸置疑，但是劳动者也需要为自己的权利发声，尽可能主动地寻求社会与司法救济维护自己的合法权益。结合我国社会发展的实际情况，企业并购中劳动债权的连带清偿责任行使期限应当限制为一般诉讼时效，即劳动者自知道或应当知道自身劳动债权受到侵害之日起3年内主张劳动债权的清偿责任，促进劳动者的维权意识，规范用人单位的连带清偿责任。

在国内外激烈的市场竞争环境下，企业合并、收购、转让的现象愈演愈烈，劳动债权作为关系劳动者生存与发展的特殊债权，在企业并购中应当尽可能地保护劳动债权的清偿，对于劳动债权的清偿责任也不应再仅仅借鉴《公司法》《合伙企业法》等民商事法律规定，应当尽快在劳动立法中明确规定在企业并购基准日之前产生的并且尚未清偿的劳动债权，在并购结束后，因合并行为导致用人单位主体资格灭失的，应当由合并后的用人单位对劳动债权承担清偿责任，因收购、转让等行为导致新旧用人单位继续存在的，由并购前后的新旧用人单位承担连带清偿责任，并适用一般诉讼时效。

3. 完善企业欠薪保障基金制度

依法维护劳动者权益是推动社会经济向前发展的重要助力，劳动者一贯的弱势地位使维权很难成为生活中的常态，社会发展的进步，应当是全体社会阶层的共同进步，倾斜保护弱势群体的权益，社会化保障机制应运而生，从而通过社会化的保障途径，将处于弱势地位的个体利益上升为社会利益，实现个人

---

① 德国股份法·德国有限责任公司法·德国公司改组法·德国参与决定法［M］.杜景林，卢谌，译.北京：中国政法大学出版社，2000：265-266.

利益的社会分担①。而社会保障机制也能够更好地实现对劳动债权的保护，有效避免用人单位没有财产可供执行的窘境，除去繁琐的清偿程序，提高劳动债权的清偿效率，并减轻新旧用人单位历经繁琐的并购程序后面对清偿债务的压力，促进并购交易，实现企业的重生。

国际劳工组织第 173 号公约除了规定劳动债权优先原则，还通过设立独立于用人单位之外的社会担保机构进行筹措与管理劳动债权保障资金，从而在用人单位面临并购时因资金不足等原因无法足额偿还劳动债务时为劳动者提供劳动债权保障资金的帮助，确保劳动债权的清偿，维护劳动者债权。我国是国际劳工组织第 173 号公约的成员国，在对劳动债权的保护问题上，《中华人民共和国破产法》中将劳动债权置于仅次于担保债权的优先债权地位以保护劳动债权的偿还，确定了劳动债权优先原则。相关立法尽管规定新旧用人单位对于劳动债权将承担连带清偿责任，但是并购企业在进行繁琐复杂的并购程序后，已经耗费大量人力、物力与财力，继续面临大量琐碎的劳动债权，无疑会打击用人单位进行并购的热情，增加其经营发展的压力，不利于企业的重生、社会经济的灵活发展。因此可以在确定劳动债权有限清偿顺位的同时，探索我国企业欠薪保障基金制度，保障劳动债权得以清偿的同时缓解并购企业的资金压力。

多年来我国行政立法一直在探索农民工工资保障基金制度，并逐步推广至各个领域，2004 年原劳社部印发的《建设领域农民工工资支付管理暂行办法》（以下简称《办法》）第 15 条首次确立了农民工工资保障金制度，按照该《办法》企业应按有关规定预先存入一定的工资保障金，用于垫付拖欠的农民工工资。2006 年国务院发布的《关于解决农民工问题的若干意见》规定要建立工资支付监控制度和工资保证金制度，从根本上解决农民工讨薪难的问题。在探索我国欠薪保障基金制度的道路上，可以借鉴深圳市欠薪保障基金的相关规定，设立欠薪保障基金，基金来源包括用人单位缴纳的欠薪保障费、财政补贴、基金的合法利息以及接受的合法捐赠等，在用人单位发生拖欠劳动者薪酬时，且人民法院受理破产申请或劳动者难以向法定代表人或主要负责人主张清偿时，员工可以提出欠薪垫付申请以避免因用人单位缺乏偿还能力使劳动债权无法清

---

① 翟宣任. 破产清算中劳动债权优先的合理限制［D］. 上海：华东政法大学，2018.

偿的局面①。用人单位缴纳的欠薪保障费可以根据当地财政收入确定具体数额缴纳，同时为了避免道德风险，防止用人单位和劳动者的欺诈行为，应当在出台的法律规定中明确欠薪保障基金垫付劳动债权的基本程序，并对受保护劳动债权的最低和最高数额作出限制。

　　企业为寻求更高的经济利益采取资产、技术、人员重组的方式增强企业的市场竞争力，在此社会背景下，并购活动迸发新的浪潮，随着法治社会的不断推进，劳动者权利保护意识逐渐增强，因企业并购引起的劳动争议、罢工事件更是此起彼伏，一度成为社会关注的焦点。企业的并购行为往往造成劳动者权益受到损害，因此需要对企业并购中劳动者权益保护问题进行研究。我国企业并购中劳动者权益保护制度的研究存在很多不足，法律规定较为粗浅，泛泛而谈，在司法实践中存在较大争议，更是存在同案不同判的现象，无法全面保护劳动者权益。现代劳动关系中，劳动者不仅是劳动力的出卖者更是人力资本的投资者，在企业并购中全面保护与劳动者密切相关的合法权益有利于促进企业并购的效率与成功率，也有利于构建和谐的劳资关系，促进经济不断发展与社会稳定。

第二节　企业劳务外包的法律风险与防范

　　市场经济的高速发展促使了社会分工的进一步细化，在劳动力分配不均、市场竞争激烈的情形下，企业为了降低生产成本、提高生产效率，避免承担过多的劳动法义务，劳务外包成为众多企业的不二选择。劳务外包的内涵是企业通过将本企业内非核心业务发包给更专业、更高效的承包机构去完成，从而实现集中资源发展自身更核心的项目，这样既能增强市场竞争力，又能减少不必要的劳动力支出和规避劳动法上的用人单位义务。劳务外包虽然给企业带来了诸多利好，但也给企业带来了不少法律风险，从而承担了许多本可以避免的法律责任。就目前我国劳务外包现状而言，学界对于劳务外包存在较大争议，国

---

　　① 《深圳经济特区欠薪保障条例》第9条、第10条、第14条。

内关于劳务外包法律制度构建的相关研究较少，劳务外包制度还处于不完善状态，不利于劳务外包市场的稳健发展。

由于我国现阶段未形成完善的劳务外包制度，在实践中存在不少亟待解决的问题，例如：在司法实践中，劳务外包合同性质的认定存在困惑，未有明确指引将其定性为劳动关系抑或劳务关系；未有相应的法律法规对劳务外包承包方的市场准入条件进行规范；劳务外包合同不能履行的法律风险归责问题；劳动者权益受损时发包企业与承包方法律责任的分配问题，未有明确的立法解释或司法解释对发包方用工主体责任和连带责任的区分进行指引，司法裁判中存在同案不同判的现象。在劳务外包合同成果验收的标准和报酬支付问题上，也只能依据双方合同进行协商，未有明确法律法规进行监管。劳务外包法律制度的缺失，导致发生法律纠纷时，权利主体未能依据确切的法律进行维权，不利于社会的稳定发展。

一、劳务外包基本范畴及实施现状

（一）劳务外包基本范畴

1. 劳务外包的法律属性

劳务外包通常是指发包方与承包方之间的劳务外包合同，双方在合同中约定发包企业将本企业内部分业务或职能发包给承包方，由承包方按照劳务外包合同来履行承包工作，承包方自行招聘和管理劳动者，对外包员工履行用人单位主体责任，发包企业不对承包方所招聘的员工进行直接管理。劳务外包是企业的一种经营管理模式，并未被纳入劳动法调整范围，在劳务外包法律关系中，劳务外包的主体包括：发包企业、承包方、劳动者。劳务外包的客体是承包方的劳动者所提供的劳务服务或劳动力，该劳动服务本质上是一种行为，具体通过劳动服务的内容和形式来表现。发包企业与承包方之间的权利义务依托于合同或协议的约定，在法律上不存在隶属关系，是典型的劳务服务关系，劳务购销合同不是劳动合同，劳务购销合同适用于合同法或民法总则，属于民事法律调整范畴，所以，劳务外包也应该纳入民事法律范围加以调整。承包方与劳动者形成雇佣或劳务关系，承包方作为中间商通过劳动者向发包方提供劳务服务，发包方与劳动者之间不是劳动关系。在劳务外包中，发包企业"用人不管人"，承包方"管事又管人"，实质上是发包企业将企业内的部分职能、业务的管理行为转化为市场交易行为①。通说认为，劳务外包与我国《合同法》中的承揽类似，在承揽法律关系中，主体、客体和内容与劳务外包都极为相似，但承揽与劳务外包并不完全相同，主要区别有：①合同标的不同。承揽合同是以承揽人完成工作并交付工作成果为标的，承揽合同重视的是工作成果的交付；劳务外包主要是以劳动者所提供的劳动服务为标的，劳务外包更强调劳务过程。②提供场所和工具的主体不同。在承揽中，由承揽人提供必要的生产要素，定做人除必要的协助义务外，一般不参与生产作业；在劳务外包中，外包员工到发包方安排的场所内工作，由发包方提供工作设施和设备。③风险转移不同。承揽中定做人造成劳动者损害的，根据《最高人民法院关于审理人身损害赔偿案件适用法律若干问题的解释》第十条的规定，定做人只在定做、指示或者选任中有过失才承担赔偿责任；劳务外包中发包人造成劳动者损害的，则是参照《解释》的第十一条第二款，发包方将业务发包给没有经营资质或安全生产条件的承包方，发包方与承包方承担连带赔偿责任。④报酬支付方式不同。在承揽中，定做人一般是在承揽工作交付并验收成果后一次性支付给承揽人；劳务外包中，发包方每月或定期向劳务公司支付报酬，劳务公司再以每月或定期支付的方式支付外包员工工资。我们认为，单纯将劳务外包合同视作承揽合同，以承揽的规定来解决劳务外包纠纷，已无法妥善解决现阶段激增的各类劳务外包纠纷问题，需要构建和完善专门的劳务外包制度。

2. 劳务外包与劳务派遣的区别

劳务派遣是在改革开放背景下应运而生的，20世纪90年代末，国家为解决大量国企职工的下岗再就业问题，大力鼓励劳务派遣机构的发展，劳务派遣行业不断发展与壮大的同时，劳务派遣市场的乱象也随即滋生，学界与社会对在劳动立法中就劳务派遣专门作出规定的呼声愈发高涨。2012年12月28日的十一届全国人大常委会第三十次会议通过了《全国人民代表大会常务委员会关于修改〈中华人民共和国劳动合同法〉的决定》，此次修法提高了劳务派遣主体的

---

① 刘文华，赵磊. 劳动关系法治化治理专题业务包劳动法律规制研究 [J]. 中国劳动，2017（11）：4-10.

准入门槛，加大了对违法劳务派遣行为的惩罚力度①。在《劳务派遣行政许可实施办法》和《劳务派遣暂行规定》中也明确规定了三方主体的权利义务，体现了立法者对劳务派遣的收紧态度。随着劳务派遣的收紧，劳务外包的市场活力进一步被激活，某些发包企业或承包机构利用其强势地位将劳务派遣以非正当形式转为劳务外包，利用劳务外包合同的外表掩饰劳务派遣的事实，造成了劳务外包市场的无序。劳务外包之所以被滥用，归根结底是因为劳务派遣和劳务外包相似之处较多且界限模糊，容易产生混淆。厘清和探究两者之间的根本区别，对今后的制度建设有重要的意义。

劳务外包合同与劳务派遣合同之间的本质区别在于：在劳务外包中，发包单位接受劳动者的劳务，但对劳动者不进行直接管理；在劳务派遣中，用工单位接受劳动者的劳务，并对劳动者进行直接管理。其他主要区别有：①合同主体不同。劳务外包中的用人单位主体资格除某些要求具备特殊生产资质外，可以是个人承包、法人、其他机构；而劳务派遣单位的设立必须要符合《劳动合同法》和《劳务派遣暂行规定》中规定设立的并获得劳务派遣行政许可的法人实体单位。②合同内容不同。劳务派遣的核心是"人"，合同标的是劳动力；劳务外包的核心是"劳务工作"，合同标的是劳务。劳务派遣中用工企业对派遣工进行直接管理和安排工作；在劳务外包中，发包企业与外包单位的员工不存在劳动关系，不对外包员工进行管理。③适用法律不同。派遣单位、派遣劳工和要派单位之间是特殊劳动关系，受民法和劳动法的共同调整；而劳务外包至今未被明确纳入我国法律领域。④用工范围不同。劳务派遣的岗位具有临时性、辅助性、替代性的特点；派遣员工通常只在某个特定岗位工作，所以用工范围较劳务外包更为明确。劳务外包是发包企业将特定项目发包给承包方，由承包方招用劳动者来完成该承包项目；外包员工不局限于特定岗位，可以覆盖完整的生产线。

（二）我国企业劳务外包的现状

随着我国市场经济的飞速发展，市场经济体制的不断改革和完善，经济增

---

① 潘羿嘉. 揭开人事外包的面纱：论劳务派遣之实质审查［J］. 江淮论坛，2016（1）：111-118.

长的模式正在逐渐发生转变。大数据显示，中国经济增长模式正在从粗放型向集约型转变，盲目追求大生产而忽略高质量的生产模式已不符合现代企业的生存法则。随着科技和技术的不断进步，社会分工精细化的出现是必然的，为了在日益激烈的竞争中脱颖而出，必须要不断改革和创新企业的经营管理模式，集中资源和精力发展企业内最具优势的核心业务，将非核心工作（主要指工作内容简单、技术含量较低、工作流程标准化、程序重复的工作）临时性地外包给本企业之外的更专业、更高效的公司，由这些公司自行招聘和组织劳动者来完成外包工作，进一步实现提高工作效率、降低用工成本、转移用人单位风险的目的，这种既能解决用人紧张又能实现企业效益的经营管理方式就是劳务外包。

企业利润的最大化是每个企业不断追求的使命，而劳务外包的兴起完全符合企业的生存发展，劳务外包可以给企业带来降低管理费用，减少工伤事故赔偿成本，有效避免连带责任的承担等好处。"灵活就业"是我国官方文件中常出现的词语，原劳动和社会保障部劳动科学研究所将"灵活就业"定义为：在劳动时间、劳动报酬、工作地点、劳动保障、劳动关系等至少一方面不同于传统的、主流的就业方式的统称。2017年上海外服集团发布《2017年灵活用工业务现状与趋势报告》（以下简称《报告》）将我国的用工关系分为三类：标准劳动关系（企业直接雇佣员工）、非标准劳动关系（非全日制用工、劳务派遣）和非劳动关系（业务外包），基于对"灵活"一词的理解，将后两者归为灵活用工模式。《报告》中显示，不同的行业、地区及岗位对灵活用工的使用存在显著差异，我国有一半以上的灵活用工出现在上海、北京和广州三座城市（57.5%），其中，劳动派遣与业务外包的用工比例持平。我国灵活用工行业使用情况如图1所示。

业务外包是对劳务外包、人力资源外包、服务外包等外包行为的总称，上海外服集团将劳务外包归入灵活用工中的非劳动关系类别，目前大多数观点也认为劳务外包对应《合同法》中的承揽合同，在没有新的法律法规政策出台对劳务外包的含义进行界定之前，我们只能将合法的劳务外包归为业务外包中的一种。我国劳务外包的行业现状主要表现为：①承包方从业资质参差不齐，混业经营现象严重；②外包劳动者从事的工作重复性较高、技术含量低、普遍知

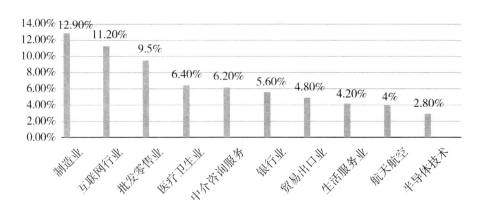

图 1　灵活用工行业数量使用 TOP10

识水平较低；③发包企业对劳务外包认识程度低，大多缺少法律风险防范意识。我们通过在"中国裁判文书网"上搜索 2009 年 1 月至 2019 年 12 月期间，企业涉及劳务外包纠纷的有效案例中发现，在劳务外包中企业作为发包方与承包方、外包员工发生法律纠纷时，无论企业是真正的劳务外包或"假外包，真派遣"，在法院的最终判决中，75%的发包企业都要承担或多或少的法律责任。尽管每年都会有大量企业因劳务外包业务陷入法律纠纷，但劳务外包仍是众多企业选择的经营方式，既说明了其成本的性价比，又说明了企业在劳务外包过程中面临诸多法律风险，如何防范劳务外包过程中的法律风险，是每个企业生产经营中不容忽视的重点。

三、企业实施劳务外包的法律风险

劳务外包虽然符合企业追求利益最大化的要求，但在实践中容易被心怀侥幸的发包方和承包方滥用，企业为降低用工成本，规避用人单位法律责任，游走在法律边缘的事件屡见不鲜。在劳务外包市场中，以劳务外包之名行各种违法违规之实已是常态，企业在劳务外包法律制度不健全的背景下，稍不注意就会面临以下法律风险。

（一）被认定为"假外包，真派遣"的法律风险

在"李某与某储粮公司、某劳务公司劳动争议案"中，储粮公司与劳务公

司名义上签订《劳务外包服务合同》，实际双方的权利义务划分均符合劳务派遣协议性质，该行为被法院认定为"假外包，真派遣"，主要原因是双方签订的劳务外包合同不规范，合同中权利义务约定不明、双方的管理职责和权限未进行明确划分，储粮公司在外包过程中对劳务公司提供的劳动者直接领导和管理，并支付劳动报酬，所以被法院认定为劳务派遣，根据劳务派遣相关规定，储粮公司作为用工单位应承担相应的法律责任。司法实践中，发包企业被法院认定为"假外包，真派遣"的不利后果。

1. 承担劳务派遣法定用工单位的义务和责任

劳务派遣的要派机构与派遣单位共同受《劳动合同法》《劳动合同法实施条例》《劳务派遣暂行规定》等法律法规的约束，在劳务派遣中存在双重特殊劳动关系，根据要派机构与派遣单位在劳动关系中发挥的作用来分配对派遣劳工所负担的劳动法义务。若发包企业被认定为"假外包，真派遣"，那么发包企业与承包方之间的权利义务分配不再适用劳务外包的相关规定。与劳务外包相比，劳务派遣的用工单位将要承担更多的法律义务和责任，比如：承担向劳动者提供劳动条件和劳动保护的义务；遵循劳动法规定对派遣劳工实行按劳分配原则和"同工同酬"制度（相同的劳动报酬包括：加班费、绩效奖金、福利等）；履行对劳动者岗前培训的义务等。若用工单位未尽到法定义务，将要承担相应的法律责任，派遣劳工可依据《劳动合同法》第92条的规定，要求劳务派遣单位和用工单位共同承担连带赔偿责任。

在上述案例中，一审法院认定储粮公司与李某之间存在事实劳动关系。劳务公司作为依法成立的劳务派遣公司，应知道法律关于劳务派遣的相关规定，但劳务公司却在明知李某与储粮公司之间存在事实劳动关系的前提下，仍然违反我国《劳动合同法》和《劳务派遣暂行规定》的有关规定，以外包名义与储粮公司签订《劳务外包服务合同》，并且在合同中将两年连续用工期限分割成四个短期的劳务外包合同，此做法是明显"假外包，真派遣"行为，根据《劳动合同法》92条第2款规定，储粮公司与劳务公司对李某的损失承担连带责任。可见，在司法裁判中，一旦发包企业被法院认定为"假外包，真派遣"，将会面临与名义上的承包方对劳动者的损害承担连带赔偿责任的法律风险。法院对于"假外包，真派遣"是严厉打击的，发包企业与承包方都将对劳动者的损失承担责任，没有一方可独善其身。类似的案例举不胜举，发包企业应当敲响警钟，劳务外包过程中应当对承包方与劳动者订立的书面劳动合同进行仔细审查，避免承包方转移法律风险导致发包企业面对不必要的法律纠纷。

2. 承担使用派遣劳工超用工总量10%的法律责任

我国《劳动派遣暂行规定》第4条明确限制了企业内劳务派遣工的用工总量，用工总量包括与企业订立劳动合同的员工和使用的派遣劳工之和。按照《劳动合同法》92条的规定，若企业内劳务派遣工的数量超过其用工总量的10%，由劳动行政部门责令限期内改正，逾期不改正将受到相应的处罚。目前我国法律对企业劳务外包的用工总量没有做任何限制，实践中发包企业一般会大量使用外包员工，倘若被法院认定为"假外包，真派遣"，发包企业将会被定性为劳务派遣的用工单位，企业所使用的外包员工也将转变为劳务派遣中的派遣劳工。这样一来，用工单位中使用的派遣劳工的数量很有可能超过其用工总量的10%。针对超出部分劳动者性质的认定，用工单位有可能面临被认定与这部分劳动者存在事实劳动关系的法律风险。企业可以选择将超出部分退回用人单位，但必须符合法律规定的退回派遣劳工的情形，否则要承担相应的法律责任。也可以选择与超出部分员工签订劳动合同，将不符合规定的用工行为转为合法用工，但这样明显与企业选择以劳务外包或劳务派遣的方式来节约用人成本的初衷不符。不管做出何种选择，企业都将处于不利地位。

3. 受派遣劳工岗位的"三性"限制

劳务派遣只是一种补充用工形式，并不能成为主要用工形式。我国为解决劳务派遣用工泛滥的问题，在第十一届全国人大常委会第三十次会议中，表决通过关于修改《劳动合同法》的决定，其中将《劳动合同法》第66条规定的劳务派遣一般在"三性"岗位上实施，修改为只能在"三性"岗位上实施，并且对"三性"岗位进行了解释，这体现了国家对劳务派遣用工适用岗位更严格的限制。

但该法条在表述上含糊其词，导致实践中对"三性"岗位的认定存在可操作性低的问题。首先，临时性岗位的限制僵化。临时性工作岗位的六个月存续时间的起算时间没有统一规定，是根据派遣劳工提供实际劳动的日期起算还是该岗位设立的日期开始计算？对临时性岗位统一适用六个月的存续时间，此规定并不适合所有行业。在建筑行业中，发包方大量使用外包劳动者，若被认定为劳务派遣，那么外包适用岗位一般不符合劳务派遣"三性"岗位的规定，此时，企业将面临在劳务派遣中大量使用不符合"三性"岗位劳动者的法律风险；其次，辅助性岗位的界定不明确。辅助性岗位的界定是根据用工单位在工商部门登记的经营范围来确定，还是根据用工单位实际经营范围来确定，实践中难以把握，"主营业务岗位"与"非主营业务岗位"的界定也较为困难；最后，替代性岗位表述模糊，替代性岗位中的"一段时间"能否适用临时性岗位规定的"六个月"，从法条字面来看，"三性"岗位之间以"或"连接，可推断劳务派遣适用岗位满足"三性"其一即可，若替代性岗位中的"一段时间"指的是六个月，那就与三性岗位满足其一的立法目的相违背。倘若用工单位的劳动者因为脱产学习、休假等原因无法工作超过六个月，此时，该岗位的性质应如何认定？"三性"所引发的疑惑法律并未给出明确解释①。关于劳务派遣用工岗位"三性"的限制，法律的缺失反而给企业劳务外包带来了更多的法律风险。在劳务外包中，外包员工所在岗位大多是非"三性"岗位，倘若发包企业与承包方之间的劳务外包关系被法院认定为劳务派遣关系，那么用工企业就会出现超范围用工和混岗用工的现象，混岗用工又会导致的"同工不同酬"的法律风险。

（二）被认定存在事实劳动关系的法律风险

发包企业与承包方之间不规范的劳务外包行为除了面临被认定为"假外包，真派遣"的法律风险之外，还有可能被法院认定与劳动者存在事实劳动关系的法律风险，在司法实践中，主要有以下两种情形。

第一种情形，发包企业与外包员工不存在劳动关系，但发包企业对外包员工进行了直接管理。首先，劳动关系不以订立书面劳动合同为成立要件，只要双方存在事实上的劳动关系，并符合《关于确立劳动关系有关事项的通知》第一条和第二条规定的劳动关系成立的条件，即使双方没有签订书面劳动合同，劳动者也受到劳动法律的保护。在司法实践中，法院认定劳务外包的发包方与劳动者存在事实劳动关系，主要以书面劳动合同为主，附带审查发包方是否实际对外包员工进行了直接管理，双方是否存在人身依附性和行政隶属性，发包

---

① 汤黎. 劳务派遣中用工单位法律责任问题研究 [D]. 西安：西北政法大学，2016.

企业对劳动者的直接管理包括：发包企业向外包员工支付工资、发放奖金、缴纳各项社会保险，对外包员工进行考勤管理，发放"工作证""服务证"等其他能够证明双方间存在劳动关系的凭证等行为，就可以推定发包企业与外包员工之间存在事实劳动关系。所以，形成此类风险的原因是发包企业对外包员工实施了用人单位的管理行为。

在理论界有学者认为，从外包员工进入发包企业开始工作至结束期间，只要用工单位对外包员工实施了管理行为，而发包企业又并未与该员工签订任何的书面劳动合同，便可顺理成章的认定两者之间存在事实劳动关系①。此种认定思路太过草率，不能仅考虑发包企业与劳动者之间管理与被管理的人身依附性，还应当结合主观要件（发包企业与承包方的规避意图，劳动者与发包企业之间建立劳动关系的合意）和客观要件（外包合同实际履行情况）。虽然劳动法秉持着倾斜保护弱势劳动者权益的中心思想，但是也不能无限压缩用工企业的权益，要构建和谐稳定的劳动关系，既要注重劳动者权益的保护又不能忽视企业的生存发展。

第二种情形，承包方与劳动者之间的劳动合同因违反法律法规而无效，发包企业面临被法院认定与劳动者之间存在事实劳动关系的法律风险。无效劳动合同包括：①主体不适格，承包方不具备合法的用人单位主体资格（未依法取得营业执照或登记证书）；②合同内容违法，承包方违背法律法规雇佣劳动者从事损害国家和社会利益的活动；③违背真实意思签订的合同，承包方以欺诈、胁迫或乘人之危使劳动者在违背真实意思的情况下签订的劳动合同。在前述案例中，储粮公司、劳务公司、李某三方主体之间就用工形式而言符合劳务派遣形式的用工关系，但由于三方主体之间的合同内容违反《劳动合同法》相关规定而无效，故一审法院认定储粮公司与李某之间存在事实劳动关系，并且储粮公司还要承担向李某支付违法解除事实劳动关系的经济补偿金的法律后果。

一旦法院认定发包企业和劳动者存在事实劳动关系，发包企业还会面临劳动者可依据《劳动合同法》第82条和《劳动合同法实施条例》第7条向其主张二倍工资赔偿的法律风险，前者适用的情形是企业自用工之日起超过一个月不

---

① 胡旭思. 隐蔽型劳务派遣的法律规制研究［D］. 武汉：华中科技大学，2015.

满一年未与劳动者订立书面劳动合同（包括无固定期限的劳动合同）；后者适用的情形是企业自用工之日起满一年未与劳动者订立书面劳动合同，并且视为双方自用工之日起满一年的当日已经订立无固定期限劳动合同。前述案例中，一审法院认定储粮公司与李某之间存在事实劳动关系，李某可以向储粮公司主张未签订书面劳动合同的二倍工资赔偿，计算时间从李某 2014 年 10 月开始在储粮公司工作，直至 2015 年 9 月止，共计 11 个月。

（三）发包方承担连带责任的法律风险

根据《关于审理人身损害赔偿案件适用法律若干问题的解释》第 11 条第 2 款和《劳动合同法》第 94 条，发包方承担连带责任的情形有两种：一种情形是发包方疏于对承包方资质的审查，将业务发包给不具备经营资质的承包方，导致劳动者在劳动过程中遭受损害。此种情形的立法目的是基于发包企业违法发包，发包方知道或应当知道承包方不具备资质或安全生产条件，未尽到认真审查承包方资质的义务，从而间接对劳动者造成损害，将与该承包方共同对劳动者承担连带赔偿责任；另一种情形是发包方将业务发包给个人，个人承包经营违法招用劳动者，由此给劳动者造成损害。此种情形的立法目的是基于个人承包经营的违法行为，现实中，个人承包者往往实际承担法律责任的能力较低，法律为了切实弥补劳动者的损失，规定由发包方与个人承包经营者共同对劳动者承担连带赔偿责任。

上述两种情况下，发包方对劳动者承担填补责任的原因都不是基于雇主责任，这体现了法律对弱势劳动者利益的倾斜保护。即使承包方在招录人员时，是以自己的名义与受聘者签订劳动合同，发包方与劳动者之间不存在劳动关系，可以避免劳动法中的用人单位义务，但却无法避免承担民法上的侵权责任。这也从侧面提醒企业在劳务外包时，应认真审核承包方资质并尽量避免发包给自然人。

（四）商业秘密被泄露的法律风险

在劳务外包中，发包企业在向承包方交接工作时，有可能不可避免地将企业的商业秘密透露给承包方，如果承包方不具备相应的商业素养，发包企业也未与承包方签订保密协议中明确承包方的保密义务，那么发包企业很可能会面临商业秘密被泄露的风险。实践中，发包企业与承包方之间往往签订的是多次的、短期的外包合同，外包员工不受发包企业的直接管理，人员流动性大，极易导致企业商业秘密的外泄。依据巴塞尔协议，中国银保监会在2005年开始允许国内金融机构外包，此后我国的金融外包业务一直呈蒸蒸日上之势，我国商业银行普遍以外包形式，将部分电话银行人工座席服务交由外包公司，外包公司按照银行的要求将客服代表派至指定场所进行客户服务。商业银行有着业务规模大、服务人群覆盖面广的特征，自然就掌握着大量个人、法人的客户隐私信息，所以，商业银行在劳务外包时会面临更大的商业秘密被泄密的法律风险。中国银保监会针对商业银行外包频发的商业秘密泄露风险，于2008年4月印发了《商业银行外包风险管理指引》（征求意见稿）（以下简称《指引》），该《指引》涵盖了商业银行的外包范围、组织架构、风险管理、监督管理等方面，是我国第一份专门针对商业银行业务外包进行规范的文件。该《指引》不仅为商业银行劳务外包工作的顺利进行提供了指引，还对我国其他企业劳务外包规避法律风险有着重要的参考意义。

四、劳务外包法律风险的成因

（一）外部因素

1. 劳务外包法律制度的缺失

虽然我国劳务外包行业较劳务派遣起步晚，但发展速度却令人称奇，遗憾的是劳务外包至今未形成良好的市场氛围，主要原因是劳务外包市场缺乏相应的法律法规的规范。目前，劳务外包只在我国《合同法》《劳动合同法》《劳动合同法实施条例》《劳务派遣暂行规定》中有所提及，相关法律法规尚未完善，比如：劳务外包与劳务派遣的界定、发包方和承包方之间法律责任的分配、劳务外包合同的履行问题、劳务外包行业许可制度、外包主体资格限制等规定的缺失，导致行业内频频出现利用劳务外包合同掩盖劳务派遣事实的现象，甚至在真正的劳务外包中，发包企业也面临着各式各样的法律风险。现阶段，发包企业和承包方之间只能通过在劳务外包合同中约定彼此的权利和义务来规避法律风险，但仅仅依靠双方的合同约定并不能起到有效避免法律风险的效果，还需要法律的指引。

首先，我国现行的法律法规中缺乏对劳务外包的定性，劳务外包究竟属于民法领域还是劳动法领域，至今未有明确指引，也没有相关指导案例可借鉴。虽然《劳务派遣暂行规定》第27条规定"用人单位以承揽、外包等名义，按劳务派遣用工形式使用劳动者的，按照本规定处理"。意在遏制"假外包，真派遣"的乱象，但该规定的内容过于宽泛，没有实际可操作性，对于如何界定两者间的区别也未给出明确标准①。在法学领域，关于劳务外包和劳务派遣的界别所产生的争议一直未曾停止，因为缺少法律原则的指导，所以在司法裁判未形成统一意见，如"陈某与某水泥有限公司，某劳务站劳动争议案"，一审和二审法院对三方法律主体之间究竟是劳务外包抑或劳务派遣产生了分歧，最终导致裁判结果的不同，这种不确定性势必会给司法实务带来难题。

其次，劳务外包的发包方与承包方法律责任不明确。目前我国法律中涉及发包方与承包方对劳动者法律责任的分担，主要有两种不同的表述：《关于确立劳动关系有关事项的通知》第4条的"用工主体责任"和《劳动合同法》第94条的"连带赔偿责任"，两种不同的规定给司法裁判中关于劳务外包的用工责任主体的认定造成了困惑。司法实践中，对于发包方"用工主体责任"的认定出现了扩大适用的现象，该法条明确规定适用主体是"建筑施工、矿山企业等用人单位"，但法院往往会忽略法条中的限制，将该法条适用于普通劳务外包的发包方与承包方的责任分配问题中，并且通过发包方承担用工主体责任的后果反推发包方与劳动者之间存在劳动关系。这是对法律条文的片面解读，对该法条的适用还应该结合该法条的出台背景和目的。发包方承担的连带责任不同于用工主体责任，司法实践中，这两个概念常常被混淆使用，连带责任是民法上的概念，不同于劳动法上的用工主体责任，既然劳务外包应纳入民事法律范畴调整，就应该以民法中的责任分配为原则。

最后，劳务外包同劳务派遣一样，都是标准雇佣关系以外的一种补充形式，并不能成为企业的基本用工形式，所以需要相应的法律法规对其进行限制。劳务外包中主体资格的限制缺乏相应的法律规范，现有的法律体系中，缺少对劳务外包的承包方资质的要求，现实中许多承包方并不具备完成外包业务的条件

---

① 胡旭思. 隐蔽型劳务派遣的法律规制研究［D］. 武汉：华中科技大学，2015.

和承担法律风险的能力，这导致了发包企业将会面临承担更多法律责任的风险。限制承包方准入资格的法律缺失，主要表现为：承包方是否应当向所在地有许可管辖权的行政部门申请行政许可；申请经营劳务外包业务的申请人应具备何种条件，比如，注册资本的门槛，若承包单位的设立门槛较低将会导致劳务外包承包机构的泛滥；承包方是否有独立的经营场所和相应的设施设备；承包方超出其经营范围承包的业务是否合法等相关制度的欠缺，都将影响到劳务外包市场的规范运行。同时，对劳务外包关系中的另一规制重点体现在用工单位（发包企业）方面。与劳务派遣不同，劳务外包中的用工单位虽然是劳动者提供劳动服务的直接受益人，但对劳动者并不具有实际的用工控制权，但用工单位与承包方之间签订的劳务外包协议将影响着劳动者的合法权益是否能够得到保障。目前，法律对用工单位的外包岗位没有任何限制，这也是实践中"假外包，真派遣"现象大量涌现的主要原因之一。因为相比劳务派遣只能在"三性"岗位实施，劳务外包的岗位设定就随意多了，完全可以按需设定，这无疑为用工单位规避法律风险提供了便利。

正因为劳务外包市场中主体准入方面缺乏相应的法律法规，才促使了行业内"假外包，真派遣"行为的不断涌现。劳务外包中，关于发包企业的外包岗位限制也未有相关法律的规定，我国《劳动合同法》第66条明确规定劳务派遣只能在"三性"岗位上实施，在立法上起到了一定的指引作用，也体现了立法者对劳务派遣的收紧态度。但该法条在实践中的适用较为宽泛。我们认为，为构建规范的劳务外包市场秩序，劳务外包应当借鉴劳务派遣的制度设计，在主体准入条件和适用岗位的范围上制定相较于劳务派遣更为明确的法律制度，对用工单位的用工监督和司法实务判决提供具有实践性意义的法律依据，是我国劳务外包立法制度完善的当务之急。

2. 以劳务外包为代表的非标准雇佣关系被过度打压

长期以来，我国学界部分学者对以劳务派遣、劳务外包、承揽为代表的非标准雇佣关系持完全否定态度。他们认为，这些非标准雇佣关系是用人企业和派遣机构为达到"双赢"，通过不断签订短期的无固定期限合同来实现长期用工目的，对于保护劳动者权益最有效、最直接的办法就是打压或禁止非标准雇佣关系的发展，只需要保留标准雇佣关系。例如，黎建飞教授认为，劳务派遣和劳务外包之所以受到众多实际企业的青睐，是因为可以实现降低劳动成本、有效规避劳动法义务、降低对职工的社会保险和福利支出以及节约招牌成本等目的，这些理由本身就是对劳动法的挑战。而现实中又存在许多派遣单位与用工单位在利益的驱动下相勾结，共同规避了本应对劳动者承担的法定义务，此种"双赢"无论如何都是与劳动者的合法利益背道而驰的①。也有学者认为，在法制健全的完全竞争市场条件还远远没有形成的时期，对于劳务派遣应该持直接禁止的态度②。由于学界一直以来对非标准雇佣关系的否定，间接地导致在司法实践中，某些法院在审理劳务外包纠纷案件时，常常会先入为主地将劳务外包的发包方与承包方定性为恶意的一方，一旦出现发包方对外包员工的直接管理行为或发包企业与承包方之间的劳务外包合同存在瑕疵就断定双方为"假外包，真派遣"。针对劳务外包存在三方主体和两种法律关系的特殊性，法官在审理劳务外包纠纷时，应坚持"事实第一"的裁判原则。

尽管在非标准雇佣关系产生之初，多数国家持否定态度，制定法律的初衷也是以维护传统就业形式、限制非标准雇佣关系为目的，但随着社会的不断变革，各国对非标准雇佣关系的管制逐渐放松，并且不断在管制与放松之间寻求平衡，而非一味地禁止非标准雇佣关系的发展。

美国对非标准雇佣关系的放松体现在基本采取自由化政策，并不特别加以禁止或限制，管制体现在为充分保障劳动者的权益，对派遣机构采取严格限制其设立资质和准入标准，对派遣机构采取包括设立审批、变更审判、控制人审批、担保等多种手段。对雇主责任分配制度上，美国通过判例法创设了责任分配机制，交由执法机关来决定派遣机构和用工单位之间的责任分配问题③。虽然判例法不是我国的法律渊源，但是我国可以汲取美国在非标准雇佣关系中雇主责任分配的经验，判断的主要标准是派遣机构与用工单位是否对劳动者行使控制权，经过审理发现，主要是派遣机构在对劳动者实际行使控制权，那么符合单一雇主理论，派遣机构是劳动者的唯一雇主，由派遣机构承担雇主责任。

---

① 黎建飞."派遣劳动"应当缓行［J］.法学家，2005（05）：19-23.
② 肖进成.析劳务派遣之禁止——兼论《劳动合同法（修正案）》［J］.华东理工大学学报（社会科学版），2013，28（4）：76-82，89.
③ 吴秋叶.我国劳务派遣法律规制之偏差与矫正［D］.杭州：浙江大学，2018.

若除派遣机构外，用工单位实际也对劳动者行使控制权，那么即为联合雇主理论，派遣机构与用工单位共同对劳动者承担法律责任①。

日本在 1947 年公布的《职业安定法》中，完全禁止和打压劳务派遣的发展，这一做法促使企业接二连三的以加工承揽掩饰劳务派遣来逃避法律责任。针对承揽市场的乱象丛生，日本在 1985 年公布的《劳动者派遣法》中稍微放松了 16 种劳务派遣业务的管制，"伪装承包"现象反而由此激增。此后，日本不断吸取教训，政府不再一味打击非标准雇佣关系的发展，而是逐渐放宽了对非标准雇佣关系的管制，劳务派遣、劳务外包市场氛围逐渐好转。反观我国在《劳动合同法》立法进程中某些学者对劳务派遣的声讨，他们以消极态度看待日本的经验教训，认为既然禁止和打压劳务派遣会造成"伪装承揽"和"假外包，真派遣"现象的泛滥，不如直接将承包、承揽、外包一并紧缩，我国学者的这种主张一直持续到今天。《劳动合同法（草案）》初期，非标准雇佣关系中劳务派遣受到最多质疑，劳务外包其次，但随着劳务派遣在我国法律制度中的不断完善，劳务外包转而成为学界抨击的首要对象。从《劳动合同法》的颁布以及修订可以看出，虽然国家对劳务派遣总的态度是限制的，但在适用范围与数量的规定中具有一定"弹性"②。所以，非标准雇佣关系是在市场经济条件下市场主体自发选择的一种灵活用工方式，是调节市场经济活力的重要方式，国际劳工组织对此也是持肯定态度，我国学者应该以积极态度借鉴发达国家的立法经验，不应一味打压非标准雇佣关系，在制定有关非标准雇佣关系的政策时，也不宜过多干涉，而是要把握"刚性"与"弹性"的界限，唯有这样我国劳务外包市场才能充满活力。

（二）内部因素

1. 劳务外包合同签订不规范

在实践中，劳务外包合同签订的不规范，是发包企业陷入劳务外包法律纠纷的重要因素。合同的不规范主要表现在：①没有明确定位合同的性质，发包

① 谢增毅. 美国劳务派遣的法律规制及对我国立法的启示——兼评我国《劳动合同法》的相关规定 [J]. 比较法研究，2007（6）：101-116.

② 马德，孔凡亮. 刍议劳动关系中劳务派遣与劳务外包的替代性 [J]. 新疆大学学报（哲学·人文社会科学版），2013，41（4）：20-24.

方与承包方没有把握劳务外包和劳务派遣的本质区别，合同中未明确注明"本合同为劳务外包合同，并非劳务派遣合同"等字样，在合同履行过程中以劳务派遣的标准来履行合同；②合同中关于劳动者的管理权限的约定，发包企业与承包方在合同中约定外包员工应接受发包企业的管理，并遵守发包企业的各项规章制度；③合同中涉及劳动者的工资、津贴、奖金、社会保险等约定过于详细，该部分内容不属于发包方与承包方合同约定范围；④发包企业与承包方关于外包成果的验收标准不清晰，以及劳务外包合同到期后，外包员工的退回程序等内容约定的不明确、不规范，将会给发包企业带来法律风险。在前述李某与储粮公司、劳务公司纠纷案例中，以储粮公司与劳务公司签订的《劳务外包服务合同》的内容不规范为例，双方在合同中约定发包企业有权利对承包方提供的劳动者进行直接管理和考核，承包方招录的劳动者应符合发包企业的用工标准，外包员工的工资发放和值班费用等内容，明显不符合劳务外包合同的性质，造成与劳务派遣合同相混淆，因此被法判定为"假外包，真派遣"。

2. 企业不重视劳务外包业务的日常管理

实践中，企业在劳务外包的过程中，不重视劳务外包业务的日常管理，未结合实际情况制定统一的外包业务管理制度，包括：①在选择承包方时，不重视对承包方从业资质和业务能力的审核和筛选，将业务发包给不具备经营资质的承包方，从而导致企业面临法律风险。②不重视外包工作过程的实时跟进，在劳务外包业务过程中，没有与承包方实时沟通，未及时将不符合验收成果标准的工作反馈给承包方，导致发包方与承包方的信息不对称，在日后的成果验收中发生法律纠纷。③不重视对外包员工的规范化管理，对外包员工和本企业员工进行统一培训、考核，为外包员工建立花名册、考勤表，直接向外包员工发放工资、奖金，对外包员工建立奖惩制度，要求外包员工进行岗前体检、年度体检，随意安排外包员工到外包业务以外的岗位进行工作，或混岗工作等实质性管理行为。以上行为都是因为企业混淆了劳务外包与劳务派遣的性质，若今后发生法律纠纷，法院可据此判定发包企业与外包员工之间存在事实劳动关系或劳务派遣关系，企业将会面临更多的法律风险和法律责任。④企业在劳务外包日常管理工作中，缺乏必要的法律意识也是使企业陷入法律纠纷的重要原因，劳务外包业务的主要领导者、管理者不了解劳务外包和劳务派遣的法律法规和各地方政策，没有针对劳务外包业务制定专门的规章制度，企业领导层在日常管理工作中，没有将法律意识的提升融入外包业务管理的各项工作中，将直接影响到员工法律意识的构建。

五、企业劳务外包法律风险的防范措施

（一）外部风险防范——劳务外包法律制度的构建

企业劳务外包外部法律风险防范主要依靠我国劳务外包法律制度的构建与完善。在我国，劳务外包所面临的一大问题就是缺少专门法律法规的直接支持，劳务外包是随着劳务派遣的繁荣而逐渐受到越来越多的企业的"青睐"，相较于劳务派遣法律制度的日益完善，劳务外包法律制度一直处于缺失状态，劳务外包相关立法的缺失将会导致司法和执法的混乱，劳务外包法律主体的权益得不到保障。针对现阶段劳务外包案件类型的参差不齐，单纯参照《合同法》中承揽合同的相关规定来处理劳务外包纠纷，已无法满足劳务外包法律关系的调整，为切实保障发包方、承包方、劳动者的权益，维护劳务外包市场的稳健运行，需要尽快完善我国劳务外包法律制度，

1. 劳务外包在民事领域立法的完善

劳务外包面临最大的法律风险是被法院认定为"假外包，真派遣"，该风险的主要成因是劳务派遣与劳务外包之间的界限过于模糊，立法上未有明确指引。在我国法律体系中，《民法典》和《劳动合同法》与劳务外包关系最为密切，但是《民法典》和《劳动合同法》中均未有涉及劳务外包的相关规定，其他法律法规中也未有劳务外包的明文规定。通说观点认为，劳务外包合同可视作《合同法》中的承揽合同，可通过参照《民法典》和《合同法》中涉及承揽的相关规定对劳务外包进行约束和处理①，但也有部分学者认为，鉴于劳务派遣与劳务外包之间的较多相似性，加之目前我国调整劳动关系的部门过多，多法管理会给司法实务造成困惑，故应当将劳务外包统一纳入《劳动合同法》进行调整②。我们认为，将劳务外包同劳务派遣一样纳入《劳动合同法》进行规范

---

① 赖杰雄. 劳务外包法律规制研究［D］. 广州：广东财经大学，2015.
② 崔淑敏. "假外包真派遣"之认定及防范［D］. 苏州：苏州大学，2017.

的做法并不严谨，这样的统一立法反而模糊了劳务派遣和劳务外包之间的界限。而通说将劳务外包合同归入承揽合同的种类，或者参照承揽合同的相关规定处理劳务外包合同也不妥当，因为劳务外包合同与承揽合同虽然相似之处较多，但两者同中有异，考虑区分对待更有利于处理劳务外包纠纷，比如将劳务外包纳入民事法律领域，借鉴承揽合同的相关规定，在民法领域构建专门的劳务外包法律制度。

第一，明确劳务外包属于劳务服务关系，主要由民法予以调整。

通过上文对劳务外包法律属性的分析可知，发包企业与承包方之间签订的劳务外包合同，本质上属于劳务购销合同，双方之间是一种平等、自愿的民事法律关系，由承包方向发包企业提供劳动服务，发包方向承包方支付报酬，双方并不存在行政隶属性和人身依附性，完全符合劳务买卖关系的特征。发包方与外包员工不存在劳动关系，劳动者是以承包方的名义向发包方提供劳务服务，所以，劳务外包与劳务派遣本质不同，劳务外包合同中不存在劳动关系，当然不能纳入劳动法领域进行调整。

第二，民事领域构建专门的劳务外包制度。

在司法实践中，法院在审理劳务外包纠纷时，一直以来都是参照加工承揽的相关规定来处理此类纠纷，但是随着市场经济活力的不断增强，劳务外包纠纷案件日益增多，案件类型五花八门，仅仅参照承揽合同的规定已无法满足对劳务外包法律关系的调整，为了最大限度地遏制劳务外包行业内"假外包，真派遣"的乱象，保障劳务外包中三方主体的权利，有必要考虑在民事法律领域建立专门的劳务外包制度。基于劳务外包与承揽之间的相似性，可参照《合同法》中承揽合同的规定来设计劳务外包的制度，但同时应突出劳务外包的特殊性。初步考虑该制度的内容应当包括：对劳务外包的定义；劳务外包合同中主要条款的内容；发包方与承包方之间权利义务的界定（包括双方对外包员工管理权限的划分、发包方对承包方工作的辅助、发包方对工作成果的监督等）；承包方工作成果交付及发包方成果验收；发包方与承包方从业资质等。在劳务外包合同专章中未明确规定的内容，可以借鉴《合同法》第十六章建设工程合同专章中的第 287 条"本章没有规定的，适用承揽合同的有关规定"，将承揽合同有关规定视作劳务外包合同的补充和兜底。立法的过程是循序渐进的，劳务外包法律制度的完善也不是一蹴而就的，在劳务外包制度正式建立之前，可继续参照承揽合同的规定来处理劳务外包纠纷，但需要注意劳务外包合同的独特性。从长远来说，在民事法律领域对劳务外包进行专门立法，相比将劳务外包纳入承揽合同的做法，更有利于维护劳务外包市场的有序运行。

2. 司法实践中注意区分发包方的用工主体责任和连带责任

在现有的法律规定中，关于发包方的法律责任承担的表述主要有两种：用工主体责任和连带责任。针对建筑行业与采矿行业频发的劳动纠纷，为了保护处于弱势地位的劳动者，原劳动与社会保障部于2005年5月25日发布了《关于确立劳动关系有关事项的通知》（以下简称《通知》），在司法实践中，该《通知》第4条表述的发包方承担"用工主体责任"容易被误解为劳动法意义上的用人单位责任，《通知》第4条与《劳动合同法》第94条和《关于审理人身损害赔偿案件适用法律若干解释问题的解释》（以下简称《解释》）第11条第2款规定的发包方的"连带责任"制度产生了冲突。关于发包方的用工主体责任和连带责任的区分以及法条之间的协调适用，至今也未有相关立法解释或司法解释，在学界也存在较大争议，给司法实践带来了困惑。我们认为，劳务外包中发包方与承包方责任的分配，应当回归劳务外包合同的本质，劳务外包合同从根本上属于民事合同，发包方与承包方之间法律责任的分配也应当立足于民法的角度，这样才能将其与劳务派遣相区别。针对法条之间产生的冲突以及劳务外包法律制度的缺失，现阶段需要重新对法条进行深入解读，明确区分发包方用工主体责任和连带责任的不同，为劳务外包法律制度的完善提供指引，也为司法实践解决困惑。

第一，关于发包方的用工主体责任。

发包企业承担用工主体责任不代表与劳动者形成劳动关系，《通知》第4条的用工主体责任非劳动法意义上的用人单位责任。

首先，从《通知》第4条的立法背景来看，建筑行业和采矿行业的工作内容普遍存在危险性，所以法律特别规定工程承包方应当具备相应的资质，但现实中却大量出现没有用工资质的自然人（俗称"包工头"）承包工程的现象。"包工头"招用劳动者一般都是口头约定工作报酬，经常出现"包工头"拖欠劳动者工资的现象①，当发生法律纠纷时，"包工头"不具备赔偿能力，而劳动者不能基于与发包方的劳动关系要求发包方承担报酬支付与相应赔偿的责任，所以，劳动者的权益难以得到保障。在此背景下，国家为了维护社会稳定，保护弱势劳动者的权利，该法条是基于发包方违法发包的行为，为最大化的保护劳动者而做出的特别规定，规定当具有用工主体资格的发包方违法发包时，承担对劳动者的补充责任。但我们不能据此认定双方存在劳动关系，否则对发包企业而言，还应承担未与劳动者签订书面劳动合同的责任，以及相应的社会保险补缴、经济补偿金或其他劳动法上的义务，扩大了发包企业的责任。另外，该法条的主体范围限制在建筑施工、矿山企业等类似企业，其他劳务外包企业并不适用该法条，所以不应将该法条扩大适用至其他劳务外包行业，其他不属于建筑行业、矿山行业的劳务外包，承包人不具有相应资质而造成劳动者损害的，对发包方责任的认定应适用《解释》第11条中的连带责任。

其次，从司法裁判经验来看，"中国裁判文书网"中有不少发包企业承担用工主体责任但与劳动者之间不存在劳动关系的案例，说明我国司法实践大多是肯定用工主体责任可以与劳动关系相分离的，用工主体责任与构成劳动关系是不同的法律概念。但也有一些法院会根据发包企业承担用工主体责任的后果，从而推定发包企业与劳动者之间形成劳动关系，在闽04民终1543号案例中，一审法院根据《通知》第4条判决水泥公司应对陈某承担用工主体责任，从而确认水泥公司与陈某之间存在事实劳动关系，一审法院将《通知》第4条看作是认定发包企业与劳动者形成劳动关系的依据，是对法条的错误解读，该行为因为过分保护劳动者权益而增加了发包企业的义务。

最后，劳动关系的建立应以事实为基础，并结合考虑双方是否有建立劳动关系的合意。不管是劳动法律关系还是事实劳动关系，判断双方是否存在劳动关系，除了要具备劳动力交易的事实，还要考虑双方建立劳动关系的合意。从劳务外包关系来看，劳动者由承包方雇佣和管理，劳动者虽然为发包企业提供劳动力，但却不存在"交易"事实，并且通常情况下，发包企业与劳动者之间

---

① 李帛霖. 承包用工形式下的责任主体认定研究——以《关于确立劳动关系有关事项的通知》第4条和《劳动合同法》第94条为视角 [J]. 山东工会论坛，2018，24（6）：73-78.

因信息不对称而难以产生用工合意，所以不能单纯依靠该法条规定的发包企业承担用工主体责任，就直接推定发包企业与劳动者之间存在劳动关系。

第二，关于发包方的连带责任。

非标准雇佣关系中的劳务外包遭到过度收紧会增加企业劳务外包的法律风险，企业将劳务外包业务发包给个人承包经营者，更是被多数学者嗤之以鼻。个人承包经营者在劳务外包中的地位一直饱受争议，当企业将业务发包给个人经营者时，个人承包者和企业谁来承担用人单位的义务，劳动者权益才能得到充分保障？在最初的《劳动合同法》草案中，部分学者主张"个人承包经营招用劳动者的，由发包的个人或组织作为劳动者的用人单位"，该规定将发包人认定为用人单位，既否定了个人经营者的用人自主权，又增加了企业劳务外包的法律风险。王全兴教授认为"由于承包人履行劳动法义务的能力一般弱于发包人（甚至无用人单位资格）而使劳动者权益得不到保障"①。所以应当将用人单位责任转移给发包人，这样既有利于保障劳动者权益，又能鼓励劳务外包发包企业对此建立一套严格的外包审查机制或促使企业减少采用劳务外包的形式。董保华教授认为，将个人承包经营中的发包方一律认定为劳动法意义上的用人单位，将会扩大事实劳动关系的适用范围，又将此种被放大的事实劳动关系当作无固定期限合同来处理，此种做法将会影响劳动力市场的稳定②。我们认为，学界之所以在此问题上存在较大分歧，主要是因为部分学者将个人承包经营看作是企业规避劳动法义务的手段，在个人承包经营者与发包企业之间连带责任的界定上不清晰。

连带责任属于民事责任的一种，从民法角度来说，可视为发包企业以民事法律责任来填补劳动者的损害。在连带责任中，应考虑发包企业是否存在过错，将其区分为真正连带责任和不真正连带责任，这样既有利于平衡无过错的发包企业的利益，也有利于弥补劳动者的损失，更有利于司法公平公正。一方面，当发包方无过错时承担不真正连带责任。在劳务外包中，发包企业不存在过错

---

① 王全兴. 试论劳动者"进出"劳动关系的宽严选择——《劳动合同法（草案）》有关条文剖析 [J]. 中国劳动, 2006 (9): 26-28.
② 董保华. 劳动关系宽严的立法选择与劳动者的实际进出 [J]. 中国劳动, 2006 (10): 19-22.

的情况下将业务发包给个人，个人承包经营者违法招用劳动者，给劳动者造成损害，此时个人承包经营者对劳动者承担的是雇主责任，而发包企业承担的只是无过错的填补责任。此时，发包企业与个人承包经营者对劳动者承担的是不真正连带责任，在不真正连带债务中有终局责任人，终局责任人对数个责任的发生应承担最终的责任。在此种情况下，个人承包经营者作为终局责任人，当个人承包经营者履行了全部债务，发包企业的债务就消灭了，两者之间不存在追偿关系；当发包企业首先承担了责任后，发包企业只能向终局责任人行使求偿权。另一方面，当发包方有过错时承担真正连带责任。在劳务外包中，发包企业将业务发包给个人，个人承包经营者违法用工，并且发包企业也存在过错，两者之间虽然不存在共同侵害劳动者的故意行为，但是发包企业与个人承包经营者的违法行为都与劳动者的损害存在因果关系，根据《侵权责任法》第10条的规定，可以将两者的行为看作是共同危险行为，所以应该对劳动者的损害承担真正连带责任。各债务人在承担了责任后，可以就超出自身责任的部分向其他连带债务人追偿。

综上所述，在发包方与个人承包经营对劳动者承担责任的分配上，应考虑到发包企业是否存在过错，发包企业承担不真正连带责任或真正连带责任，将影响到发包企业能否向个人承包经营者行使追偿权。另外，学术界和实务界应该理性看待个人承包经营，虽然某些企业通过与本企业存在组织从属关系和经济从属关系的劳动者签订个人承包合同，以此来规避劳动法责任的现象不在少数，但不应以偏概全地将个人承包看作是规避直接用工的手段，进而否定个人承包所带来的积极的经济效应。应当看到自改革开放四十年来个人承包为经济社会的发展做出了巨大贡献，为中国广大农民提供了大量灵活性与临时性的就业岗位，增加了农民的收入，也为企业的生产发展提供了动力。

第三，用工主体责任与连带责任的适用。

建议在司法裁判中谨慎运用《通知》第4条中的用工主体责任。该《通知》第4条在表述上存在一定的误导性，并且有扩大发包方责任、减少承包方责任的嫌疑。根据最高人民法院《全国民事审判工作会议纪要》法办〔2011〕442号："发包人将工程发包给承包人，承包人又转包或发包给实际施工人，实际施工人招用的劳动者请求确认与发包人之间存在劳动关系的，不予支持。"和最高人民法院发布的《关于审理人身损害赔偿案件适用法律若干问题的解释》（以下简称《解释》）第11条第2款"发包方与雇主承担连带赔偿责任"，可见，最高法对《通知》第4条进行了澄清，在劳务外包中，发包方承担连带责任实质上是民法上的一种侵权责任，而非劳动法上的用人单位责任。在发包方与承包方责任分配问题上，《通知》第4条忽略了承包方的用人责任，而《解释》第11条正好弥补了《通知》第4条的漏洞，以连带责任制度明确了发包方与承包方的责任分配，劳动者既可以向发包方追偿又可以向承包方追偿。我们认为，在发包方与承包方责任分配中，采用连带责任制度，同时以发包方是否存在过错区分发包方的真正连带责任和不真正连带责任，更能在司法案件中体现公平正义。

3. 劳务外包法律关系的认定坚持"事实第一"原则

在劳务外包纠纷中，劳动争议仲裁委员会或法院都会从书面合同和用工事实两方面，对发包企业、承包方和劳动者三方的法律关系进行审查，在前述两个案例中，法官在认定三方主体的法律关系时，既审查发包企业与承包方签订的书面合同内容，又实质考察发包企业对劳动者的实际用工情况。我国劳动立法一直坚持建立劳动关系应当签订书面劳动合同的形式主义立法模式，《劳动合同法》更是强化了书面劳动合同的重要性。在民事法律领域，同样强调平等民事主体之间建立法律关系应注重书面合同形式。企业确实越来越重视书面合同的签订，但在"假外包，真派遣"中，发包企业和承包方签订的劳务外包书面合同却常常沦为其掩饰劳务派遣用工事实，规避劳动法上用工主体责任的工具。书面合同既有弊又有利，有利之处不言而喻，但弊端往往容易被忽视，虽然书面合同是民事主体建立民事法律关系必不可少的形式要件，但其只是触发法律关系的一种形式，在实际的合同履行过程中，会出现各种各样不可预测的现象，法院在解决劳务外包纠纷中，如何透过书面合同的表象，正确把握劳务外包的实质，是解决此类纠纷的重要方式。当法官在审理劳务外包纠纷案件时，可借鉴国际劳工组织倡导的"事实第一原则"①，不管企业是借外包合同之名掩盖派

---

① 事实第一原则指的是："确定一种雇佣关系的存在应当以事实为依据，而不能根据双方对其赋予的名称或形式来决定。这就是为什么一种雇佣关系的存在应取决于某些客观条件是否得到满足，而不是取决于一方或双方对这种关系进行怎样的描述。"

遣用工之实，还是企业真正的劳务外包却被动卷入派遣嫌疑，都应该以事实为基础，以发包企业与承包方签订的书面合同为辅助，而不是过分注重书面合同的签订，也不能因为承包方存在为降低用人成本、规避社保缴纳义务而未与劳动者签订书面劳动合同的行为，就认定发包企业与劳动者之间存在事实劳动关系。以闽04民终1543号案为例，一审法院认为劳务站未与陈某签订书面劳动合同，而水泥公司又对陈某的工作进行了一定程度的管理，所以认定水泥公司与陈某之间存在事实劳动关系。一审法院只是根据承包方与劳动者之间未签订书面劳动合同，再加上发包方对劳动者工作进行了一定程度的管理，就认定发包方与劳动者是事实劳动关系。一审法院将形式与实质本末倒置的做法太过轻率，将本应由劳务公司承担的劳动法义务倒置给了发包企业，徒增了发包企业的法律风险，因此二审法院纠正了一审法院的判决。

可见，法院在审理劳务外包纠纷案件时，应该明确劳务外包的性质，虽然在劳务外包中发包企业与劳动者之间不存在劳动隶属关系，发包企业也没有权利对劳动者进行直接领导与管理，但是，鉴于劳务外包工作中，外包员工一般是在发包企业提供的场所内工作，发包企业为了保证工作质量，可以对外包员工进行一定程度的管理，此种管理行为还是属于民事法律行为，与劳动关系中用人单位对劳动者的管理行为不同。同时带给企业的警示是：企业在劳务外包中，不能过分依赖书面合同，与承包方签订劳务外包书面合同是形式要件，协调处理好与承包方、外包员工之间的事实关系才是避免陷入法律风险的实质要件。

（二）内部风险防范——企业劳务外包业务的规范化管理

1. 审慎选择外包单位

企业在考察劳务外包的承包方时，承包方的业务能力是基础，承包资质是保障，选择在劳务外包这一领域具备专业优势和良好口碑的承包方是企业劳务外包顺利与否的前提。对此，企业应从承包机构的成立时间、业务能力、客户资源、专业优势以及行业内竞争力等方面来筛选承包方，尽量选择服务质量好、技术能力强、诚信度高的承包方进行合作。将业务外包出去后，企业还应实时跟进监督承包方的工作，可在很大程度上避免因承包方的过错而面临不必要的法律风险。具体防范措施有以下三个方面：

首先，企业与承包方签订外包合同前的考察，从承包方的从业资质、信誉度、专业优势、行业经验、外部资源等方面进行考量。具体而言，一是，应查看承包方的《营业执照》《税务登记证》《安全资质证书》等与劳务外包项目相关的证书，确保承包方具备相应的从业资质；二是，实地考核承包方的业务能力，在企业内设立专门的承包方业务考核小组，主要对承包方所提供的设施设备的质量、劳务人员的资质进行事前考察；三是，为提高劳务外包工作效率，企业可以制定承包方的考核标准细则，根据外包业务的种类区分对承包方的要求，细则中可列明承包方的具体准入标准及考察条件，提高承包方的准入条件，这对于企业劳务外包的法律风险防控有一定的可操作性。此外，劳务外包发包过程中，企业应分阶段跟进劳务成果的完成情况，切勿持有"劳务外包就是将业务全权委托承包方管理"的轻松心态，企业在跟进过程中如有发现有不符合标准的情况，应当及时与承包方沟通，告知其尽快整改并限期检查，承包方不整改或整改不符合本企业要求的，应该考虑是否继续与该承包方合作①。

其次，尽量避免与个体工商户或自然人签订劳务外包合同。在我国的劳务外包市场中，普遍存在两种个人承包情形：一种是真正的劳务外包，独立的个人承包经营者与发包企业形成的劳务外包合同关系；另一种是个人承包经营者实际身份是与发包企业存在组织从属性或经济从属性的劳动者，其与发包企业通过签订名义上为劳务外包的合同，实际受发包企业管理②。两种形式在实践中都存在困境，所以，企业在劳务外包时为了最大限度地避免陷入法律纠纷，在选择承包方时，首要考虑将业务发包给有经营资质的组织，其次才是个人承包经营者。个人承包经营者违法招用的劳动者，造成劳动者权益受到侵害时，他们往往会依据《关于确立劳动关系有关事项的通知》第4条规定，向法院请求确认其与发包企业之间存在劳动关系，发包企业也将面临与个人承包经营者对劳动者承担连带责任的风险。目前我国法律中涉及个人承包纠纷的法律法规还较少，当企业陷入此种法律纠纷时，难以寻求对应的法律制度进行救济，再加上个人承包经营者履行劳动法义务的能力远低于有经营资质的承包组织，当

① 杨晶. 论企业劳务派遣转业务外包的法律风险及防范 [J]. 北方经贸，2017（11）：65-66.

② 王全兴，黄昆. 外包用工的规避倾向与劳动立法的反规避对策 [J]. 中州学刊，2008（2）：86-92.

个人承包经营者难以履行责任时，发包企业的责任有可能被加重。总体而言，企业与个人承包经营者签订劳务外包合同前，应谨慎审查和筛选承包方的资质审查，切勿将外包业务发包给不具备用工主体的自然人。

最后，限制承包方的再外包避免发包企业的责任范围进一步扩大。我国劳务外包的市场虽然广泛，但市场上缺乏相应的法律法规，市场氛围较为混乱，在劳务外包市场中最常见的现象就是劳务外包的再外包，层层的劳务外包将会提高劳务外包关系中的用工风险，加大发包企业的责任承担，会引发一系列的法律赔偿问题。发包企业限制承包方的再外包行为可以有效避免发包企业赔偿责任范围的扩大，从而降低发包企业的成本风险。同时，限制承包方的再外包行为可以进一步实现对承包方资质的筛选，淘汰资质条件较差的承包方，同样推动了劳务外包市场秩序的规范化，既保障了发包企业自身的合法利益，又为保障劳动者权益提供了有效屏障。

2. 企业劳务外包合同的签订及履行

第一，劳务外包合同的签订。

劳务外包合同属于劳务购销合同，劳务外包合同是解决劳务外包法律关系的基础，企业应重视劳务外包合同的规范签订。企业与承包方依法签订劳务外包合同，合同中要明确双方的权利和义务。企业劳务外包的合同应经过本企业内法律事务部门或法律顾问审核的标准合同文本，对标准合同文本内的条款进行增加或删减的，需经企业法律部门或法律顾问审核同意。发包企业与承包方签订劳务外包合同后，应监督承包方与外包员工全部签订书面劳动合同并对劳动合同的内容进行审核，针对未与承包方签订书面劳动合同或书面劳动合同内容不规范的外包员工，发包企业应该积极督促承包方尽快与该劳动者签订书面劳动合同。发包企业在审核承包方与劳动者之间签订的书面劳动合同时，应特别注意合同中是否有违反法律规定的条款和转移法律风险的约定，避免陷入承包方与劳动者签订书面劳动合同无效而发包企业被认定与劳动者之间存在事实劳动关系的法律风险中。另外，劳务外包合同应包含附件，附件内容主要包含劳务外包的服务标准和成果验收标准，并经双方平等协商一致，具有可操作性。该标准的对象只针对承包方而不包括外包员工，合同中对于外包员工的相关规定切勿约定得过于具体和详细。签订劳务外包合同要注意区分与劳务派遣合同的相似处，应在劳务外包合同中明确约定：劳务外包劳动者与外包企业之间不存在任何雇佣关系、劳动关系或劳务关系；针对承包方提供的外包员工的工作不符合发包方要求的，在多次协调后仍不符合要求的，发包企业有权向承包方提出更换；关于承包方与外包员工之间的劳动报酬、社会保险、合同履行、管理制度等任何涉及劳动关系的内容，均与发包企业无关。

第二，劳务外包保密协议的签订。

商业秘密的重要性对每个企业不言而喻，商业秘密的泄露会给企业的安全利益造成巨大损失，在劳务外包中，由于发包企业与承包方之间的紧密联系，为使外包业务能顺利完成，多数时候发包企业不可避免地会让承包方知晓本企业的商业秘密。在劳务外包中有两种保密协议：一是发包企业与承包方签订的保密协议；二是承包方与外包员工所签订的保密协议。企业在与承包方签订劳务外包合同时，合同中所约定的保密条款要严密，具体到商业秘密的范围、合同双方受保密条款所约束的员工岗位、保密期限、违约责任、违约赔偿等各项条款。而承包方与外包员工之间也要签订有效的保密协议或保密条款，签订的对象范围要明确，对于某些不可能接触到商业秘密的岗位无须签订。在劳务外包中，一般能够接触到企业商业秘密的是承包方中的经营管理者，因此，企业可另外与这些能直接接触到商业秘密的人员签订《商业秘密保守协议书》，在协议书中要求对方不得在未经允许的情况下将本企业的商业秘密透露给第三方。另外值得注意的一点是发包方与承包方签订保密条款或保密协议时所约定的保密范围，保密范围不明确会导致在追究责任时没有具体的侵权认定依据，建议在保密协议中列出商业秘密清单，列明每一项需要保密的商业秘密的适用范围、使用商业秘密的方式、领域以及保密期限。

第三，劳务外包合同的履行。

一方面发包企业要规范自身履行合同的方式，在合同履行过程中，如果发生合同纠纷，应积极寻求符合企业利益最大化的解决方式，遇到不可抗力的情形，切勿轻易违约，应该主动与承包方进行协商处理，寻求最有利于双方的解决途径，这也是对外包员工负责的表现。发包企业负有向外包员工提供必要工作资料的责任，外包员工在发包方提供的场所内工作，发包方有义务保障外包员工的生命安全。发包企业在合同履行过程中，不得随意变更合同内容，必须要对合同内容进行修改时，必须与承包方进行沟通并取得承包方的同意，否则将要承担随意变更合同的违约责任。另一方面发包企业要对承包方的合同履行情况进行监督，与承包方建立全面的信息交流和反馈机制，密切关注承包方的履约能力及进度。对承包方合同履行的监督包括禁止承包方将劳务外包业务转包给第三人，除非发包企业与承包方之间另行约定，同意承包方将外包业务转包出去。特别要注意，若发包企业同意承包方将劳务外包业务转包给第三人，应与承包方在劳务外包合同中约定，由于该第三人的原因导致的外包业务无法按照合同约定的要求完成时，由承包方对该行为负责，并且规定，承包方在转包过程中，不得从中获取利益。根据《合同法》中的不安抗辩权制度，发包企业在劳务外包合同的履行过程中，如果有确切的证据证明承包方的经营状况严重恶化，出现转移财产、抽逃资金或者出现丧失履行债务能力的情形时，可以及时通知对方中止合同的履行，待承包方在合理期限内恢复履行合同的能力，如果承包方在双方约定的期限内未能恢复履行能力或无法提供任何担保，发包企业可以考虑及时与承包方解除劳务外包合同，避免进一步扩大损失。

第四，劳务外包成果的验收。

在劳务外包合同成果验收工作中，发包企业可以组织相关人员对劳务外包成果验收进行评分和考核。虽然目前的实际操作都认为劳务外包成果的验收标准可以参照《合同法》中承揽的验收标准，但如前所述，承揽合同与劳务外包合同之间在成果验收方面存在差异，所以，对劳务外包成果的验收不能单纯套用承揽的验收标准，企业内应该制定专门的劳务外包成果验收标准。实践中，劳务外包主要以提供"活劳动"为主，简而言之就是提供某种特殊使用价值的劳动力，此种劳动并不是以实物存在的，比如：生活服务（保洁）、生产服务（运输、维修）这些劳务成果的验收不同于承揽工作在未来的某个时间点交付劳动成果的验收标准明晰，所以劳务外包的成果验收标准，应在劳务外包合同中进行详细约定。针对成果交付时间，需要注意的是，承包方提出提前或延期交付成果的，发包企业应与承包方事先进行约定，避免出现承包方提前交付外包成果取得报酬后，拖延支付外包员工工资报酬，导致外包员工权益得不到保障进而起诉发包企业。在结算劳务服务费用时，应该按照劳务外包合同中约定的付款方式进行付款，建议通过银行转账的方式进行付款，某些较小金额的交易也应该开具发票，方便留下证据，该合同费用中包含承包方履行合同的报酬和外包员工的工资报酬，但外包员工的工资报酬不属于发包企业管理的范畴，由承包方与外包员工自行协商。

3. 企业劳务外包业务的日常管理

首先，在劳务外包合同管理上，企业应在内部设立专门的合同管理部门，清晰地划分合同管理工作中各部门的职责，将劳务外包合同业务归为一类，由劳务外包项目的负责人严格把控劳务外包合同的管理，管理该合同的工作人员应当是具备专业的劳务外包知识、综合素质水平高并且对劳务外包项目有着丰富经验的员工，劳务外包合同管理人员要树立敏锐的风险防范意识，同时要兼顾组织内各工作人员的业务能力水平培训。企业在设立专门的劳务外包合同管理部门的同时，还应当协调好各个部门之间的关系，充分调动企业内部所有部门共同努力来防范劳务外包合同法律风险。

其次，在外包员工的日常管理上，原则上发包企业不得对外包员工进行直接管理，若因工作需要必须进行管理，也应取得承包方的书面同意。在外包员工上岗前，发包企业要确认该外包员工是否与承包方存在劳动关系或劳务派遣关系。日常管理主要包含以下四个方面：不能对外包员工与本企业员工实行混岗混编管理，对涉及混岗的外包员工企业应该及时调整工作岗位；不得向外包员工发放薪酬福利、办理社会保险，外包员工的工作证、服务证、花名册、考勤表等身份证明上应当注明承包方的名称；不得对外包员工适用同本企业员工一样的考核和管理制度；当外包员工服务期即将届满时，发包企业应该及时督促承包方与该外包员工进行续签，外包员工或承包方拒绝续签的，待外包员工服务期满时，将外包员工退回给承包方。

最后，在企业员工法律素质的培养上，面对日益激烈的市场竞争，现代企业在经营过程中的法律意识淡薄，缺乏相应的法律防范制度会导致企业的合法权益得不到保障。企业要想在未来取得长足发展必须认识到法律事务管理的重要性，重视企业内法律部门的人才建设。针对企业的劳务外包业务，领导层面应具备法律风险防范意识，法律管理工作切勿流于形式，要在企业中起到带头和把关作用，加强基层员工的法律培训力度，营造人人学法的积极性。具体到负责该业务的管理人员也要具备相应的法律基础知识，企业中应该建立法律部门或聘请有劳务外包经验的法律顾问，构建完善的企业内部法律管理体系，降低企业劳务外包经营中的法律风险。在企业的规章制度中加入劳务外包业务管理的相关规定，修订的范围包括《企业合同管理办法》实现对劳务外包潜在的法律风险的管理有章可循，做到事前预防、事中控制、事后救济的风险防范机制。

第五章

特殊劳动者权益保护规则

第一节　超龄就业法律关系的性质及调整机制

随着我国经济化进程的不断加快，人口老龄化问题也日益严重。人口生育率降低和养老压力加大等境况迫使不少超龄人员重新回到工作岗位，如今超龄就业现象层出不穷，但是与此不相适应的是，我国在认定此类法律关系性质时常面临理论、立法、司法适用上的困境。理论上，对于此类法律关系的定性存在诸多争议，如认定为劳动关系、劳务关系和特殊劳动关系等；立法上，法律法规和司法解释缺乏统一标准；司法适用上，对基本养老保险的理解存在差异，最终导致实践中地方法院在审理该类案件时出现"同案不同判"的裁判结果。

超龄就业法律关系性质的认定、保护方式和路径的适用，直接关系到超龄就业者合法权益的享有，也影响到劳资关系的和谐稳定，更关系到法律的时代性和可持续性。因此，探讨超龄就业法律关系性质及调整机制具有迫切性，同时也具有重要的理论意义和实践意义。

一、典型案例及其分析

（一）典型案例

案例一：支持认定工伤

"秦碧容与重庆健力玻璃公司、重庆市合川区人力资源和社会保障局（以下

172

简称'人社局')工伤认定申请再审案"① 中，超龄人员秦碧容（女）到公司工作时已满55周岁且未享受养老保险待遇，秦碧容在上下班途中发生交通事故致全身多处受伤，人社局认定秦碧容所受伤害属于工伤，公司提起再审。该案争议的焦点：超龄就业者能否认定为工伤。高级人民法院认为该类群体仍具备劳动者资格，其并未享受基本养老保险待遇，根据最高人民法院相关司法解释，秦碧容是在工作时间内、因工作原因而遭受的损害，满足工伤认定的条件，因此高级人民法院驳回了公司的再审申请。

案例二：反对认定工伤

"邓丰华与桐乡市人社局劳动和社会保障行政管理再审案"② 中，超龄人员邓校中（男）到金新禽蛋厂工作时已满60周岁，其在工作中突发疾病死亡，一审法院依据《劳动合同法实施条例》第21条："劳动者达到法定退休年龄的，劳动合同终止"，认定不存在劳动关系，二审法院认定"邓校中不具备劳动者的主体资格，不属于工伤认定受理范围"，再审法院认为一、二审法院的判决在现行的法律和政策体系下均无不当，因此驳回了邓丰华的再审申请。

案例三：参照工伤保险待遇处理

"吉红梅等人与安徽和硕环境服务有限公司、安徽和硕环境服务有限公司槐林镇分公司劳动争议案"③，超龄人员魏开胜（男）到被告处工作时已超过60周岁，工作时发生交通事故死亡，人社局认定魏开胜死亡属于工伤。因魏开胜"已达法定退休年龄"，劳动人事争议仲裁委员会不予受理工伤赔偿申请。人民法院认为魏开胜虽已达法定退休年龄，与被告存在劳务关系，但可以参照工伤保险待遇来要求被告赔偿。

（二）存在的问题

以上三个案例说明了在司法实践中对超龄就业人员的工伤认定做法不一的问题，属于典型的"同案不同判"。在司法实践中，对争议的事实认定和法律的适用问题往往建立在双方当事人的基础法律关系得以确立的基础上，在法律上

---

① 详见重庆市高级人民法院（2018）渝行申120号.

② 详见浙江省高级人民法院（2017）浙行申783号.

③ 详见安徽省巢湖市人民法院（2017）皖0181民初1775号.

对同样的用工关系作出不同的评价，会影响到就业者的权益实现程度，因此，超龄就业法律关系性质的认定是处理此类用工纠纷的关键。出于对人口老龄化的积极应对，迫于生活压力等因素，超龄人员仍活跃在就业市场，这解决了我国部分岗位劳动力短缺的现实问题，也满足了社会对于这部分人群常年所积累的知识与工作经验的需求，但超龄就业者务工受伤后，在工伤保险赔付方面常常受到不公平的待遇，究其原因，在于理论上以及实务界对超龄就业法律关系的性质缺乏清晰而统一的认识。

二、有关超龄就业问题的理论争鸣、制度现状及实践困境

学术界并未对"超龄就业者"形成统一的定义，但都无外乎认为超龄就业者具备以下几种特征："已达退休年龄""为用人单位提供劳动""赚取报酬"等。基于文章的研究主旨，本文将其定义为：超过法定退休年龄且具备劳动能力，长期、稳定地为用工单位提供劳动，并赚取收入的人员。超龄就业法律关系性质的认定问题直接关系到法律的适用以及保护方式和路径的选择，因而是理论界和实务界共同关注的首要问题。目前法学理论界对此类法律关系性质的争议颇多，司法实务界中也存在有不同的裁判标准，我们尝试对这些争议和不同的裁判标准做以下系统的梳理。

（一）超龄就业法律问题的理论争鸣

1. 有关超龄就业法律关系性质的学说

（1）劳动关系说。认为超龄就业者与用人单位之间存在劳动关系。首先，从劳动权的角度，国家规定法定退休年龄的初衷是为了保障劳动者的休息权，但并未剥夺其作为劳动者的主体资格，法律并不应限制他们退休后仍从事与自身身体状况相适应工作的自由。其次，从退休权的角度，我国《宪法》第44条制定的目的是规范国家制定退休制度的行为，以达到保障退休人员退休权益的目的。因此，从宪法文本来看，我国宪法倾向于将退休作为公民的一项基本权利而不是义务来对待①。既然退休被定性为权利，退休人员再就业就是自身放弃退休权的体现。最后，从劳动关系的从属性角度，超龄人员服从用人单位的

---

① 林嘉. 退休年龄的法理分析及制度安排 [J]. 中国法学，2015（6）：11.

安排、管理和指示，付出实际劳动并取得劳动报酬等特征都符合人格从属性和经济从属性。

（2）劳务关系说。该种观点认为超过法定退休年龄即丧失主体资格，他们与一般劳动者相比，享受着养老保险待遇，如果再将他们纳入劳动法的倾斜保护范围之内，这种法律导向会使得越来越多的超龄人员重新回到工作岗位，从而挤占劳动力市场，对其他劳动者有失公平①。但此种观点有失偏颇，如果不赋予该部分群体劳动者的法律地位，用人单位就可以合法规避法律义务，出于缩短经济成本的目的，雇佣更多的超龄人员从事需要强大知识储备或经验积累的高层次领域和劳动力缺乏的低层次领域的劳动，这也会造成岗位挤压。现行立法倾向于这一观点，《劳动合同法》和《劳动合同法实施条例》将享受基本养老保险待遇或领取退休金的人员排除在劳动法调整范围之外，立法者更多是从减轻就业压力和优化劳动力资源配置的角度进行立法。

（3）社会保险标准说。此学说将全体超龄就业者再次进行区分，不再仅将年龄作为用工关系定性的依据，而是适用社会保险标准。尽管其已达退休年龄，但未开始享受基本养老保险待遇的，其与资方仍为劳动关系，属于劳动法的调整范围，其余的适用民法规定②。这一标准将法律性质的认定与社保相挂钩，虽合乎效率，具备一定的合理性，却忽略了劳动关系的本质。社会保险的享有本是成立劳动关系的结果，现反倒成为认定劳动关系的制约因素，有违公平且属于立法思维的紊乱。

（4）特殊劳务关系说。用人单位雇佣超龄就业者，是出于缩减用工成本，合法规避法律义务，缓解基层岗位劳动力不足，充分利用其经验优势等因素的考虑。超龄就业者再就业比适龄劳动者面临更多的困难，现阶段如果将这部分群体纳入劳动法的调整范围之内，反而会加大企业的雇佣成本、削弱超龄就业者的竞争力，不利于实现再就业，也会给社会保障带来新的压力。但将其归入传统劳务关系范畴似乎也不妥当，因为与用人单位相比，超龄就业者处于弱势地位，如将其认定为普通劳务关系而纳入民法的调整范围，显然忽视了其与资

---

① 夏艳. 超龄就业的法律性质与调整机制研究 [D]. 江苏：南京大学，2015.
② 秦德平. 劳动争议纠纷审理审查实务 [M]. 北京：人民法院出版社，2019：37.

方形成的用工关系也具备从属性这一特征，有碍于充分保障其合法权益。尤其对于那些缺乏技术优势、人脉优势，迫于生计才选择再就业的退休人员来说，他们与用人单位签订劳务合同，很难保证双方地位实现真正意义上的平等①。因此，超龄就业者与用人单位之间的关系当属"特殊劳务关系"。

（5）特殊劳动关系说。超龄就业者与用人单位之间的用工关系具备从属性的特征，但与传统劳动者相比存在特殊性，这种特殊性主要体现在：达到退休年龄、享有社会保障、劳动行为能力部分受限等。董保华教授将此类关系的特征概括为劳动关系的"三分"和"三合"，"三分"是指劳动关系与工作场所、持续性工作分离，雇佣和使用分离，"三合"是指劳动关系与经营关系、服务关系以及劳动关系重合②。我国《劳动合同法》中明确规定了三类非标准劳动关系的表现形式：劳务派遣、非全日制用工和双重（多重）劳动关系，但由于社会在不断地进步和发展，这三种分类并不能囊括所有表现形式，大量非标准劳动关系的就业者仍无法适用劳动法规范。

2. 有关超龄就业调整机制的观点

一是纳入民法保护的观点。持该种观点的部分学者主张借鉴传统民法理论，但又有所突破。鉴于超龄就业者与一般劳动者和一般劳务者都不相同，要给予超龄就业者高于民法但低于劳动法的保护，用人单位与超龄就业者签订的聘用合同要有标准化的规范模板，内容方面参考《劳动合同法》的相关规定，由劳动行政部门和劳动仲裁机构介入解决用工纠纷，实现权利救济。

二是纳入劳动法保护的观点。有学者主张将超龄就业者完全纳入劳动法的调整范围之中，还有的学者认为超龄就业者区别于适龄劳动者，应适用特殊的劳动关系调整方式。对特殊的劳动关系调整方式的具体操作又存在不同的主张，有学者主张设置专门的章节对超龄就业特殊规定，有的主张扩展现行非标准劳动关系的表现形式。

上述两种观点分别代表了两种权益保护的方式，二者在依据、救济途径和保护程度上都存在差异，表现在以下三个方面。

---

① 隋蕾. 离退休再就业法律性质研究——缘于对三十份裁判文书的思考 [D]. 长春：吉林大学，2013.

② 董保华. 论非标准劳动关系 [J]. 学术研究，2008（7）：53.

第一，合同内容方面。民法需要遵循"意思自治原则"，这就意味着用人单位和雇员可以任意规定合同中双方的权利义务，用人单位作为掌握更多经济信息、财力雄厚的主导方，难免会利用自己的优势地位对雇员进行压榨，雇员可能在对该类工作缺乏了解，其劳动基准、福利待遇等方面也未明确的情况下就草率签字。而劳动关系中，双方权利义务的设置都受到劳动法的规制，用人单位的优势地位受到了压制，更有利于维护雇员的合法权益。

第二，合同稳定性方面。如果运用民法来调整此种法律关系，双方之间为平等主体，用人单位只需要承担低违约成本就可以随意解雇就业者，就业者工作的稳定性得不到保障，也无法获得经济补偿金。而适用劳动法规范，用人单位解除劳动合同的行为受到强制约束，除了要进行经济赔偿，还可能面临行政责任。

第三，争议解决和赔付方面。如果适用民法调整，当双方发生用工纠纷时，就业者只能通过诉讼的方式实现权利救济，维权成本较高，而适用劳动法调整，有劳动行政部门和劳动仲裁机构介入其中，公权力的介入能够更切实保障劳动者的权益，且具有高效、低成本的特点。劳动过程中遭受损害伤亡时，申请人如果走民事赔偿途径，人身损害赔偿责任的承担主体是用人单位，采用的是过错责任，具备过失抵销、保障范围较窄、私力救济等特点，还可能因用人单位破产、逃避债务等原因而得不到赔偿，而在劳动法领域可申请工伤认定，且工伤赔付的主体为国家，赔偿上具有强制性、快速性和保障性等特征。

（二）超龄就业法律关系性质认定的现状及实践困境

1. 立法对超龄就业法律关系性质的界定

首先，《劳动合同法》第44条第2款和《劳动合同法实施条例》（以下简称《实施条例》）第21条存在规范冲突，对于劳动合同终止的条件，效力位阶较高的法律规定是"享受养老保险待遇"，而效力位阶较低的行政法规是"达到法定退休年龄"，法律法规规定的不一致直接导致实践中的混乱。如果法官以"享受养老保险待遇"为认定依据，需要进行以下考量：如超龄就业者未办理退休手续，社保未缴足15年或者根本未参保，此时在不满足条件的情况下，劳动合同的效力为何，如果此时劳动合同仍未终止，会导致就业者退休权无法保障、用人单位用人管理难度加大和适龄劳动者就业岗位被挤占等现实问题。为了解决这些难题，国务院在《实施条例》中将合同自动失效的条件修改为"达到退休年龄"，这在一定程度上使劳动力资源得到了优化，但这两条规定终究是立法矛盾。十三届全国人大二次会议第 6979 号文件提出了关于撤销《劳动合同法实施条例》第 21 条的建议，人力资源和社会保障部对该建议进行了回复，表示会加强对此问题的研究，适时向立法机关提出完善劳动合同法律制度的建议，但在该规定未被撤销修正之前，法律适用上的冲突仍悬而未决。其次，劳动合同的终止是否等同于劳动法律关系的终止，司法实践中倾向于肯定态度，事实上，两者既有联系又有区别：第一，两者的形成时间并不一致，劳动关系建立的时间是用工之日，但很多时候，单位并不会在用工之初就订立劳动合同；第二，即使双方不具备成立劳动法律关系所需的劳动合同这一形式要件，但当双方满足实质要件，仍应肯定事实劳动关系的存在；第三，达到退休年龄，劳动合同法定终止，这赋予了两者单方终止劳动关系的权利，但如果双方选择继续履行合同，双方间仍事实上存在劳动关系。

根据《最高人民法院关于审理劳动争议案件适用法律若干问题的解释（三）》第 7 条的规定不能反推得出这一结论：只要未享受养老保险待遇或未领取退休金，双方就是劳动关系。超龄就业者已经享受到上述基本社会保障，所以丧失劳动者的主体资格，继而无法享有工伤保险待遇，就会造成两类保险待遇不可兼得。享受养老保险待遇是双方建立劳动关系的必然结果，最后却成为认定劳动关系的制约因素，这是立法中的逻辑紊乱。

最高人民法院的规定明确了对于超龄就业法律关系性质的认定，不再仅以达到法定退休年龄为条件，还需要考虑是否享受养老保险待遇或领取养老金。但司法解释并不是劳动法的正式渊源，立法位阶较低，难以在各地法院形成统一标准，在客观上造成各地规定的不统一。例如，广州市中级人民法院的态度：虽未享受养老保险待遇，仍是劳务关系①。上海市劳动和社会保障局 2003 年提

---

① 广州市中级人民法院《关于印发〈醉酒驾驶案件审判参考〉等八个审判参考的通知》【穗中法〔2017〕79 号】第 65 条规定："用人单位招用已达到法定退休年龄但尚未享受基本养老保险待遇或领取退休金的劳动者，双方形成的用工关系按劳务关系处理。"

出："特殊劳动关系"的处理思路①，北京市第一中级人民法院在 2014 年的一份调研中亦持类似观点。

2. 司法实践对超龄就业法律关系性质的认定

第一，案例呈现的不同特点及裁判理由。

我们查阅中国裁判文书网，以"广西壮族自治区""超龄""劳动关系"为检索条件，共检索出 16 篇裁判文书，其中相关的裁判文书为 10 篇。通过对样本的分析，我们认为在广西的司法实践中将该类法律关系定性为劳动关系的案例主要呈现以下特点：首先，相比较定性为劳务关系的案件，此类案件的数量相对较多（不包括二审中改判为劳动关系的案例），在 10 份判决中有 6 份，占到样本总数的 60%；其次，二审中维持一审原判（认定为劳动关系）的案例比较多。法院认定存在劳动关系主要基于以下两种裁判理由：第一种，认为超龄就业者即使超过了法定退休年龄仍具备劳动者的主体资格，现行法律仅规定了劳动者的最低就业年龄，劳动是宪法规定的权利和义务，就业行为符合劳动关系的本质特征；第二种，认为年龄不作为区分两类法律关系的界限，应与社会保险挂钩，其中，新型农村社会养老保险并不属于基本养老保险待遇范畴。

定性为劳务关系的案件主要具有以下特点：一是在一审中被定性为劳务关系的案例大部分在二审中得到了改判；二是基于对劳务合同的重视，认为双方应当信守合约。已达法定退休年龄是劳动者丧失主体资格的一种形式，其已享受养老保险待遇或领取退休金，其只能以提供劳务者的身份订立合同，其中，城乡居民社会养老保险或新型农村社会养老保险都属于基本养老保险待遇范畴。

第二，对不同类型的超龄就业者的处理。

司法实务中，法院对不同类型超龄就业者的处理方式存在差异，大致可以分为以下五类。

---

① 上海市劳动和社会保障局 2003 年发布的《关于特殊劳动关系有关问题的通知》规定："特殊劳动关系是现行劳动法律调整的标准劳动关系和民事法律关系调整的民事劳务关系以外的一种用工关系，其劳动者一方在用人单位从事有偿劳动、接受管理，但与另一用人单位存在劳动合同关系或不符合劳动法律规定的主体条件。"退休人员作为"不符合劳动法律规定的主体条件的劳动者"，其再就业形成特殊劳动关系，应当参照执行以下劳动标准："（1）工作时间规定；（2）劳动保护规定；（3）最低工资规定。"

第一类：未享受社保待遇

最高人民法院的司法解释并没有明确规定，未享受养老保险待遇或领取养老金的应当定性为劳动关系或是劳务关系，因此，实践中存在两种做法。一种是针对超龄就业者继续到原单位工作的，被认为是原劳动关系的继续。例如，安徽省劳动人事争议仲裁院于2019年11月11日发布的《劳动人事争议研讨会纪要》中第3条指出，劳动者达到法定退休年龄前与用人单位建立劳动关系，超过法定退休年龄后未享受职工基本养老保险待遇，仍为其提供劳动的，认定为双方劳动关系的延续。针对这一纪要，需要指出的问题有两点，一是该纪要仅供安徽省各级劳动人事争议仲裁委员会办案时参考，并不适用于安徽省各级法院办案，可能会出现仲裁委和法院裁判尺度不统一的问题。北京等部分地区将此种情形认定为劳务关系。二是针对到新单位工作通常被认定为劳务关系。

第二类：用人单位缴纳社保未满15年的期限

《劳动合同法》将"享受养老保险待遇"作为劳动合同终止的条件，但缴纳社保需要缴足15年，未缴足15年的情形下，劳动合同是否终止呢？为了解决这一漏洞，《实施条例》将条件修改为"达到法定退休年龄"，如此一来，此情形多被认定为劳务关系。

第三类：已享受城镇职工养老保险待遇的人继续就业

城镇职工养老保险强调的是用人单位的法律义务，具有强制性，能够保障退休后的基本生活，属于享受基本养老保险范畴，被认定为劳务关系。

第四类：已享受城乡居民养老保险待遇的人继续就业

现行城乡居民养老保险制度存在保障水平偏低、激励性不强等问题，大量老年人不缴费或缴费较少，而政府补贴的基础养老金标准的逐步提高也需要一个过程，根据人力资源社会保障部的数据，截至2018年6月底，全国城乡居民养老保险参保人数达到51551万人，其中60岁以上领取养老金人数达到15694万人，月人均养老金水平约为131元，其中基础养老金水平约为115元①。各地法院对城乡居民养老保险是否属于司法解释中规定的"养老保险待遇"把握不

---

① 人力资源和社会保障部对十三届全国人大一次会议第3472号建议的答复［EB/OL］. 中华人民共和国人力资源和社会保障部官网，2018-07-31.

一，实践中或认定再就业构成的是劳动关系，或认定再就业构成的是劳务关系。

第五类：已享受新型农村社会养老保险待遇的人继续就业

多个地方法院法官认为，享受农村社会养老保险待遇并不属于司法解释中规定的"依法享受养老保险待遇"。新型农村社会养老保险（以下简称"新农保"）的资金来源包括个人、集体和政府，符合条件的农村居民成为参保对象，为满足年老时的基本生活需求，他们可领取相应的养老金，具有政策性，强调自愿原则，区别于其他养老保险，因此，领取新农保基础养老金的超龄者不属于享受养老保险待遇。超龄再就业者多被认定为与用人单位形成劳动关系。

最高人民法院的司法解释的态度已明确，达到法定退休年龄并非判断法律关系的唯一标准，还需考虑是否享受养老保险待遇。但司法解释的立法位阶较低，面对《劳动合同法》与《劳动合同法实施条例》规定不一致的地方，各地法院在实际运用法律的过程中难以形成统一结论。我们认为，"依法享受养老保险待遇"应特指"享受职工养老保险待遇"，只有满足这一条件，才能按照现行司法解释的规定，认定为劳务关系。如果因领取了数额较少，难以起到保障基本生活作用的基础养老金，劳动者便丧失了主体资格，法律关系在瞬间发生了质变，则缺乏公平合理之义。

三、对超龄就业法律关系性质和调整机制的再认识

超龄就业群体中，有些劳动者如科研教授、医生以及竞技教练等，可能需要多年工作经验的积累才能充分发挥自身潜力，经验可以使一个人具有更高的生产率[1]，确认此类超龄就业者劳动者身份，有利于调动其积极性，促进国家经济和技术的进步。其次，由于经济的发展和当代择业观的改变，大多数适龄劳动者并不愿意从事基层工作，超龄人员可以填补此类岗位的缺失。将超龄就业者认定为劳动关系或是劳务关系，都存在一定的合理性，但也同时具有局限性，超龄就业者在不违背法律的禁止性规定，符合劳动关系本质特征的判断标准时，其劳动者的相关权利应该得到尊重，但同时应该认识到此类用工关系具

---

① ［美］托马斯·海克拉克. 劳动经济学基础［M］. 来庆彬，李玉琳，译. 北京：中国人民大学出版社，2016：107.

有特殊性，对他们采用劳动法保护路径时应当有一些特殊的安排。

（一）对超龄就业法律关系性质的再认识

1. 劳动关系和劳务关系的区别

对于超龄就业法律关系的性质认识，理论界和司法实践中主要存在两种观点：劳动关系或是劳务关系。劳动关系和劳务关系是两个既存在联系也存在差别的法律概念，这两种不同的法律地位关系到法律的适用和其合法权益的保障程度，对就业者来说意义重大。厘清两者间的区别是研究超龄就业法律关系性质的理论起点，以下选取四个方面来对二者进行简单区分。

第一，劳动关系体现从属性，而劳务关系体现平等性。劳动关系中，劳动者对用人单位存在人身和经济依附性，体现在服从用人单位对于工作时间、地点和内容的安排，从用人单位处获取生产资料和工资报酬等。劳务关系中并不强调提供劳务者一定遵从用人单位的规章制度或是工作安排，提供劳务者在自身权利和义务的设置方面拥有更多的话语权，即使双方间不可避免存在从属性，但是这种从属性并不具备劳动关系从属性的长期、稳定的特点，而是偶尔、短暂的。

第二，受公权力的干预程度不同。劳动者对用人单位在人身和经济上的依附性导致其天然处在弱势地位，劳动法为调整这种从属之不义，对劳动者进行倾斜保护，合同的订立、履行、解除，劳动者的权利救济等都体现出国家干预的色彩。劳务关系中，国家尊重双方的意思自治，双方可以平等约定合同条款。

第三，适用法律规范不同。劳动关系适用劳动法调整，劳动法作为社会法，具有社会保障的法益功能，更多地促进社会弱势群体的生存、增进其福利。而劳务关系适用民法规范，遵循意思自治原则，双方间为比较纯粹的债权债务关系。

第四，对主体资格的要求不同。劳动关系的双方要求一方为劳动者，另一方为用人单位，双方当事人需分别符合劳动立法所规定的劳动者和用人单位的条件。而劳务关系的双方可以同时是法人、组织、公民，较为灵活。

2. 定性为劳动关系的局限性

判断存在劳动关系，最关键的因素是具备劳动关系的从属性特征，超龄就业者与适龄劳动者一样对用人单位具有人身和经济依附性，反映出了劳动关系的最本质特征。那是否意味适用劳动法律无差别地去保护超龄就业者和适龄劳动者的合法权益就一定合理呢？结论是有待商榷的，因为劳动关系说也存在一定的局限性。超龄就业者与适龄劳动者间的差别除了体现在年龄上，还体现在享受养老保险待遇等方面，对于已经领取退休金的超龄就业者，其基本生活已经得到了保障，此时选择退休再就业是为了获得更多保障。首先，从社会现实角度来说，适龄劳动者作为劳动力资源的主要组成部分，他们承担着更大的就业压力和责任，他们不仅要维持自身生计，还需要承担起赡养、抚养家庭成员的重任，而他们在面对用人单位时，处于一种天然的弱势地位，利用劳动法对他们进行倾斜保护，有利于减轻他们的从业压力，而超龄人员通常无须再赡养、抚养家庭成员，他们在享受退休待遇的同时又去竞争劳动岗位，在一定程度上会造成挤占年轻人劳动力市场的结果；其次，对于已经享受退休待遇的这部分超龄就业群体，对他们适用与传统劳动者无差别的劳动法保护，这可能会超出用人单位和社会的可承受范围；最后，定性为标准劳动关系，忽略了劳动关系的多样性，对超龄再就业人员因年龄、养老保险待遇等因素而出现的法律适用困境缺乏有的放矢的理论指导①。

3. 定性为劳务关系的局限性

超龄就业者与传统劳动者存在共性，他们付出了与传统劳动者同等、无差别的劳动，同样处于受用人单位的支配、指示的弱势地位。超龄就业者与提供劳务者存在本质差别，在劳务关系中，提供劳务者与用人单位之间是一种平等的民事法律关系，在工作时间、工作地点和薪资福利等方面具有较大灵活性，双方是真正意义上的地位平等。而超龄就业者与传统劳动者最大的差别体现在"达到或超过法定退休年龄"和"享受养老保险待遇"，实践中即使双方间的法律关系符合从属性的判断标准，也因为年龄、享有养老保险待遇而丧失劳动者地位，从而适用民事法律规范去解决双方之间的利益冲突，但我国法律对劳动者的年龄并无明文的上限控制，而只有下限规定，以退休年龄为由否定劳动者身份的做法值得商榷，且劳动权作为一项基本人权并不因就业状态的改变而消

---

① 冯彦君，李娜. 退休再就业：劳动关系抑或劳务关系——兼评"社会保险标准说"［J］. 社会科学战线，2012（7）：184.

灭。其次，按照是否享有养老保险待遇将超龄就业群体人为地划分成两个群体，虽体现了法的秩序价值，却忽略了法的正义价值。将超龄就业者完全推入同普通劳务关系同等保护力度的领域中，难以矫正从属劳动非正义的立法理念，适龄劳动者就业可以得到劳动法的倾斜保护，而超龄就业者付出同等劳动却不能获得同等保护，有失公平。

4. 超龄就业形成的是需要特殊保护的劳动关系——非标准劳动关系

我们认为，超龄就业者合乎劳动关系的本质特征，但又与普通劳务者存在较大差别。其未享受到劳动者待遇是由于裁判者过分强调主体适格的实践做法，导致未进入劳动关系本质特征的判断前，就因主体不适格而否定了劳动关系的存在。事实上，我国缺失主体范畴的认定标准，在劳动者概念不确认的情况下否定超龄就业者的劳动者地位缺乏合理依据。此外，现行法律并未规定劳动年龄的上限，超龄就业者仍享有劳动权，在具备劳动能力的情况下当然可以与用人单位建立劳动关系。劳动关系说和劳务关系说都存在一定的合理性，但也各自存在局限性。超龄再就业行为符合劳动关系的从属性特征，这是区别于民事关系的关键所在。但相较于传统的劳动关系理论，此类劳动关系具有特殊性，应被认定为非标准劳动关系，非标准劳动关系没有严格的主体要求，双方主体的范围比标准劳动关系更大。在当前情况下，对超龄就业行为采取劳动法的保护路径是比较妥当的，此保护路径具有合理性且符合现实需求，具体的制度设计中应体现出超龄就业者与适龄劳动者、已享受养老保险待遇的超龄就业者与未享受该待遇的超龄就业者之间的差异性，从而达到兼顾用人单位利益和社会承受能力的社会效果。

（二）对超龄就业调整机制的再认识

1. 采用劳动法保护路径的合理性

第一，基于劳动权的分析。我国宪法规定了劳动既是一项权利，也是一项义务，《劳动法》中仅规定有劳动年龄的下限，即禁止雇佣未满 16 周岁的童工，但未规定有劳动年龄的上限，其他法律也并未明文禁止退休人员继续参加劳动并获得劳动报酬的权利，根据劳动权是宪法赋予公民的一项基本权利和"法无禁止即自由"，超龄就业者可以自愿与用人单位达成用工协议。《实施条例》规定的是劳动合同终止的情形，但合同法律效力的自然终止并不代表劳动权的剥夺，该条例不能也不应当产生公民基本权利被剥夺的效果①；立法者设置法定退休年龄的目的在于给劳动者享受终止劳动、安享晚年的权利，既然是一项权利，劳动者可以选择行使或者放弃。

劳动权由劳动权利能力和劳动行为能力组成。合法劳动年龄可以说明具有劳动权利能力，如果将法定退休年龄视为上限，这就说明，劳动者只要达到了法定退休年龄，就丧失了劳动权利能力，但我国法律并未对超龄就业做禁止性的规定，说明劳动者的年龄只有下限规定，超龄就业者仍具备劳动权利能力。劳动行为能力取决于劳动者的年龄、智力、生理等因素，劳动法明确规定了劳动行为能力的起始年龄是 16 周岁，那法定退休年龄是劳动行为能力的终止年龄吗？随着年龄的增长，超龄就业者的行为能力是有所减弱的，但这并不妨碍他们继续从事与自身体力、年龄、智力相适应的劳动，并且科研教授、医生和竞技教练等岗位，其工作经验等智力因素随着时间得到提升，比年轻人更具备优势。由此看来，达到法定退休年龄不应推定为劳动行为能力的丧失。

第二，基于反就业歧视的分析。现行劳动法并未将年龄作为是否构成就业歧视的考量因素，这引发我们的思考：年龄是否构成歧视？首先，因年龄造成的区别对待是否一定构成歧视，答案是否定的，禁止雇佣童工就是基于童工年龄小，劳动行为能力欠缺和就业不利于身心健康发展的考虑，这一区分是合理的；其次，因年龄造成的区别对待是否构成歧视，西方国家的态度是肯定的，他们对这一问题的研究比较早且深入，从劳动经济学角度将就业歧视定义为："提供了相同生产率的劳动者，因一些非经济的个人特征，如性别、年龄、民族等，在劳动报酬及劳动条件方面给他们不平等待遇。"

我国没有一部专门的法律来规制就业歧视现象，关于就业歧视的立法散见于宪法、法律法规和政策性文件中。我国包含年龄、性别在内的平等就业保障的整体性不足，就老年人就业保障来说，《中华人民共和国老年人权益保障法》对老年人的保护体现在社会保障领域，《就业促进法》主要用于规范政府行为，对于用人单位的用工行为是否构成歧视，缺乏法律判断标准和救济途径。性别、年龄、民族等都是与个人工作能力和工作岗位无关的因素，就业歧视会损害就

---

① 林嘉. 退休年龄的法理分析及制度安排 [J]. 中国法学，2015（6）：13-14.

业机会平等或待遇平等①。超龄就业者与适龄劳动者相比，体力可能稍弱，但经验等智力因素却比其他劳动者更丰富，他们同样具备劳动权利能力和劳动行为能力，和适龄劳动者居于同等地位，应享受同等待遇。

第三，基于劳动关系本质特征的分析。劳动关系的认定经历了从"签订劳动合同"到"实际用工"的转变，即不再以形式要件为判断标准，只要满足用工的实质要件，双方就是劳动关系。从属性是平等性的相对概念，指两方在某一社会关系中的主体地位不平等，一方处于指挥、命令的强势地位，而另一方属于服从的弱势地位。劳动法除对独立劳动者不适用外，凡纳入他人劳动组织，受他人指示而劳动之人即符合"从属性"。从属性包括人格从属性和经济从属性，人格从属性具体体现在：服从用人单位的规章制度和指示，接受监督、检查，违反规章制度时受到合法制裁等；经济从属性具体体现在：生产工具、原料由用人单位提供，工作的风险责任由用人单位承担，工资报酬由用人单位支付等。

超龄就业符合劳动关系本质特征的判断标准，在实践中，达到退休年龄的与未达退休年龄的员工相比，工作内容、与用人单位之间的相互关系并无任何差异，忽视其同样具有的劳动关系本质特征，将其区别对待，缺乏公平合理之义，难以实现劳动法倾斜保护劳动者的目的——矫正从属劳动之非正义的立法理念②。

第四，基于成本收益理论的分析。一些法律学者认为，法律的运行所带来的正面或负面价值无法量化，因此成本收益理论无法运用，实际上可以转化为定序变量③，将超龄就业者纳入劳动法的保护范围就体现了一种公平大于效率的价值排序。

法律成本产生于国家和社会的法律生产和供给过程中，其中法律的社会成

---

① 蔡定剑，刘晓楠. 反就业歧视法专家建议稿及海外经验 [M]. 北京：社会科学文献出版社，2010：11.
② 景春兰，徐志强. 超龄劳动关系之"不法"及其法律规制 [J]. 中南大学学报，2013，19（1）：119.
③ 戴昕. 比例原则还是成本收益分析法学方法的批判性重构 [J]. 中外法学，2018，30（6）：1526.

本是全社会在法律运行中的总投入，表示为：社会成本＝私人成本＋外在成本①。据此，维权的社会成本＝维权的私人成本＋维权的外在成本，超龄就业者与用人单位相比，在获取信息、搜集证据、谈判能力等方面都处于弱势地位，如不被纳入劳动法的保护范围，利用民事途径维权，其维权的私人成本相对较高，维权的社会成本总是大于维权的私人成本，表明维权会加大社会成本，而究其维权的原因，是因为用人单位未给予同等的劳动待遇。员工的维权成本高和用人单位的违法成本低也有很大关联，因此法律应将由用人单位的不当行为造成的外部经济负效果分配给用人单位承担，如此一来私人的维权成本降低，维权的社会成本也会降低。

法律的收益是稀缺的法律资源的配置满足了社会财富极大化的制度需要。法律的社会收益是法律制定和实施后所产生的总效果收益，表示为：法律的社会收益＝私人收益＋溢出收益②。当产生溢出收益且为其他社会主体共享时，则存在经济正外部性。对超龄就业者采用劳动法的保护路径，对其产生私人收益的同时，也会产生溢出收益，对国家而言，可以缓解养老压力、解决部分岗位劳动力缺失等问题。对用人单位而言，可以实现用短期成本换取长期收益的效果，即保障超龄就业者的劳动待遇，可以将工伤保险赔付的风险转移给保险公司，同时可以调动劳动者积极性和赢得良好社会评价等③。

2. 采用劳动法保护路径的现实需求

大多数用人单位并不会与超龄就业者订立劳动合同，一是因为超龄就业者的劳动者地位并未得到劳动法的确认，即使不签劳动合同，用人单位也无须承担赔付双倍工资等不利后果；二是不确认劳动关系，用人单位就无须为其购买保险，减少用工成本。劳动关系未被确立，会导致超龄就业者的权益保护面临诸多问题，因此，还是应当考虑用《劳动法》去规范两者间的行为，该保护路径会更有利于保障其权益，调整从属劳动之不义，并能够有效防止同案不同判的司法现象，满足平等保护超龄就业者权益的需求。

① 王思思. 我国劳动合同法的经济学分析 [D]. 长春：吉林大学，2011.

② 王思思. 我国劳动合同法的经济学分析 [D]. 长春：吉林大学，2011.

③ 王阳. 事实劳动关系若干问题的经济分析 [D]. 北京：首都经济贸易大学，2003.

第一，人身伤害层面。工伤的主体是特定的，只能是劳动者。超龄就业者在工作过程中发生了伤亡，想要获得工伤保险赔付，向人社局申请工伤认定是必经程序，行政部门进行工伤认定的前提条件是受雇者与雇用单位之间是劳动关系，如不能被认定为劳动关系，那么受雇者所遭受的伤害就不能称为"工伤"，而是人身损害。属于民法中的"人身损害"还是劳动法中的"工伤"，所产生的效果也不一样，运用民法进行调整时，就业者所遭受的损害由用人单位在责任范围内进行赔偿；运用劳动法调整时，用人单位并不需要进行全额赔付，仅需承担停工留薪期间工资福利待遇、护理费、伤残津贴和一次性伤残就业补助金，大部分金额由工伤保险服务提供方支付，赔付主体为国家，赔付具有保障性和快速性，不用担心因用人单位破产、逃避债务等得不到赔偿。这样既可以为劳动者的权益提供保障，又不至于让用人单位承受过重的用工负担。总之，与民事赔偿方式相比，工伤保障更有利于维护受伤职工的合法权益。超龄就业的领域大多集中于制造业和建筑业，这些行业与其他行业相比存在较大的人身损害风险，为保障弱者得到最低限度的利益保护，实现劳动法作为社会法所具有的社会保障的法益功能，并最终促进劳资关系的和谐稳定，应当将超龄就业者纳入保障范围。

第二，权利救济层面。从举证责任角度来说，在民法规范中遭受人身损害的雇员需要承担举证责任，证明雇佣单位存在过错，而超龄就业者无论是人力、物力还是财力都处于弱势地位，这加大了他们胜诉的难度；遭受工伤适用无过错责任原则，超龄就业者无须承担举证责任，只要认定双方存在劳动关系，工作时因工作原因受到事故伤害，即可获得工伤赔付。从参与主体的角度来说，在民法规范中，超龄就业者与雇用单位属于平等地位，不存在倾斜保护的事由，天然地排斥公权力的过多介入，超龄就业者一般选择诉讼的途径来维护自身权益；在劳动法规范中，争议解决机制较为完善，有调解、仲裁、诉讼、监察等，可能还会涉及劳动行政部门等公权力主体的介入，对行政决议不服的，还可以提起行政复议或行政诉讼①。超龄就业者与用人单位相比居于弱势地位，利用劳动法对他们进行倾斜保护，有利于矫正从属劳动之非正义的立法理念，规范

---

① 王阳. 事实劳动关系若干问题的经济分析［D］. 北京：首都经济贸易大学，2003.

监督用人单位的用工行为，更好地保障超龄就业者的合法权益。

第三，同工同酬层面。我国劳动法遵循同工同酬原则，同工同酬是国际社会普遍认可的一项基本人权，有利于劳动者在岗位上发挥才能，构建和谐劳资关系。同工同酬不在于薪资的无差别，允许有合理差别的存在。超龄就业者的特殊方面主要在于年龄和享受退休待遇，这两方面是否构成合理差别，能够成为用人单位拒绝支付同等报酬的抗辩事由呢？超龄就业的本质仍是一种等价交换的过程——超龄人员用自身的劳动成果换取用人单位支付的报酬，这与传统劳动者劳动的本质并无差别，很多国家的法律规范中禁止年龄歧视，由此可见，年龄并不能成为差别待遇的正当理由，反而涉嫌年龄歧视。不少超龄人员自身已享有养老保险待遇，用人单位借此事由损害超龄就业者同工同酬利益的现象屡见不鲜。养老保险的性质不同于劳动报酬，养老保险是为了实现国家保障的目的，而劳动报酬是劳动者劳动成果的对价，这两者社会功能不同，不存在相抵的可能性。因此，超龄就业者只要付出等量、无差别的劳动，便能享受劳动法上的同工同酬待遇，更有助于公平正义价值目标的实现。

第四，劳动基准层面。劳动基准是指国家法律规定的劳动者享有劳动条件和劳动待遇的最低标准[1]。学者夏艳指出，劳动基准主要包括工资、工时及休假、特殊劳动者保护、劳动管理和劳动保护、劳动保障五个方面[2]。我国现行立法中虽未出现"劳动基准"的概念，却不乏相关的法律规定和学术研究，且基本劳动标准已成为第十三届全国人大常委会的立法项目。劳动关系是适用劳动基准规范的基本前提，超龄就业者与用人单位之间的纠纷很大一部分是因工资、工时和休息休假产生的。郭尔且与西昌泸山电力有限责任公司劳动争议一案[3]，就说明了超龄就业者在寻求劳动基准保护时所面临的难题：郭某退而不休，继续在原单位上班并且签订了劳动合同，后郭某诉至法院要求被告公司按照《劳动法》的规定支付加班费用，补发低于最低工资标准的工资，二审法院最终判定郭某已达法定退休年龄，双方之间是劳务关系，上述请求无法律依据因而不予支持。

①　刘俊. 劳动和社会保障法 [M]. 北京：高等教育出版社，2017：189.
②　夏艳. 超龄就业的法律性质与调整机制研究 [D]. 南京：南京大学，2015.
③　详见四川省凉山彝族自治州人民法院（2019）川 34 民终 1099 号.

法律的缺口让不少用工单位发挥出经济人的"逐利性"，他们往往通过要求强制加班、剥夺休假等方式来达到降低用工成本的目的。很多类似于郭某的超龄人员加班加点，领取的工资却远低于最低工资标准，这未免有失公平。超龄就业者的权益遭受持续侵害，用工单位在缺乏法律强制约束的情况下更加有恃无恐，劳资关系长期处于一种失衡状态。劳动基准作为最低标准，用工单位制定的规章制度、与劳动者所签订的劳动合同均受到劳动基准的制约，只能采取等于或者大于劳动基准规定的标准，只有用工单位在面对超龄就业者时，仍负有劳动基准保护义务，才能使处于弱势地位的超龄就业者的基本劳动权益如工作时间、最低工资、劳动保护等方面得到应有保护，在"倾斜保护原则"下，最终让超龄就业者与其他适龄劳动者一样获得平等的法律地位，实现劳动法的应有之义。

第五，防止同案不同判现象。随着老龄化现象的不断加重，大量超龄就业者在劳动过程中权益受到侵害的案件层出不穷，但由于法律规范的漏洞、概念界定的模糊以及各地法院的审判标准不一等原因，导致司法实践中不同审判组织在超龄就业者的性质认定及保护路径的适用问题上作出不同裁判，有损司法的公正性及权威性。

我们认为超龄就业同案不同判的现象具有制定法和裁判主体等方面的形成原因。法律就某一应予规范的事项上"缺位"或者多余、相悖的规定，会给法官统一解释和适用法律规则造成困扰，除非法律条文足够清晰明确，能够与案件形成直接对应关系，否则总离不开法官的自由裁量与价值取舍判断①。当处理同一法律问题时，法官需要从法律条文中萃取个案适用的具体规则，既要以法律规则为判定依据，又要集合案件的具体情况，进而进行差异性和相似性的权衡，同案则适用同一法律规则，从而在该法律问题上形成同判。《劳动合同法》和《劳动合同法实施条例》在超龄就业法律关系性质界定上存在规范冲突，在相关立法态度不明的背景下，《最高人民法院关于审理劳动争议案件适用法律若干问题的解释（三）》的出台在一定程度上减少了同案不同判的现象，提高了处理该类案件的司法效率，但由于法律的效力层级较低，内容不够完善等，

---

① 陈杭平. 论"同案不同判"的产生与识别［J］. 当代法学，2012（5）：27.

采用"头痛医头、脚痛医脚"的立法技术，仍未能对超龄就业的性质给出明确的立法表态。如《最高人民法院关于审理劳动争议案件适用法律若干问题的解释（三）》仅对超龄就业群体中的一种类型进行了明确规制，对于其他类型则由裁判者自行解读，同案不同判的司法困境仍未得到破解。鉴于以上分析，对超龄就业者采取劳动法的保护路径具有合理性，更能保障超龄就业者的权益，在人口老龄化不断严重的现实背景下，应在法律上明确超龄就业者的劳动者地位及系统规定保护路径，进一步弥补法律上的漏洞，才能从根源上减少同案不同判现象的发生，实现法的正义价值和秩序价值。

四、国外的立法考察及启示

国外的超龄就业者在满足相关法律规定的前提下，无异于适龄劳动者，在基础法律关系的认定方面并不存在类似于我国的争议，国外立法者倾向于促进这类群体就业，并保障他们的合法权益，以应对部分岗位劳动力缺失和人口老龄化等方面的挑战。我国也同样面临着老龄化加剧的难题，通过对比研究国外的制度设计，才能够更好解决超龄就业法律关系性质的认定争议，调整相关机制切实保障超龄就业者权益。

（一）典型国家的超龄就业制度介绍

我们选取英国、美国、日本和新加坡四个国家的法律制度作为考察对象，主要是基于以下三点考虑：第一，人口老龄化是影响国家发展的一大阻碍，超龄就业并非我国的独有现象，日本、新加坡、英国等同样面临着如此难题。日本早已进入了老龄化社会，虽然我国的人口老龄化问题相较于日本不算严重，但我国在老龄化的对策方面尚处于探索阶段，日本等国家在优化超龄就业法律环境方面的对策值得我们借鉴。第二，美国对超龄就业法规的完善程度，可以称为是目前所有国家中的典范。且美国在20世纪40年代就已经重视到了该问题，在促进老年人就业方面积累了相当的经验，相比之下，我国规制这方面用工关系的法律却不是很完备。第三，英国和新加坡都有专门的立法对超龄再受雇行为进行调整，相关制度设计系统而规范，值得我们借鉴。

1. 英国：客观主义标准、年龄歧视与退休收益计划

英国是判例法系国家，在判例中总结了劳动者身份的特征：第一，根据他

人的指导来开展工作；第二，该劳动是用人方经营活动的组成部分；第三，用人方提供工具；第四，用人方获取收益和承受风险①。在一些偶然、短期工作的情况下，法官会根据双方是否相互承担义务来进行判断，采取的是客观主义，即使个人承认其仅为独立承包人，但客观上符合劳动者的判断标准，法官倾向于认定其为劳动者②。

英国反对年龄歧视，2006 年的《雇佣平等年龄规则》规定有以下内容：用人单位非基于正当理由不能强制达到退休年龄的劳动者退休；不能拒绝虽已达退休年龄，但劳动能力仍良好的这部分劳动者继续工作；除因岗位特殊外，不得将年龄作为限制条件③。英国还采取立法的形式来实现推迟退休年龄的效果，2004 年的《联系年龄支付法》，规定了非正常退休年龄的范围是 60 岁至 64 岁，延期退休年龄的范围是 66 岁至 70 岁。并将退休年龄的选择与养老保险金的金额相联系，每提前一个月退休，数额就会减少 0.5%；每延迟一个月退休，数额就会增加 0.7%④。

2. 美国：禁止就业歧视、同工同酬与限制工时

在美国，年龄歧视是就业歧视的种类之一，年龄歧视经历了从无到有、不断完善的过程。1964 年美国颁布了《民权法》，在保障就业机会平等方面发挥了重要作用，该法案指出判定是否构成就业歧视的因素为种族、宗教、性别和国籍，未将年龄作为考量因素。1967 年，美国制定的《就业年龄歧视法》禁止非基于正当理由而对部分老年劳动者降低工资报酬、开除等，保护范围限定在40 岁至 65 岁的劳动者，该法案先后进行了多次修改，1978 年美国将 65 岁的上限扩大至 70 岁，1986 年取消年龄上限，仅规定下限，即 40 岁以上的劳动者均平等保护就业⑤，该部法案禁止了雇主直接歧视和间接歧视的行为，扩大了法案的保护对象，保障了老年劳动者的就业权利。

《高龄工人福利待遇保护法案》禁止用人单位对老年劳动者在福利待遇方面

---

① 李凌云. 英国法院如何认定雇佣合同 [J]. 劳动保障通讯，2002（8）：41-42.

② 侯玲玲，王全兴. 劳动法上劳动者概念的研究 [J]. 云南大学学报法学版，2006，19（1）：68.

③ 饶志静. 英国反就业性别歧视法研究 [M]. 北京：法律出版社，2011：67.

④ 夏安. 论退休返聘人员的权利保护 [D]. 上海：上海师范大学，2017.

⑤ 李玉雪. 劳动者自愿退休法律制度研究 [D]. 南京：中国矿业大学，2016.

实施差别对待，实行同工同酬①。2009 年 1 月 9 日，美国前总统奥巴马在众议院签署了《公平薪酬法案》，该法案旨在解决公民因性别、年龄、种族、信仰或者障碍而不能实现同工同酬的问题。美国的《就业年龄歧视法》规定，不同酬是因资历、绩效或除性别、年龄以外的其他因素导致的，此种差别是合法的。

美国除了在禁止年龄歧视方面保护老年人再就业的权利，出于对老年人的保护，对其工时作出了限制，《养老金法》规定，退休人员每年工作时长的上限为 1900 小时②。

3. 日本：主体判断标准、延迟退休与继续雇佣制度

对劳动关系的判断有两种方式，一种是从主体上进行判断，另一种是从内容上（从属性）进行判断，主体判断的路径是指判定一方为劳动者，继而间接认定双方形成的是劳动关系，日本是该种判断模式。日本的《劳动基准法》制定于 1928 年，最后一次修改完成于 2014 年，该法第 9 条规定了该法的适用对象为"劳动者"，即接受工资支付的被使用者。劳动者的判断标准：第一，是否被使用（在指挥监督下劳动）；第二，该劳动是否接受了工资形式的报酬。这两种标准被称为"使用从属性"。日本老龄化现象尤为严重，超龄就业现象屡见不鲜，截至 2018 年，日本在职的 65 岁以上就业人口占就业总人口的 12.9%，在日本就业人口严重匮乏的情况下成为劳动力市场的重要战斗力量。为了解决高龄老人就业中遭遇的年龄歧视问题，日本立法主要是提高退休年龄和禁止将年龄作为录用的限制条件这两个方面③。日本的退休年龄一开始设置为 55 岁，后延长至 60 岁，1986 年制定的《高龄者雇佣安定法》规定退休年龄为 65 岁，要求用人单位采取措施使劳动者达到 65 岁后才能退休，但这仅具有倡导性，即便日本政府对用人单位采取了金钱补助或奖励金的激励措施，实际效果并不佳。2004 年日本改变了之前法律规定的柔软性，将用人单位确保就业者雇佣至 65 岁

---

① 林晓云. 美国劳动雇佣法 ［M］. 北京：法律出版社，2007：93.
② 朱正威，刘慧君. 中国退休返聘公共政策环境分析 ［J］. 西安交通大学学报（社会科学版），2005，25（2）：18.
③ 陶建国. 日本禁止就业年龄歧视法律制度对中高龄劳动者的保护 ［J］. 人口与发展，2010（1）：104.

为一项法定义务①。日本同样采取奖励措施来推迟退休年龄，公民每提前一年退休，退休金就会减少6%；每延迟一年退休，就会增加8.4%。

2001年4月，日本对《雇佣对策法》进行了修改，规定用人单位应在录用时为劳动者提供与年龄无关的平等就业机会。2004年的《高龄者雇佣安定法》将在录用方面禁止年龄限制规定为用人单位的非强制义务，并规定有例外情形。2007年将之前规定的"非强制义务"修改为"法定义务"，年龄不再成为录用的条件，而是转向对劳动者是否具备相应职务能力的判断方面，除此之外，考虑到某些职位存在特殊性，还规定有设置年龄上限的例外情形，但用人方需向应聘者、工作介绍所等具体说明理由②。

4. 新加坡：继续雇佣制度、公积金储蓄计划与国家社会保障

新加坡面对愈加严重的人口老龄化问题，采取了积极的应对措施，鼓励老年人继续发挥余热就为其中的一项。2011年的《退休与重新雇佣法令》规定，当劳动者达到62岁的退休年龄，但身体状况和工作表现仍好的这部分劳动者，雇主需要继续雇佣至其满65岁，这部分劳动者拥有退休或继续劳动的选择权。该法令在实施过程中取得了很好的成效，这离不开养老制度和政府公共政策的配套实施。新加坡1955年开始实行公积金强制储蓄计划，劳动者和用人单位都必须强制参加该计划，此公积金不同于其他国家，既不用于公共统筹也不用于再分配，而是用于个人积累，退休人员养老金的数量取决于劳动期间的积累③。此外，新加坡政府还推行优化职场计划，对雇佣超龄者的用人单位采取不同程度的资助，为超龄者重新就业提供工作机会和培训等。

（二）给我们的启示

各国通过上述法律的创建和完善，解决了部分老年人就业的问题，我国也同样面临着老龄化加剧的难题，我们有必要借鉴国外的相关经验，规范企业用

---

① 田香兰. 日本老年人雇佣政策及其对中国的启示 [J]. 日本问题研究，2012，26（3）：34-35.

② 田香兰. 日本老年人雇佣政策及其对中国的启示 [J]. 日本问题研究，2012，26（3）：36.

③ 樊天霞，徐鼎亚. 美国、瑞典、新加坡养老保障制度比较及对我国的启示 [J]. 上海大学学报（社会科学版），2004（3）：86.

工行为，完善老年就业者的保护路径。通观各国为保障超龄就业者的制度设计，可以得出以下启示。

第一，英国对劳动者身份的认定倾向客观主义，并在判例中总结出了劳动者身份的特征，日本对劳动者有清晰的法律定义。劳动法律的适用对象为劳动者，但在我国相关法律规定中并未明确界定和总结出劳动关系和劳动者的含义与判定标准①，而是从用人单位的角度来界定劳动者，我国对用人单位进行分类阐述的方式并不利于劳动者概念的解决。

我国未来明确劳动者基本概念的做法较为合理，此概念的确立具有重要意义，因为具备主体资格才能够纳入劳动法的调整范围，享受劳动权利和承担劳动义务。我国实践中因过分强调劳动者主体资格继而认定双方不存在劳动关系，但事实上我国缺乏劳动者的基本概念，在概念缺失的情况下如何得出超龄就业者丧失劳动者主体资格呢？因而这一实践做法值得商榷。对劳动者身份的判断应回到具备劳动能力、具备依附性等客观因素上，而不是人为地将劳动者身份的界定与社保的享有相挂钩。对于适格主体的判断标准问题，我们需要通过比较研究来设计出科学的依据。

第二，英国、日本和新加坡采取不同措施来达到延迟退休年龄的效果。我国是目前世界上退休年龄最早的国家，现行法定退休年龄与人均预期寿命的提高不相适应，面对人口老龄化加速发展的现状，推迟退休年龄是未来的必然趋势。其次，将年龄作为判断老年劳动者是否具备劳动能力的标准，这种划分依据是否科学公平，是否构成劳动关系终止的合理事由，都是存在疑问的。硬性退休年龄的设定是影响老年人劳动者身份界定的最大阻碍因素，而取消硬性退休制度，可以从根源上解决超龄就业的性质认定难题，使年龄不再是劳动能力有无的判断因素。在面对延迟法定退休年龄或是弹性规定退休年龄的选择时，英国、日本和新加坡采取的是延长退休年龄的方式。

我们认为，在借鉴国外延长退休年龄制度后，实行弹性退休制度对我国来说更为合理，因为此制度更尊重劳动者自身的意愿，硬性规定延长后的法定退休年龄在推行过程中会面临更多阻力，且该最佳值在现阶段难以科学确定，而

---

① 肖竹. 劳动关系法律调整的核心机制研究［M］. 北京：中国法制出版社，2017：91.

弹性退休年龄制度并不存在上述问题，对我国来说更具有现实意义。

第三，国外采取了立法的方式规制劳动市场中的年龄歧视行为，如美国明确"年龄"并不是导致同工不同酬的正当事由，反而涉嫌年龄歧视，日本禁止将年龄作为录用的限制条件。我国劳动法律明确规定了同工同酬原则，但是此类规定过于笼统，何种情况违背同工同酬原则没有理论和实践上的支撑，且年龄歧视虽为我国最普遍的就业歧视类型之一，但实际上我国禁止歧视的范围有限（仅包括性别、民族等）。

将此项国外经验应用到国内具有合理性，国外的反年龄歧视并非泛泛而谈的一般性保护，而是具备了可操作性的条款，这使得法律工作者在规范和惩戒用人单位不当的就业歧视行为时，真正做到了有法可依。各国在同工同酬、反就业歧视方面的规定较为成熟，在我国对反就业歧视的具体操作规范进行初步探索时，具有很大的借鉴意义，能够破除我国因缺乏具体法律规则而依据法律原则进行判案的困境，还能保障超龄就业者获得公平工资待遇的权利，规范用人单位的不法行为，使超龄就业者在同等条件下，具有和适龄劳动者一样的竞争力。

第四，在英国、日本等国家，享有劳动权和享受养老保险待遇两者间是并存而非对立关系，已领取退休金的人员仍可以再就业，退休金的金额会随着延迟退休年限的增长而增加。我国规定"开始享受养老保险待遇的，劳动合同终止"，这将劳动权和养老保险待遇陷入一个"鱼和熊掌不可兼得"的两难境地，可以看出，我国采取的是人为将两者挂钩的做法。

我们认为，参考国外让两者脱钩的做法较为合理，因为劳动权和养老保险待遇属于两类不同的法律关系，将两者挂钩缺乏法理基础，且享受养老保险待遇作为履行劳动义务的结果，却反过来成为认定劳动权的制约因素，此属于逻辑紊乱。另外，应对超龄就业者的养老保险金稍加限制，一是可以兼顾到用人单位、适龄劳动者的利益，二是可以通过此方式来达到延迟退休的社会效果。

第五，美国考虑到超龄就业人员在年龄、身体状况方面的特殊性，合理地限制了他们的工时，从而保障其不会因为过度劳动而损害身体健康。在我国，超龄就业者和传统劳动者在工时方面并不存在较大差异。

我们认为，我国采取同样限制超龄就业者工时的做法具有合理性，这是基于超龄就业者与传统劳动者相比，除年龄较大外，还存在劳动能力较弱可能性的考虑，在工时方面设置区别于适龄劳动者的劳动基准，能够更大程度保障退休人员的身心健康。

五、非标准劳动关系视域下调整机制的构建

中国的老龄化状态愈加严重，如何定性超龄就业者，是否应纳入劳动法的调整范围，倾斜保护应达到何种程度，都引起了人们的广泛关注。鉴于以上对超龄就业问题的分析，我们认为应当将用人单位与超龄就业者的用工性质定性为非标准劳动关系，适用劳动法进行调整。其次，考虑超龄就业者在年龄、体力方面可能与传统劳动者存在差距，基于此种特殊性，对其的倾斜保护应体现出差异性。我们需要在重新认识超龄就业者法律地位的基础上，构建调整机制，引导规范超龄人员与用人单位之间的用工关系，从根本上减少此类用工纠纷的出现，从而实现法律效果和社会效果的统一。

（一）明确超龄就业者的法律地位

1. 拓展传统"劳动关系"中的主体范畴

司法实践中导致部分就业者难以被认定为劳动者的原因之一是裁判者过分强调双方主体的适格，对主体资格的要求过高，导致对双方法律关系的性质认定尚未进入从属性的判断标准前，就因主体不适格而被否定了劳动关系[1]。但是对于劳动者主体判断标准问题，现行立法并未明确，劳动者概念的不确定性影响劳动关系的进一步判断。在司法实践中，多数法官应用相应法律法规中规定的"劳动合同终止的条件"和法定退休年龄的规定，认为退休人员在年龄、社会保险等方面与传统劳动者存在显著差别，这是导致超龄就业者身份界定存在争议的另一原因。

首先，我国劳动法并未对劳动者的内涵作出明确界定，其外延是通过界定劳动关系和用人单位范围的方式间接得出，这一做法并不利于劳动者概念的解决。其次，劳动合同的终止、达到退休年龄并不等同于劳动关系的终止，现实

---

[1] 胡大武. 比较与借鉴：家政工人劳动权益法律保障研究［M］. 北京：中国政法大学出版社，2012：122.

中仍存在实际用工，对于劳动关系的认定应回到本质特征的判断标准上。非标准劳动关系从本质上来说仍属于劳动关系，主体不应限定为已满16周岁未达到退休年龄、具有劳动权利能力和行为能力的自然人，退休人员当然可以成为劳动者。可以从以下几个方面判断就业者是否具备劳动者的资格：已达就业年龄，具备劳动能力，行为自由且未被排除在劳动法适用范围之外，具备劳动关系的本质特征等。超龄就业者完全符合以上要求，应拓展传统劳动关系中的主体范畴，对劳动者的概念在法律上予以直接明确的界定。

2. 对特殊劳动关系的认定标准作出规定

在传统劳动法保护理念中，用工性质被分为"劳动关系"和"劳务关系"两种，雇员和用人单位之间的劳动纠纷要么适用劳动法调整，要么纳入民法调整范围①。实际上，非标准劳动关系同样符合劳动关系的本质特征，只是存在主体、从属性减弱等方面的差异，现行"二元论"的立法模式与当前迅速发展、广泛存在的非标准劳动关系不相适应，大量不能完全符合标准劳动关系的劳动者被排斥在劳动法应用的灰色地带。我们应破除传统理论的构架，实行"三元论"，即劳动关系、特殊劳动关系和劳务关系，如此一来才能穷尽劳动者与用人单位的用工性质，区别设置不同的权利和义务，是应对当下超龄就业者法律地位认定混乱，案件裁判结果不统一现状的有效处理思路。

（二）增加弹性退休年龄制度

增加弹性退休年龄制度，主要是为了解决超龄人员在劳动法上的主体瑕疵问题，自愿退休更加符合比例原则②。大多数超龄就业者因"年龄"或者"享受养老保险待遇"而被排除在劳动法保护范围之外，实行弹性退休制度可以很好地扫除这两个障碍，年长的工作者在弹性退休制度下视为适龄劳动者，在自己选择退休之前，不存在享受养老保险待遇的问题，可以从根本上解决此类难题。

实行弹性退休制度，仅对退休年龄的下限进行规制，一是将参工和用工的自主权交还劳动者和用人单位，从福利经济学来看，庇古认为"个人是自身福

---

① 班小辉. 非典型劳动者权益保护研究［M］. 北京：法律出版社，2016：70.
② 林嘉. 退休年龄的法理分析及制度安排［J］. 中国法学，2015（6）：14.

利的最好判断者，个人总是将自己的福利最大化"①，劳动者和用人单位都会发挥经济人的理性，作出是否继续工作和是否录用退休人员的选择；二是对我国国民平均预期寿命提高的积极回应，我国的退休年龄是目前世界上最低的，随着科技的进步，老龄人的体力状况已较大提高；三是实现人力资源利用最大化，根据投入产出理论，国民教育包含有国家、社会和个人的经济投入，国家对教育的经济投入很大，数据显示，2019 年 1—4 月全国一般公共预算支出为 72651 亿元，其中教育支出为 10906 亿元，为第二大支出，仅次于社会保障和就业支出，在一般公共预算支出中的占比为 15.01%②。劳动者的工作时间可以视为国家、家庭及个人的投资收益，设置强制退休年龄，说明教育成本的投入和对社会的贡献值成反比，这会导致投入产出收益的降低，造成人才的浪费。

（三）填补年龄歧视的立法空白

"达到法定退休年龄"并不应当作为认定用工性质的依据，法定退休年龄并非劳动行为能力的终止年龄，以此来剥夺超龄就业者应有的劳动者待遇构成年龄歧视。劳动法规定了劳动者有平等就业的权利，除此之外，《残疾人保障法》《就业促进法》等也涉及部分反就业歧视的规定，但都缺乏具体的操作规则，事实上，法院在受理包括因年龄、身高、性别、乙肝病毒携带等造成就业歧视案件，裁判的依据并不是法律的明确规定，而是基于法律原则，能动地作出公正的裁判③。超龄就业者与适龄劳动者相比，或者存在劳动能力较低等劣势，但是用人单位所支付的报酬不能过分低于同等岗位的一般水平，否则可能涉及年龄歧视④。年龄歧视作为劳动中常见的歧视类型，应写入专门的反歧视法中，配以具体的构成歧视的类型、判断标准、救济途径与法律后果，通过立法促进平等就业，切实维护其合法权益。

（四）建立劳动基准保护机制

现行法律规范并未涵盖所有非标准劳动关系的类型，然而，在法定劳动时

①　姚明霞. 西方理论福利经济学研究［D］. 北京：中国人民大学，2001.
②　财政部. 2019 年 4 月财政收支情况［EB/OL］. 中华人民共和国财政部官网，2019-05-08.
③　刘晓楠. 反就业歧视的理论与实践［M］. 北京：法律出版社，2012：23.
④　陈敏. 退休再就业人员工资报酬权法律保护研究［D］. 重庆：西南政法大学，2014.

间逐渐被缩短，互联网技术改变劳动生产方式的现代社会，承认非标准劳动关系，建立与之适应的劳动权利义务的特殊法律适用、工作时间的弹性约束和劳动标准的特殊适用等法律规则，越来越具有现实意义①。《网络预约出租汽车经营服务管理暂行办法》仅规范网约车用工，这种采取特殊化法律调整的方式具有一定的优势，仅对现行立法进行适当修改，维护了法律体系完整性的同时还降低了立法成本，但大量的非标准劳动关系认定的法律依据并不充分，特殊化的法律调整方式并非具有长远意义的良策。

超龄就业者是介于标准劳动关系与民事劳务关系之间的中间状态，满足劳动关系本质特征的应加以倾斜保护，但并非无差别的保护，而应在赋予超龄就业者平等权利的前提下，同时兼顾社会的承受度，制定专门立法来调整该类法律关系②。我国并无专门的《劳动基准法》，劳动基准的规范散见于法律规定中，但规范的适用以标准劳动关系为前提，现有劳动保护、工作时间和最低工资等劳动基准的规定并不能规范非标准劳动关系。我们建议制定专门的《劳动基准法》，此部法律可以为难以纳入现行劳动保障法律法规调整的劳动者的基本劳动权益保障提供法律依据。就劳动行为要素而言，非标准劳动关系区别于标准劳动关系，体现在非标准劳动关系中的劳动行为在工作时间、工作地点和薪酬福利等方面具有灵活性。考虑到超龄就业者在年龄、劳动能力等方面的特殊性，为超龄就业者在工作时间、工作量、休息休假等方面设置不同于适龄劳动者的劳动基准，更能协调超龄就业者与适龄劳动者、用人单位之间的利益冲突。

讨论到劳动基准中的工资报酬问题时，不免涉及一项重要的原则，即同工同酬原则，同工同酬允许有合理差别的存在。不乏有些用人单位将超龄就业者已超过退休年龄、已享有养老保险待遇等作为拒绝支付同等报酬的抗辩事由，那何种差别待遇才是合理的呢？现行劳动法律并未作出具体规定。差别是否合理，往往需要一个判定标准，国外大多是采取列举的形式来说明。如加拿大的《两性工资平等法》将责任大小、难易程度、环境作为考量因素；美国《平等工

① 《劳动与社会保障法学》编写组. 劳动与社会保障法学 ［M］. 北京：高等教育出版社，2018：29.

② 潘峰. 是劳动关系还是雇佣关系——论退休返聘人员的平等就业 ［J］. 中国人力资源开发，2008 （3）：84.

资法》将技能、责任和艰苦程度作为考量因素。通过对比发现，就业者的年龄或者享受养老保险待遇并不能构成不同酬的合理事由。诸如此类对劳动基准细化的规定有望在之后制定的《劳动基准法》中有所体现，以期进一步保障超龄就业者的合法权益。

（五）完善工伤保险的相关规定

人力资源和社会保障部（以下简称"人社部"）《关于执行〈工伤保险条例〉若干问题的意见（二）》明确了，符合一定情形的超龄劳动者，由单位承担工伤保险责任，但未明确两者间存在劳动关系。这在一定程度上说明，工伤认定独立于基础法律关系的存在，劳动关系的认定在解决工伤问题上并不是关键，而如何对超龄就业者比照给予工伤赔偿成为关键。为回应广大用人单位与劳动者日益迫切地扩大工伤保险制度覆盖范围的诉求，浙江省发布了《浙江省人力资源和社会保障厅等3部门关于试行职业技工等学校学生在实习期间和已超过法定退休年龄人员在继续就业期间参加工伤保险工作的指导意见》，2019年10月29日，人社部工伤保险司转发了该指导意见。该指导意见虽缺乏强制性，但也反映出了一种政策导向，即将退休人员纳入工伤保险范围中。虽然工伤待遇的问题得到了解决，但劳动关系认定的问题仍悬而未决。

根据《工伤保险条例》的规定，申请工伤认定的职工应提供与用人单位存在劳动关系（包括事实劳动关系）的证明材料，此为必备材料，说明在法律层面上，存在劳动关系仍为工伤认定的前置条件，工伤认定部门颁布的文件若与法律存在不一致，会导致裁审衔接不畅问题的出现。在日趋严峻的老龄化社会下，超龄就业者的合法权益应如何充分予以保障，需要在立法上作出更明确的规定。未来应首先松绑劳动关系与社会保险的绝对对应关系，为实现立法价值目标，满足劳动者群体需求，将法律运行中具有明显争议和迫切需求的法律制度（如工伤保险）的拓宽适用写进立法规划①。法律规范与劳动关系实现脱绑在国外并不少见，例如，日本将一些劳动者享有的权利，如意外伤害保险和不

---

① 肖竹. 劳动关系法律调整的核心机制研究［M］. 北京：中国法制出版社，2017：92.

被滥用解雇的保护等，扩展至非雇员①。我们建议进一步完善《工伤保险条例》，扩大工伤保险的适用主体，工伤认定与劳动关系的确认脱钩，超龄就业者依法申请由工伤保险行政部门对照工伤的情形进行判定，遵循劳动争议的处理程序。

同时基于"比例原则"的考虑，对退休人员的工伤待遇应区别于适龄劳动者。劳方和资方对立的追求目标，必然演变成劳资冲突，在市场经济中，这种冲突并不能够被消除，但是我们可以从协调劳资矛盾方面下手②，比例原则在该问题上的适用就不失为能够实现公平和效率并重的良策。劳动法的适用范围呈现出逐步放宽的特点，但鉴于超龄就业者存在的种种特殊性，将劳动法的有关规定全部套用到超龄就业者身上也是有失偏颇的，对该部分群体的倾斜保护应有合理的度，这是劳资间利益平衡的支点，具体而言，用人单位在缴纳工伤保险费时，立法应区别设置费率③，可以考虑超龄就业者是否领取退休金等因素，如果他们领取了退休金，那么对他们保障的程度就应该相较于适龄者或未领取退休金的超龄者适当降低。从而实现劳动立法的应有之义——在劳动者权利保护和用人单位利益实现间寻找一个平衡点，维护双方权益，减少劳动纠纷，促进形成和谐劳资关系④。

（六）对双方所签劳务合同的实质审查

签订合同是出卖劳动力一方和使用劳动力一方在法律允许的范围内自由规定合同内容的过程，基于劳动者的弱势地位和用人单位节约缔约成本的需要，合同的签订具有很强的附和性⑤。现实中不乏用人单位通过签订名为"劳务合同"的文件来与超龄人员建立劳动关系，两者本应是地位平等，劳动者却实际上受到了用人单位的监管和指挥，反映出劳动关系的本质特征，这无异于阴阳

① YAMAKAWA R. New Wine in Old Bottles Employee/Independent Contractor Distinction Under Japanese Labor Law [J]. *Comparative Labor Law & Policy Journal*，1999（21）：119-121.
② 唐庆会. 劳动合同法的经济学分析 [D]. 长春：吉林大学，2013.
③ 曾庆涛. 超龄农民工的权益保护探讨 [J]. 法制与社会，2016（32）：230-231.
④ 冯涛等. 劳动合同法研究 [M]. 北京：中国检察出版社，2008：37.
⑤ 《劳动与社会保障法学》编写组. 劳动与社会保障法学 [M]. 北京：高等教育出版社，2018：75.

合同，当发生用工争议，超龄人员要求享受劳动者待遇时，用人单位往往将双方成立的是劳务关系作为抗辩理由，证据便是双方签订的劳务合同，如此一来，超龄就业者同工同酬、享受社会养老保险、休息休假等权益都得不到保障。因此，法院在认定双方的用工关系时，应突破书面形式，对合同内容进行实质审查，包括体现人格从属性和经济从属性的证据，因为超龄就业者往往因自身谈判能力缺乏、对合同性质认识不明等原因而附和签订了合同，很多时候并未表达就业者的真实意思，如此才能体现劳动法的倾斜保护之义。

第二节 非全日制用工中劳动者权益的保护

自20世纪70年代始，各国加快了对产业结构调整的速度。过去30多年来，经济全球化的发展以及其他因素造成了全球制造业发展相对萎缩而服务业却不断扩大的局面，传统的、固定的、长期的用工形式已经不能适应第三产业灵活、多样以及弹性化的用工需求，在此种大背景下，出现了大量的"非全职、非全时、非典型"灵活用工现象，非全日制用工就是灵活用工中的一种表现形式。因其用工成本低，工作时间、地点、工作条件等弹性大的特点很好地适应了这些行业的用工需求，一方面满足了现在劳动力市场的灵活性而备受用人单位的青睐，另一方面与现在劳动者自主择业的新观念有着契合性，同时在劳动力市场出现供不应求的情况下，非全日制用工的出现能够较大程度地缓和了这种供需失衡的矛盾。

我国非全日制用工与其他的灵活用工形式于20世纪80年代开始在就业市场出现①，这种用工形式很好地满足了农村剩余劳动力及从体制内下岗工人的就业需求，因此受到政府的大力推崇。农村剩余劳动力及从体制内下岗的工人这两类待业人群由于受教育程度有限，缺乏全日制工作岗位所具备的专业技能，大多以灵活就业的形式实现就业，非全日制用工形式便是一个良好的选择。非

---

① 中国劳动世界的未来议题三：非标准（非正规）就业形式 [J]. 中国劳动，2018（12）：4-13.

全日制用工这种用工形式于2003年才首次被纳入立法规范的保护范围，即劳动和社会保障部出台的《关于非全日制用工若干问题的意见》（以下简称《意见》），而真正在法律层面对非全日制劳动者给予保护的是2008年的《劳动合同法》，但《劳动合同法》中对非全日制用工规制条文较少，多为基础性的内容。我国非全日制用工自21世纪以来发展得越来越快，但是相关法律的规制却不能与时俱进地随着此种用工形式的发展而随之进化，简言之，目前的法律制度并不能适应新型劳动用工形式的发展。我国非全日制用工形式在劳动力市场上的发展与相关法律制度的实施之间，有较长的时间差距，同时法律的制定和完善也不能很好地与非全日制用工的发展状况相衔接。

一、非全日制用工形式对劳动者权益保护的冲击

（一）非全日制用工形式对劳动者的影响

1. 对劳动者职业稳定权的影响

职业稳定权是指劳动者就业后其职业应获得稳定保障的权利，即劳动者不仅能就业，而且其职业应能得到维持，提高其就业质量①，职业稳定能增强劳动者的就业安全感，是作为公民基本权利之一的劳动权基本内涵，于劳动者而言至关重要。世界各国的劳动立法基于对劳动者的倾斜保护，各项制度主要围绕对劳动者职业稳定权的保障而设计安排，如无固定期限劳动合同制度、解雇制度等，通过限制用工单位的相关权利来达到保障劳动者职业稳定权的目的。但这些法律制度大多是以固定的、典型的、标准的劳动关系为样板而设计，因此非全日制用工形式的出现，对劳动者职业稳定权造成了一定程度上的冲击。

非全日制用工的实质即劳动关系"非标准化"的表现，与"标准"的全日制用工相对，因其本身具有的灵活性特征能够很好地满足企业对于灵活用工的需要而深得企业青睐。非全日制用工形式的灵活性主要表现为劳动期限短、工作时间随意、劳动关系双重甚至多重等，通常适合短期，季节性或对时间弹性化要求比较高的职位。非全日制用工劳动合同期限短，甚至没有书面的劳动合

---

① 金英杰. 试论职业稳定权——兼谈瑞典劳动法对我国劳动权内涵的启示［J］. 劳动法评论，2005，1（0）：163-182.

同，因此面临随时终止劳动关系的问题，与全日制劳动者相比，职业稳定权难以得到保证。对于企业来说，其在选择非全日制用工和全日制用工时的利益是不同的，一般而言，企业更注重保持与全日制劳动者相对长期稳定的劳资关系，以获得企业长期发展的不竭动力，吸引并通过培训的方式使劳动者关心企业的长期发展利益①。为了增加人力资本，企业会采取各种措施逐渐增加劳动者的工资，改善工作条件，增加劳动者福利，并尽可能地为劳动者投资人力资本。但是企业在对待非全日制劳动者时采取的是完全不同的态度，因为非全日制岗位一般是企业的边缘岗位而非核心岗位，这部分劳动者群体对于企业的长期发展并不如全日制劳动者的那么举足轻重，且对于知识技能水平的要求也不算太高，企业在对待非全日制用工上则是尽可能地减少人力投资成本，不会首先考虑或是追求与非全日制劳动者之间劳资关系的稳定，因而非全日制劳动者的工作条件、在企业中获得培训的机会与全日制劳动者之间存在着较大的差距。因企业的重视程度不够而往往导致非全日制劳动者被动离职，职业稳定权难以得到保障。

从人力资源管理理论的角度分析，一个企业的所有劳动者可以分为核心劳动者和边缘劳动者两类，此种划分是以劳动者从事的岗位对于企业运营的重要程度为划分依据。核心劳动者顾名思义是在企业运营核心岗位上工作的劳动者，多由传统的全日制劳动者群体组成，因为企业重视对这部分劳动者的人力资本投资，因此劳资关系表现为长期稳定的特征，劳动者的职业稳定权更能得到保障；边缘劳动者多是临时性或者短时性的非全日制劳动者，这部分劳动者的存在主要用以满足企业用工的数值灵活性，适应生产经营过程的外部市场变化需要②。边缘劳动者的专业知识技能需求通常较低，具有较强的可替代性，往往不受企业重视，职业稳定与全日制劳动之间存在较大差距。

2. 对劳动者劳动报酬权的影响

劳动报酬权即劳动者基于劳动合同，通过履行合同义务请求用人单位按时

---

① 洪芳. 论非全日制劳动者职业稳定权保护 [J]. 前沿，2013（1）：79-82.

② HAKIM C. Core and Periphery in Employers' Workforce Strategies：Evidence from the 1987 E. L. U. S. Survey [J]. *Work Employment & Society*，1990，4（2）：157-188.

足额支付与劳动力价值相当的报酬的权利①，也是劳动权的内涵之一。根据我国非全日制用工的发展状况可以看出，非全日制劳动者多来自传统行业的下岗失业劳动者及农村剩余劳动力，这些人接受教育的程度不够，因此专业知识技能水平也比较低下，无法从事对专业知识技能要求比较高的全日制工作岗位，而只能退而求其次地选择非全日制工作岗位，这些岗位多存在于靠出卖廉价劳动力获取报酬的中低端服务行业，如餐饮、快递投送、家政等可以弹性地安排工作时间的行业。因此，劳动者劳动报酬权遭受首要冲击的便是劳动关系中的弱势群体，此处的弱势主要是相对于受教育程度较高、维权意识相对较强的全日制劳动者而言。其次，非全日制劳动者的收入水平普遍比全日制劳动者的收入水平要低，两者之间的收入差距比较大。虽然我国目前没有对全国各地的非全日制劳动者的收入水平做官方的统计，但是有部分学者或地方政府有对当地的非全日制劳动者的收入状况做了统计，如广东省从事家政、零售、搬运的非全日制劳动者的每小时工资一般在 6～10 元左右②，月工资收入为 500～800 元，且除工资收入之外，一般没有其他福利待遇。可见，除了工资收入低之外，非全日制劳动者的劳动报酬构成大多仅有货币这一种表现形式，其他福利待遇几乎没有。另外，发生工资被克扣的情况多于全日制劳动者也是劳动报酬权受到冲击的表现。

在世界范围内，非全日制劳动者的收入水平低下也是一个较为普遍的现象。经济合作与发展组织（OECD）于 1999 年所做的就业统计报告中显示，受调查国家中的全日制劳动者的每小时平均工资大概是全日制劳动者的 55%～90%③。美国学者提出了"poverty in work"一词，即"有工作的贫困"，这也是美国社会和劳动力市场中一个比较突出的问题。美国的劳动力市场的灵活性闻名世界，各种非典型用工形式都很发达，"有工作的贫困"在美国不仅仅出现在非全日制用工中，也出现在其他的非典型就业类型中，有相当大一部分劳动者拿着微薄的工资收入却难以维持生计，以至于美国发生了一场大规模的"维生工资（liv-

---

① 朱培翠. 论非全日制用工劳动报酬权的法律保护 [D]. 沈阳：辽宁大学，2017.

② 班小辉. 就业转换权：破解非典型就业困境的优化路径 [J]. 华中科技大学学报（社会科学版），2017，31（5）：99-106.

③ 班小辉. 非典型劳动者权益保护研究 [M]. 北京：法律出版社，2016：57.

ingwage）运动"①。在德国，与"有工作的贫困"类似的说法是"非典型劳动等于艰困"；我国台湾地区的非典型劳工的薪资整体水平仅为典型劳工的 47.6%②。

3. 对劳动者社会保障权益的影响

社会保障权益是宪法赋予劳动者的基本权利，在一国社会经济发展到一定水平时，国家为那些遭遇了年老、疾病、失业等困难的劳动者提供物质帮助。根据宪法的规定，这些劳动者享有获得物质帮助的权利并且能够以作为的方式行使这项权利，即当劳动者遭遇前述困难时可以主动请求国家履行提供物质帮助的义务。以保障劳动者在养老、医疗、工伤、失业及生育方面可获得物质帮助为目的的社会保险是社会保障的核心内容，不同国家社会保险的构成因素即使会有所不同，也都有一个共同点，那就是社会保险的实质都是保障劳动者的生存权。劳动者的社会保障权在资本主义较发达的国家尤其受到重视，我国作为社会主义国家对劳动者的社会保障权益也很重视，但社会保障立法却忽视了对非全日制劳动者的充分保障。一个明显的问题是，由于非全日制劳动者与全日制劳动者并非同时出现的，相对于全日制劳动者而言，非全日制劳动者在劳动力市场上只是一小部分，因此现行的社会保障制度主要是以典型稳定的全日制劳动者作为设计对象。非全日制用工经过三十多年的发展，在促进就业、提高国家就业率方面发挥着举足轻重的作用，非全日制劳动者队伍的不断壮大，对主要保障全日制劳动者的社会保障制度提出了挑战，最突出的挑战便是，在现行立法没有明确规定的情况下，非全日制劳动者能否完全适用与全日制劳动者相同的社会保障制度，以及在适用用时应该如何适用的问题。

虽然域外资本主义发达的国家也很重视劳动者的社会保障，但实践中对非全日制劳动者社会保障权的保护其实与我国的态度大同小异，国家给予此部分劳动者群体社会保障的力度明显要低于全日制劳动者群体，在部分国家，立法上的典型做法是，规定非全日制劳动者不得享受某些社会保障项目。从用工单

---

① NEUMARK D. Living Wages：Protection for or Protection from Low-Wage Workers？ ［J］. *Natianal Bureau of Economic Research*，Inc，2001（1）.

② 田野. 非典型劳动关系的法律规制研究 ［M］. 中国政法大学出版社，2014：79.

位的角度分析，用人单位招用非全日制劳动者的主要动因一方面是为了满足自身对灵活性用工的需求，另一方面便是看中非全日制劳动者本身劳动力的低廉性，劳动力低廉意味着用工成本低，而低用工成本的来源之一便是社会保障成本。根据相关保障立法，虽然国家保障劳动者获得物质帮助的权利，但其实保障义务的实际承担者是企业，这也是企业承担社会责任的重要表现，但并非所有企业都会主动承担这部分社会责任，立法对非全日制用工的放松管制恰恰为企业逃避此责任提供了可乘之机。

另外，收入水平低下是决定劳动者的社会保障权益并不高的另一种重要因素，劳动报酬低导致很多劳动者不愿意自费主动参加社会保险，其次，由于非全日制劳动者的劳动报酬本就不高，再加上社会保障权益意识不强，很多劳动者不愿意自己缴纳社会保险费，由此导致社会保险的参与率整体降低。我国相关社会保险立法仅要求用人单位为非全日制劳动者购买工伤保险，对于劳动者其他险种的负担允许用人单位与非全日制劳动者协约自治，而实际上用人单位基本不会主动为劳动者参保。虽然我国没有对非全日制用工社会保险参与率的直观统计数据，但根据劳动和社会保障部劳动科学研究所的研究，我国非正规就业人群只有30%参加了社会保险①，而有学者指出，非全日制用工作为非正规就业中的一种形式，社会保险参与率只会低于30%。

（二）非全日制用工对劳动法制的挑战

劳动法是融劳资双方协约自治与国家强制干预为一体的法律。我国劳动法制的发展历程是围绕着安全性和灵活性两种立法理念而发展的，《劳动法》及《劳动合同法》的先后出台，表明我国劳动法制的立法理念经历了灵活性导向到安全性导向的转变。我国现行的《劳动合同法》主要是以安全性为导向，非全日制用工的出现对这种安全性导向造成了冲击。非全日制用工作为劳动关系非典型化的主要表现形式之一，劳动立法最开始将其纳入规制范围的主要目的是促进就业，注重的是就业的灵活性，这就不可避免地忽视了非全日制就业的安全性。随着经济社会的发展以及非全日制用工规模的壮大，侧重灵活性的立法

① 赵秀莉. 远程就业劳动关系特性的实证分析及对策研究［J］. 山东行政学院学报，2011（5）：116-118.

规制理念的弊端逐渐显现，学术界也开始讨论非全日制用工立法理念是否应该转变以及如何转变的问题。

　　劳动法制究竟是劳资协约自治还是国家加强管制，从劳动法的发展轨迹来看，目前似乎更偏重于后者。劳动合同一开始的表现形式是雇佣合同，即劳资双方在合同订立阶段似乎处于一个平等地位，但在一国经济发展、国民受教育水平及专业知识技能没有达到一定的高度时，这种表面的平等实质上并不平等。资本力量决定着用人单位在劳动关系中处于优势地位，其首要注重的是自身利益的最大化，很多劳动者为了得到就业机会，被迫对合同中比较苛刻的条款作出妥协及让步。可见在劳动合同中，劳动者天生就处于弱势的地位，民法的平等、意思自治原则无法真正落实，此时需要第三方的力量即国家公权力对劳动者一方提供相应的支撑，国家公权力介入劳动关系采取的措施便是颁布大量的劳动法律、法规，通过设计和安排相应的法律制度如工资制度、社保制度等赋予劳动者在劳动合同中专门的权利，并限制用人单位的部分权利，使劳资双方在劳动合同中处于一个实质平等地位。因此，劳动法制的基本立法理念便是倾斜保护劳动者，而这就需要国家使用公权力加强对劳动关系的管制，以保障劳动者的就业安全。但非全日制用工的出现，使得国家公权力介入劳动关系的目的发生了改变，即国家提倡非全日制用工是将此种用工形式作为促进社会就业的一种手段，从这个意义上来说为了使用人单位通过开设非全日制用工岗位吸纳更多就业需求但是又没有就业机会的人就业，对劳动关系的管制要适当放松，否则不利于非全日制用工的发展。就业机会少及职业稳定性较差使非全日制劳动者的弱势地位更加突出，比全日制劳动者更需要国家公权力的支持和保护。问题的关键是，现行劳动法制在对非全日制用工进行专门的规制时表现出了过于放松的迹象。现行劳动法制对非全日制劳动关系过于放松主要体现在《劳动合同法》中，比如对用人单位的解除合同的权利不做任何限制，导致用人单位一方可随时终止合同而不用付出任何代价。国家放松对非全日制用工关系的管制在很大程度上推动了我国非全日制用工的发展繁荣，但是劳动者的就业安全性却受到了冲击。

　　非全日制用工的出现及发展有着深刻的社会经济因素的推动，市场经济中生产结构的变革及经济发展的多元化，使得劳动力市场的需求呈现越来越强的弹性化，此种弹性化驱动了国家公权力对劳动法制的放松管制，管制的放松又不可避免地对劳动法倾斜保护劳动者的理念造成了冲击。国家公权力对非全日制用工关系应如何适当地放松管制，是非全日制用工对劳动法制提出的深刻挑战。

二、非全日制劳动者权益保护的核心：平等保护理念

（一）非全日制劳动者平等保护的理论基础

1. 从属性理论

劳动权利即劳动权，是劳动者享有的一系列与其社会劳动有密切联系的具有人权属性的权利①。劳动权指的是与社会劳动有关的各项权利的总称，包括取得劳动报酬权、休息休假权、劳动保护权、职业培训权、物质帮助权等②，这些权利的主体便是劳动法律关系中的劳动者一方，从这个意来说，劳动法意义上的劳动者应当平等地享有各项劳动权利，而不因企业用工形式的不同而对劳动者的相关劳动权利进行一定的限制。

劳动法意义上的劳动者的一项重要认定标准便是从属性，史尚宽先生言："何谓劳动法上之劳动，乃指'基于契约上之义务在从属的关系所为之职业上有偿的劳动'而言。"③ 从属性是认定标准劳动关系的前提标准，同时也是作为劳动关系与其他社会关系的区分标准。传统的标准劳动关系下的从属性主要包括人格从属和经济从属。前者是指用人单位对劳动者的控制和惩戒，如工作时间、地点、内容的安排，劳动者只能服从；后者是指劳动者生活的主要经济来源依靠用人单位的劳动报酬。非全日制用工的出现使得人格从属性和经济从属性均有所弱化。首先是，非全日制劳动者可以跟多个用人单位建立劳动关系，当一个劳动者身上存在两种甚至两种以上的劳动关系时，意味着一个劳动者受多个

---

① 扈春海，郑尚元. 公司社会责任与劳动权保障 [J]. 劳动法评论，2005，1（0）：141-162.

② 许建宇. 社会法视野中的劳动权——作为社会权的劳动权之基本范畴解析 [J]. 劳动法评论，2005，1（0）：66-140.

③ 李雄，田力. 我国劳动关系认定的四个基本问题 [J]. 河南财经政法大学学报，2015，30（3）：112-122.

用人单位的控制，劳动者与每一个用人单位的劳动关系形态在内容上（主要是工时）发生了"量"的分割，从属性被弱化了①。但此种从属性只是弱化并没有消失，没有消失意味着非全日制劳动者与用人单位之间的雇佣关系属于劳动关系，应当受劳动立法调整，从属性的弱化不能否定非全日制用工中劳动者一方的"劳动者"身份。

从属性也意味着劳动者在劳动关系中处于一个弱势地位，因此驱使劳动立法要倾斜保护劳动者。与全日制劳动者相比，用人单位对非全日制劳动者的工作时间、工作地点等劳动条件的安排上比较灵活。但是此种灵活性不代表劳动者脱离了用人单位的控制，双方之间的从属性依然存在。非全日制用工中劳动者一方的"劳动者"身份的内涵与全日制劳动者应当是完全相同的，因此应当平等地享有各项劳动权利，值得注意的是此种平等应允许存在合理的差别。

2. 就业平等理论

劳动权利需要转化为具体的劳动条件才算是真正实现，当劳动权利通过国家立法的方式被转为具体的劳动条件时，不应当因为用工形式的不同而区别适用，非全日制用工劳动关系既然跟全日制劳动关系一样受到劳动立法的规制，那么作为劳动关系一方主体，无论何种用工形式中的劳动者均应享有平等的权利。

《世界人权宣言》作为国际基本人权规范的重要组成部分，明确把就业领域中同工同酬的权利作为人权平等的重要表现，并规定任何人不应在就业中受到歧视。"平等"指的是任何人在法律面前都处于一个平等的地位，法律保护每个公民不因任何因素而受到任何歧视。同工同酬既是一个原则也是一项权利，只发生在就业领域，权利主体是劳动者，它主要强调的是劳动者在待遇方面的平等，劳动者的待遇属于具有金钱性质的劳动条件，但此处可以扩大同工同酬的外延，即将劳动者的劳动条件也纳入同工同酬原则的适用范围内。作为基本人权的重要内容之一，则无论是何种类型的劳动者均应平等地享有，包括非全日制劳动者。

从禁止歧视的角度分析，《消除就业和职业歧视公约》在国际劳工组织理事

①　董保华. 论非标准劳动关系［J］. 学术研究，2008（7）：50-57.

会于 1958 年举行的 42 届会议上被讨论通过，该公约在第 1 条就明确列举了禁止歧视的因素，包括"种族、肤色、性别、宗教、政治见解、民族见解或社会出身"，前述因素不得作为损害就业机会或待遇平等的理由①，由此可知《消除就业和职业歧视公约》并未将用工形式纳入禁止歧视的范围。通过对非全日制用工形式历史发展的考察可以推测出其不被纳入禁止歧视因素范围的原因。1958年的非全日制用工仅仅开始在就业市场萌芽，当时世界各国并未注意到此种用工形式发挥的重大作用及在就业市场的优势，非全日制用工中的劳动者队伍也只是零散的小群体，此部分群体的劳动保护没有形成一种大规模的社会需求。但《消除就业与职业歧视公约》对于禁止歧视的因素也并非属于穷尽式列举，因此不能凭此将用工形式作为可歧视的事由。等 110 号公约所列举的禁止歧视的事由有个共同特征，即这些事由均是不受个人控制和不可选择的客观因素，从这个角度分析，就业领域可能还存在一类与歧视相关的主观因素，如个人学历、职业资格、技能及经验等，那么这些主观因素是否能列为禁止歧视的范畴值得深思。由于这些因素与劳动力生产成本及市场经济效率原则挂钩，雇主基于此对雇员做区别对待应属正当。然而，非全日制劳动者的工作形式主要基于雇主对于特定生产经营的需求而设置，很难将其直接归属于客观因素或主观因素。由此看来，影响工作效率的因素并不包括用工形式，非全日制用工的工作效率低于全日制用工的工作效率这个结论不能成立，因此社会各方均不能因为工作效率的高低而对两种用工关系中的劳动者给予差别待遇，不同用工形式中的劳动者在具体的劳动待遇上应当享有平等的权利。

3. 效率与公平理论

无论是政府在制定就业政策还是国家在进行立法时，都会遭遇公平与效率的价值冲突问题，关于两者应如何平衡的问题也是各个学科领域的重点讨论问题。一方面，就业领域的效率问题表现为公民的就业率问题，在社会就业岗位还不足以吸纳足够的劳动者就业时，政府就要尽可能地创造就业岗位，以满足社会公民对就业岗位的需求，因此政府在履行促进就业职能时要追求就业效率；另一方面，对于劳动者而言，只有在合法权益得到保障的前提下实现就业才是

① 李文泽. 我国反就业歧视制度的完善［D］. 重庆：西南政法大学，2014.

促进就业的公平价值的体现。当立法过于强调促进就业而创设一些灵活性强但相对缺乏权益保障的工作形式以扩大就业面时，在提高就业效率的同时必然会一定程度的损害就业公平。这种促进就业的后果往往表现为一种危险的或者不稳定的就业状态。对于劳动者个人而言，此种牺牲就业平等权的就业状态使其停留在劳动力市场的边缘，陷入低收入的泥潭。在欧洲存在一种社会排斥理论，欧洲用社会排斥理论解释社会部分群体面临贫困化并被排除在参加经济、社会以及文化活动的范围之外的现象，欧盟将其定义为"由于多重的和变化的因素导致公民被排除在现代社会的正常交流、实践和权利之外"①。因此，如过于侧重促进就业效率而忽视了劳动者的就业公平，则可能产生社会排斥，进一步加剧社会贫困。

因此，促进非全日制用工的发展可以解决失业问题，但并不等于应当以降低非全日制劳动者的权利保障为代价。不可否认，对于低技能的部分劳动者而言，立法上降低对非全日制劳动者的保护门槛有利于增加他们进入就业市场的机会，但这样的做法会进一步加剧劳动力市场的分割，造成社会排斥。另外，促进非全日制用工的发展壮大关键在于用工组织方式的灵活性，而非通过低工资、低福利，弱化对劳动权利的保护来实现其灵活性，应在保障公平基础上实现效率目标，从而避免非典型就业向不稳定就业发展。

（二）非全日制劳动者平等保护地域外立法实践

1. 国际劳工组织及欧盟

国际劳工组织于 1994 年通过了《非全日工作公约》（Part-Time Work Convention）（第 175 号公约）和同名的建议书（第 182 号建议书），这两个文件原则性地规定了非全日制工人根据工时比例在就业、劳动报酬、职业安全与卫生及社会保障方面享受与全日制工人的同等待遇。《非全日制工作公约》第 4 条规定，非全日制工人与可比较的全日制工人在以下几个方面享有同样的保护，包括组织权、集体谈判权及担任工会代表的权利、职业安全与卫生、就业与职业

---

① 熊光清. 欧洲的社会排斥理论与反社会排斥实践 [J]. 国际论坛，2008（1）：14-18，79.

免受歧视的权利①。同时第 7 条规定，应当保障非全日制工人在生育保险、终止就业、带薪年假和公共假期以及病假方面享有同等的条件。对于一些可分性的金钱性权利，则可以按照其与全日制工人工作时间的比例计算。不过该公约也设置了相关例外的情形，允许在以职业活动为基础的法定社会保障权利（除了工伤）和终止就业、带薪年假、法定的生育保险事项上设置权利享有的门槛，即允许将一定工作事假以下或者收入特别低的非全日制工人排除在权利的享有范围之外。

欧盟的《非全日制工作指令》给予非全日制工人的平等保护是在其附件第 4 条纳入不得歧视的原则，根据该规定，非全日制劳动形式不得作为雇主在非全日制工人及全日制工人之间实行不平等的差别待遇，以保障非全日制工人在雇佣条件上享有的平等权利；在实行差别待遇时应当有合理的客观理由。考虑到非全日制工作时间相对缩短的特征，该条第 2 款也确立了比例原则。《非全日制工作指令》第 4 条第 3 款规定了除条款外，允许通过立法或者集体协议在特定雇佣条件的享有上设置服务期限、工作时间以及收入的门槛。

2. 德日法系代表——德国、日本

德国针对非全日制用工制定了专门性的法规，加强对非全日制劳动者的平等保护。早在 1985 年的《促进就业法》中，德国便确立了禁止歧视非全日制工人的原则。在欧盟《非全日制工作指令》的影响下，于 2000 年制定和颁布了《非全日制工作与固定期限合同法》，该法规定，除非有正当合理的事由，非全日制工人不应受到与可比较的全日制工人相比较差的待遇。此外，也引入了比例原则，即对于非全日制工人的报酬及其他可分的金钱性待遇，至少应按照其工作时间与全日制的工作时间比例给付。对于非全日制工人平等原则的适用，德国立法并未对工人的工作时间设置门槛标准，即使在社会保障制度中适用特殊规定的迷你工作者，也属于平等保护原则的覆盖范围。

日本早在 1993 年就针对非全日制用工制定了专门性法律，即《部分工时劳动者法》，并对非全日制用工的定义及相关权利义务做了规定。但直到 2007 年对《部分工时劳动者法》的修订才在立法层面上确定了平等保护原则。根据

---

① 洪芳. 论非全日制劳动者职业稳定权保护 [J]. 前沿，2013（1）：79-82.

2007 年立法的修订，雇主应当保障被视同为通常劳工的非全日制工人与通常劳工之间在工资、职业培训、福利设施的使用等方面的均等待遇，不得仅以非全日制工作为由，对工人采取差别对待。但是该法对通常劳工做了一定的限制，必须符合三个条件：第一，所从事工作的职务内容及责任程度与通常劳工相等同；第二，与雇主订立的是无固定期限劳动合同；第三，在雇佣关系终止前，其职务内容及职位与通常劳工的职务内容及职位的变化范围很可能是相同的。此外，如果非全日制劳动者与雇主之间订立的是无固定期限劳动合同，但合同反复更新被社会通常观念认为是无固定期限合同的，也应符合上述第二项的规定。对于其他类型的非全日制工作，雇主则承担努力促进均等待遇的义务。可见，日本非全日制工作立法也确立平等待遇原则，但是相对于德国，享有平等待遇权的相关限制比较多。考虑到日本传统的终身雇佣制度的特色，在年功序列工资制度中，非全日制工人与全日制工人的工资差别通常被认为是合理的①。

3. 英美法系代表——英国、美国

英国对非全日制劳动者的平等保护源于对男女同工同酬的保护，其虽是判例法国家，但对非全日制用工也有专门性的立法规范，即 2000 年正式实施的《防止非全日制工作不利待遇法》，并且受欧盟指令的影响，已将平等保护原则纳入对非全日制用工的立法当中。《防止非全日制工作不利待遇法》第 5 条规定，除非有合理的客观理由，否则与类似全日制工人相比，非全日制工人不应受到较为不利的待遇，这种不利待遇包括合同的不利条款或者遭受由其雇主任何的作为或者故意的不作为所造成的伤害。

美国对非全日制劳动者并没有专门性的立法，自然也无法在专门性立法中明确规定非全日制劳动者的平等待遇权，但并不代表美国不给予此类劳动者平等地保护。美国自身具备完善的反歧视立法体系，其内容包括保障男女工人的同工同酬，禁止基于种族、国际、肤色、信仰以及性别的就业歧视，禁止因年龄和残疾所实行的就业歧视。

---

① 王丹丹. 日本非全日制用工法律规制研究 [D]. 长春：吉林大学，2011.

三、我国立法对非全日制劳动者的差别保护

(一) 劳动合同规则的差别保护

1. 订立书面劳动合同的非强制性

我国对全日制和非全日制两种用工形式的劳动合同形式做了区别对待,对非全日制用工采取减少干预的态度,让劳资双方自行决定采取书面还是口头的合同形式。此种立法态度固然是基于发挥非全日制用工特殊性和灵活性的考虑,减少了用人单位的用工成本,但过度向用工灵活性倾斜的立法意图却不可避免地忽视了非全日制劳动者就业的安全性和稳定性,对劳动者权益的保护非常不利。

首先,缺乏公法强制性的约束,非全日制用工易沦为用人单位规避劳动法上责任和义务的惯用手段。工时标准设定的不合理导致非全日制用工和全日制用工之间存在很多灰色地带,在司法实践中难以做非此即彼的认定,而《劳动合同法》较大限度地放松了对用人单位在单方解除劳动关系及社会保险缴纳义务的限制,提前单方解除合同时不像全日制用工那样需支付经济补偿金。用人单位为了本单位利益,以非全日制用工之名,要求劳动者提供全日制形式的劳动。由于口头劳动合同难以使劳动者的劳动条件确定,劳动者的权益难以得到保障。

其次,司法实践中的非全日制用工纠纷表明,在对劳动关系的存在进行认定时,口头合同给法院的认定增加了难度。无论是全日制用工还是非全日制用工纠纷中,都涉及劳动关系的认定问题以及构成何种形式的劳动关系问题,劳资双方是否构成劳动关系、构成何种劳动关系,关系到劳动者诉求金额的给付和赔偿。《劳动合同法》强制要求全日制用工采用书面的合同形式,一方面,通过规定不签书面劳动合同应承担一定的法律后果来约束用人单位的用工行为,体现对劳动者的倾斜保护;另一方面,当劳资双方的纠纷解决诉至司法途径时,书面劳动合同有利于节约司法资源、降低司法裁判成本。而在非全日制用工中,口头合同是用人单位较为喜欢采用的形式,虽然劳动立法赋予劳动者在签订合同时具有与用人单位平等协商的权利,但实际生活中劳资双方地位的悬殊导致劳动者难以具有平等协商的能力。在没有书面劳动合同的情况下,用人单位常

常以劳务关系提出抗辩,以避免需要承担劳动法上的责任,而非全日制用工中从属性的减弱又往往使用人单位的这一抗辩容易得到支持。既然劳资双方不构成劳动关系,劳动者便难以受到劳动法的保护,也增加了司法裁判的成本。

2. 劳动合同终止规则的随意性

我国关于劳动关系的消灭规定了解除和终止两种方式,两者都会导致合同双方当事人权利义务终结。但我国劳动关系的消灭是否包括合同解除在学术理论界实际上并没有达成一致观点。合同终止与解除并列说认为,依据我国现行劳动法的规定,劳动合同的终止与解除虽能导致同一法律后果,但两者之间应各自独立:终止的条件是约定的,是合同双方当事人劳动法律关系的正常终结;但解除是将劳动法律关系在合同约定的期限到来前提前消灭,其发生条件必须有法律的明确规定;导致合同终止和解除的因素都有劳资双方的约定,但终止多为当事人意志以外的因素,而解除多为当事人一方的单方意思表示①。终止和解除包容说认为,劳动合同的解除是劳动合同终止的表现形式之一,是双方在合同有效期内终止合同的行为。我国《劳动合同法》第四章也使用了"解除和终止"的字眼,并分别对解除和终止做了相应的规定,这些规定仅适用于全日制用工,前述理论界的争议也是立足于全日制用工展开讨论的结果。理论界对于非全日制用工劳动合同的终止和解除是否区别对待并没有过多关注,《劳动合同法》第71条基于灵活性及经济补偿金支付的不必要性考虑,对非全日制用工劳动关系的消灭仅规定了终止这一种方式,但实际上并不合理。

对于企业来说,用人单位随意解除非全日制用工劳动合同可以加强企业用工的外部数值灵活性(external numerical flexibility)②,所谓外部数值灵活性,又称就业灵活性,指企业针对当前需要调整雇佣数量的能力,该维度对企业而言表明其雇佣和解雇工人的难易程度③。《劳动合同法》第71条赋予了用人单位过大的合同任意解除权,对于劳动者的就业稳定和就业安全保障极为不利。非

① 王建军. 劳动合同终止与解除的法理辨析 [J]. 中国劳动,2005(3):23-25.
② 班小辉. 德国迷你工作制的立法变革及其启示 [J]. 德国研究,2014,29(2):77-89, 127.
③ 谢增毅. 劳动力市场灵活性与劳动合同法的修改 [J]. 法学研究,2017,39(2):95-112.

全日制劳动者本就属于低收入人群，经济补偿金的缺失使得非全日制劳动者在受到用人单位单方面解雇后，失去了收入来源，生存处境更加艰难。因此，在对非全日制劳动者的解雇保护上，我国立法并没有提供充分合理的保障，不利于非全日制用工的长远发展。

（二）劳动基准条件的差别保护

1. 工时规定的差别适用

超时工作的问题一直是非全日制用工劳动关系中的一个常见现象，也是非全日制劳动者权益保护的最大阻碍之一。立法上没有明确规定非全日制劳动者超过法定或约定时间工作时的认定问题，导致学术界和实务界对此问题的解决方式存在两种观点：一种观点是非全日制劳动者超时工作即可认定为全日制用工；另一种观点则是认为超时工作属于加班的范畴，不能一概而论地按照全日制用工劳动关系来处理。两种观点各有优劣。法律规定非全日制用工规定日工作时长小于等于四小时，一周不超过二十四小时；全日制规定日工作时长不超过八小时，周工作时长小于等于四十个小时。由此可以看出全日制用工和非全日制用工的工时之间有一个明显的夹层，两者之间并不能很好地衔接上。加上现行劳动立法仅规定了全日制劳动者的加班问题而没有对非全日制劳动者的加班作出明确规定，若是"一刀切"地将超时工作认定为全日制用工关系，或是按照加班处理，则未免死板。

一般情况下，在家政、餐饮、物流等需要出卖廉价劳动力的低端服务行业会较多出现非全日制的劳动关系。这些行业的特点是工作时间灵活、工作地点不固定，用人单位对此的要求也充满了可操作空间。此时，用人单位就可以利用法律的漏洞对非全日制的劳动者进行要求，给了他们让劳动者不合理、不合法加班的可乘之机，比如让劳动者在规定时间内完成不合理的工作量，使劳动者不得不加班完成，工作时间被变相延长，劳动者的权利也因此受到损害。如前所述，关于工时问题的相关规定应属于劳动基准法的内容范畴，全日制和非全日制劳动者应当都属于劳动基准法的适用对象，但是很遗憾的是，非全日制的劳动者权益并未因此受到保障。

另外，日工时和周工时的法律规定是非全日制劳动者工作时长的"天花板"，非全日制用工在法律允许的范围内可以发生多重劳动关系，却没有对一个劳动者在所有单位的工作时长上限予以限定。由此可见，我国现行的有关非全日制用工的工时的法律规定不能很好地应对现实的需求。

2. 工资制度的差别适用

关于我国非全日制劳动者工资方面的规定体现在《劳动合同法》第72条，但是该条关于最低标准工资的构成要素并没有明确规定。最低工资是否应当包含社会保险的缴纳费用也存在争论。各省对此的相关规定并不统一，有些省份规定应当包含社会保险费，但是只包含养老、医疗的费用，不包括失业保险；有些省份规定只包含个人应缴纳的保险费用，有些却规定只包含用人单位应当缴纳的部分①。没有一个统一的标准，又对各个省份给予了自由规定的权利，这就导致不同地方做法不一，对于非全日制劳动者的权益保护也不相一致。

我国现行立法对非全日制用工工资制度规定的不完善还体现在，没有规定特殊工作时间的工资标准。一个完善的工资制度应当不只限于规定最低工资标准，还应规定劳动者在规定的休息休假时间内依然被用人单位安排工作时的报酬标准，但现行立法仅对全日制用工作出了相关规定，无论是法律还是各地的地方性法规中均未对非全日制用工有所规定，仅有北京市在有关文件中规定了非全日制劳动者在法定节假日的最低工资标准为每小时三十三元。

3. 社会保险的差别适用

《意见》及《社会保险法》对于非全日制劳动者的社会保险作出了相应规定，非全日制用工的参保除了工伤保险的规定是强制性规定之外，其余都是非强制性规定。非全日制劳动者可以自由选择是自己参加或是在用人单位参加养老医疗保险。如果在用人单位参加保险，均按月缴纳保险费用而不按用工形式的不同作出不同的规定。但这种"一视同仁"的规定实际上并不公平。

一是缴费方式不灵活的问题。我国现有的社会保险是按月缴纳的，但是这种缴纳方式是为有固定工作和固定收入的全日制劳动者而设计的，此类人群也能够连续缴费。但是非全日制劳动者的工作经常变动，即使不经常变动，收入也不稳定，如果套用全日制劳动者按月缴纳保险费的模式会给非全日制劳动者

---

① 李秀凤. 论非全日制劳动者劳动报酬权的法律保障——以小时最低工资标准为中心[J]. 济南大学学报（社会科学版），2013，23（3）：71-75，92.

参保带来不少困难。虽然《意见》中规定非全日制劳动者的缴费时间可以灵活处理，比如按月、季度或者半年缴纳，但在各省的地方新法规或政策中还是采取按月缴纳的方式，江苏省规定每月的固定扣款日期，由灵活就业人员提前存入一年的保险费用，或是按月存入①，但因为非全日制劳动者的工作不属于长期稳定的状态，要求其固定缴纳费用未免强人所难。不论是按月缴费还是按季度缴费，这种定期、定额的缴费方式都对非全日制劳动者而言缺乏公平性。

二是缴费比例过高的问题。非全日制劳动者属于灵活就业人员中的一类人。以南宁市为例，2018—2019 年南宁市灵活就业人员社会保险缴费比例为：养老保险个人缴 20%，医疗保险缴 10%。根据相关规定，灵活就业人员参加基本养老保险，缴费基数按照 2017 年广西壮族自治区城镇单位在岗职工月平均工资（5133 元）60%、70%、80%、90%、100%、200%、300%确定，对应的缴费基数为 3080 元、3593 元、4106 元、4620 元、5133 元、10266 元、15399 元，参保人可自愿选择缴费档次②。按照最低缴费标准计算，养老保险每人每月需要缴纳 616 元，医疗保险每人每月需要缴纳 308 元。而南宁市自 2018 年 2 月 1 日起就实行每月 1680 元、每小时 16 元的最低工资标准③。非全日制劳动者因其工作稳定性差、工作内容多等特点，月工资较全日制劳动者要少很多，加上用人单位基本是按照最低工资标准向非全日制劳动者支付报酬的，此种情况下每月接近 1000 元的养老保险和医疗保险费用对于这类劳动者而言可谓是不堪重负。如此一来也就削弱了他们参加社保的积极性，降低了参保率。

（三）立法的不平等保护造成的适用困境

1. 非全日制用工形式易遭滥用

相较于具有固定模式、统一标准的全日制用工，非全日制便成了一种突破传统模式的用工存在。这种模式的好处在于使用人单位和劳动者更能灵活地满足各自的用工或工作需求，劳动者可以自由选择合意的工作条件，用人单位也

---

① 朱阳凤. 非全日制劳动者社会保险权利的法律保护［D］. 南京：南京大学，2011.

② 谢丽玉. 官方最新公布：2018—2019 年度南宁市社保缴费比例及缴费基数［R/OL］. 沃保网，2018-07-30.

③ 广西日报. 广西调整最低工资标准调整增幅为 20%［R/OL］. 广西壮族自治区人民政府门户网站，2018-01-25.

能节省用工成本，是适应我国经济快速发展的一种新模式，同时也丰富了我国就业模式的多样性，使经济更加灵活自由地发展。基于非全日制用工本身作为一种灵活、极富弹性的用工模式的考虑，《劳动合同法》的相关规定表明国家对劳动关系的管制过分放松，这与对全日制用工的严格管制完全不同，两者的不同点归纳如下表5-1。

表 5-1

比较项目	全日制用工	非全日制用工
劳动合同形式	应当订立书面劳动合同	可以订立口头劳动合同
试用期	可以约定	不得约定
工作时间	每日≤8 小时 每周≤44 小时	每日≤4 小时 每周≤24 小时
工资标准	不得低于月最低工资标准	不得低于小时最低工资标准
工资支付周期	按月发放	不得超过 15 日
解雇保护	法定条件、法定程序方可解约	随时解约
经济补偿金	有（根据法律规定支付）	无
社会保险缴纳	应当缴纳	目前只需缴纳工伤保险
加班费、年休假	有	无

如表5-1所示，与全日制用工相比，非全日制用工具有工作时间灵活、薪资支付周期短、签订书面劳动合同的非强制性等特征，能够大大节约用人单位的用工成本。也正是非全日制用工本身具有的这些"优势"，促使用人单位从本单位利益出发而罔顾劳动者的权益，将本应适用全日制用工的岗位变为非全日制岗位，从而规避劳动法上的相关责任。通过查阅大量已公布的司法裁判文书发现，在非全日制用工劳动争议中，无论是在劳动者作为原告起诉的情况下还是用人单位作为原告起诉的情况下，当需要认定劳资双方属于全日制用工还是非全日制用工时，用人单位的抗辩理由均是"双方属于非全日制劳动关系"。如2014年广东省广州市的朱壮娥与山西大厦非全日制用工纠纷一案中，朱壮娥作为山西大厦住房部的清洁员，双方没有签订书面的劳动合同，虽然按件计算工资，每日工作满8小时，并非每月的上班时间都足够26日，但山西大厦承诺如

果每月上足 26 天则最低工资不低于广州当年的最低工资标准，按月发放工资。经过仲裁裁决双方构成全日制用工关系，被申请人山西大厦非法解雇申请人朱壮娥应按照法律规定向其支付经济补偿金。山西大厦不服仲裁裁决结果起诉到法院，理由是双方仅构成非全日制用工关系，且未曾解除过双方的非全日制劳动关系，只是因大厦装修暂停营业。

2. 易造成劳动关系与劳务关系的混淆

《劳动法》《劳动合同法》的相继出台使我国劳动法制不断完善，从而增强了我国劳动力市场的活跃性，促进用工形式的大变革，灵活的用工形式越来越受市场欢迎。劳动关系与劳务关系之间尽管在双方主体以及主体之间的地位、劳动的内容、生产资料的使用、劳动报酬的计算、适用的法律等方面有诸多不同之处，但两者有一个共同的表现形式：一方提供劳动，另一方提供报酬。在实践中，两者的边界时常交织在一起，难以正确区分。

关于劳动关系和劳务关系之间的区分标准问题，首先要解决劳动关系该如何认定的问题，在劳动法学术界中，以"从属性"作为区分劳动关系和其他社会关系的标准。从属性包括人格、经济、组织的从属性，但由于目前学术界对于经济从属、组织从属是否为从属性所涵盖尚存争议，也有学者指出，在判断劳动者从属性的时候，宜结合人格从属性与经济从属性，并将其他因素考虑进来整体看待。所谓人格从属性，指的是用人单位根据劳动合同将劳动者纳入其事业组织之中，劳动者根据用人单位对劳动地点、劳动时间以及劳动内容的指示提供相应的劳动。经济从属性是指作为维持劳动者基本生活的物质经济条件对于用人单位支付劳动报酬的依赖程度①。人格和经济从属性的典型性主要体现在全日制用工身上，在作为非标准的灵活用工形式的非全日制用工身上，人格从属性有所弱化，原因是非全日制用工劳动者劳动时间和劳动地点的不固定和灵活化，加上一个劳动者可能与两家甚至多家用人单位建立劳动关系，稀释了每一个用人单位对非全日制劳动者的控制和管理强度，在此情况下，与全日制劳动者相比，非全日制劳动者与用人单位之间从属性的联系并不十分紧密，

---

① 冯彦君，张颖慧. "劳动关系"判定标准的反思与重构 [J]. 当代法学，2011，25（6）：92-98.

表现出了弱化的特征。

劳动关系脱胎于民事雇佣关系，正如郑尚元所说的"雇佣契约为劳动契约的产生提供范本，工业革命和法律的发展催生出雇佣契约，它也是契约的自由和限制的博弈"①，这也是劳动关系与作为民事雇佣关系的劳务关系之间有时界限难以分清的根源所在。另外，在生产结构多元化背景下造成的劳动关系的多元化和复杂化，从属性的概念也变得综合而具有弹性，劳动关系和劳务关系之间的界限更加难以泾渭分明。正因为如此，加上非全日制用工中劳动者从属性的弱化，用人单位通过将工作分解，通过劳务关系之名将相应的工作时间排除在劳动时间之外，造成劳动者实际的劳动时间未超出非全日制用工的标准时间的假象。如在林珍梅诉广西南国物流有限责任公司劳动合同纠纷一案中，原告林珍梅的工作内容包括送报、征订报纸、销售桶装水、回收旧报纸，所有这些工作内容加起来的时间已经每日满 8 小时，请求均计入其上班时间，双方构成全日制劳动关系。但被告南国物流公司则认为送报是基于双方签订的《非全日制用工合同书》的约定，回收旧报纸、征订报纸是基于双方签订的《代收代订报刊协议书》的约定，销售桶装水是双方口头约定的。后两项内容属于民事劳务的内容，不应计入上班时间，双方仅构成非全日制用工关系。

四、非全日制用工劳动者权益保护的对策和建议

（一）立法理念的更新

1. 从侧重灵活性到灵活性与安全性并重的转变

我国非全日制就业产生和发展的社会背景是劳动力供求矛盾突出，新兴产业需要灵活就业。由于其灵活多变的特点，非全日制用工既能满足新兴产业生产经营的需要，又能解决不同劳动者群体的就业需求，对缓解就业压力、降低失业率具有重要作用。在这种价值取向下，用人单位会获得更多的利润，因为它解决了就业弹性的需求，但缺乏对就业安全的考虑。如果劳动者权益得不到充分保障，将对构建和谐稳定的就业关系带来不利影响，从长远看不利于我国

---

① 郑尚元. 民法典制定中民事雇佣合同与劳动合同之功能与定位 [J]. 法学家，2016 (6)：57-69，176-177.

经济的可持续发展。因此，如何平衡就业的灵活性和安全性要求，是完善我国非全日制就业法律规制亟待解决的首要问题。

坚持灵活性与安全性兼顾的立法理念，应秉持倾斜保护劳动者合法权益并在法律规制的限度内适当变通有关规则的精神。首先，因用人单位和劳动者在社会资源调配、信息掌握以及经济实力等方面的差距，需要运用政府的力量，在劳动者和用人单位之间进行平衡，使劳动者可以在法律允许的范围内尽可能享受到较多的权利。对于非全日制用工者，在保护劳动者及用人单位应享有的合法权益基础上进行倾斜保护，特别是在工作时长、休假安排、工资支付以及社会保险等方面予以保障，以做到底线公平，促进非全日制用工和谐、稳定发展。其次，对非全日制用工进行变通规定。适当地放松政府管制，运用市场这只"看不见的手"对劳动力进行调配，非全日制让劳动者和用人单位根据市场规律自由选择符合其要求的工作条件和工作模式，在法律规定的底线范围内对工作时间、休假等方面放宽限制，从而使非全日制用工在市场和政府的共同作用下良性发展。

2. 平等保护的理念：均等待遇原则的借鉴

国际上均等待遇原则出现的背景是各种灵活、弹性就业形式的涌现引发了劳权保护的危机，国际劳工组织、欧盟先后颁布指令性文件强调对非全日制用工劳动者和全日制用工劳动者在待遇方面的平等保护，包括国际劳工组织的《非全日制用工公约》《非全日制工作建议书》以及欧盟的《非全日制工作指令》。此后许多国家纷纷以均等待遇原则为指引，通过制定和修改本国国内非全日制用工的专门立法，并加强对非全日制劳动者权益的保护。如德国的《非全日制工作与定期契约法》规定，若无正当理由，雇主不得对非全日制工人实行与可比较的全日制工人有不利差别的待遇。英国在 2000 年颁布的《防止非全日制工人不利待遇法》明令禁止对非全日制工人的不利待遇①。日本 2007 年通过对《部分工时劳动法》的大幅度修改引入了均等待遇原则。

均等待遇原则，是指在非全日制用工中劳动者应得到同等的对待，用工者

---

① 喻术红，班小辉. 非全日制劳动者权益保护的域外立法经验及其启示［J］. 武大国际法评论，2012，15（2）：153-176.

无正当理由不得因为劳动者从事非全日制工作而给予可比较的全日制劳动者不利的差别对待①。根据此定义，均等待遇原则适用的基础和核心是先找到一个"可比较的全日制劳动者"。关于"可比较的全日制劳动者"的确定，《非全日制公约》提供了确定标准的考量因素：全日制劳动者的工作性质是否与非全日制劳动者相同或相似、是否具有相同类型的雇佣关系、是否就职于同一部门、企业或者行业。确立"可比较的全日制劳动者"的意义在于，非全日制用工本身与全日制用工之间存在的差别无法要求对两种类型的劳动者提供表征完全等同的待遇保护，但是可以通过横向比较，为非全日制用工提供实质平等地保护。

均等待遇原则中的"待遇"并不仅仅指的是工资方面的待遇，而是包括工资、工时、年休假、劳动安全保障等重要劳动条件方面的待遇，具体的适用方式有两种：一是比例保护原则，主要适用工资待遇和休息休假标准的计算；二是与全日制用工进行同等保护的原则，在具体的劳动条件上可以适用与全日制用工的相同规定。

均等待遇原则对非全日制劳动者权益保护的价值主要体现在：提供了一种既允许合理差别又能达到与全日制用工同等保护理念指引。允许合理差别体现了对非全日制用工形式本身灵活性的维护；通过比例原则和同等保护原则保障劳动者的就业安全和稳定，这充分与"灵活与安全兼顾"的理念相契合。纵观我国的整个劳动立法体系可知，均等待遇原则在我国立法上也有体现，即同工同酬原则，问题是同工同酬原则的适用范围仅在劳务派遣上，非全日制用工不包含在内。不过可以明确的是，"同工"是"同酬"的前提，非全日制用工与全日制用工的工时差距无可避免，因此失去了适用同工同酬原则的前提。不过同工同酬原则背后的立法意图很明显，为劳务派遣中的劳动者提供与全日制劳动者平等地保护。可见，对不同用工形式的劳动者实行平等保护的理念应该贯穿劳动立法的始终，非全日制用工基于工时原因无法直接适用同工同酬原则，而均等待遇原则作为适用的过渡和缓冲，以此达到对非全日制劳动者保护的平等。

---

① 田野. 论非全日制用工劳动条件的确定——以均等待遇原则为中心［J］. 北京理工大学学报（社会科学版），2013，15（6）：112-119，128.

(二) 完善非全日制用工的工时认定标准

尽管世界各国将工时作为非全日制用工认定的最根本因素在国际上毫无争议，国际劳工组织第 81 届国际劳工会议上通过的《非全日制工作公约》（第 175 号公约），将非全日制工人定义为"其正常的工作时间少于可比较的全日制工人"。随后，欧盟公布的《非全日制工作指令》中，将"非全日制劳动者"定义为"一个受雇人的正常工作时间，以每周或每年一段期间内的平均工作时间为计算基础，少于从事相似工作的全日制工作者的正常工作时间"①。德国的《非全日与附期限劳动法》中规定："所谓非全日制劳动者，是指其每周经常的工作时间，较企业中的全日制劳动者每周经常的工作时间为短者。"② 法国对非全日制用工的定义为"其工作时间短于法定时间，或者短于行业或企业集体合同确定的工作时间，或者短于企业实际工作时间的劳动者都被视为非全日制劳工"③。日本的《非全日制劳动法》规定在统计上一般以 35 小时作为标准，每周工作少于 35 小时即认定为非全日制用工④。美国劳动者统计局也以 35 小时为标准。

综上所述，域外对非全日制用工的认定可以分为两种模式：一种认定模式是与全日制用工相比较的模式。根据非全日制工作时间是否短于同一企业中相同或类似工作的全日制用工来判断，如果工作时间短于全日制用工，那么就属于非全日制用工。国际劳工组织、欧盟以及德国等皆采用此种方法。另一种认定模式是单一的工作时长模式，即立法仅规定一定期限内的总工作时长，这个期限可以是每周或每月，如每周不超过 35 小时。从逻辑上来说，非全日制用工和全日制用工是一对相比较的概念，在认定上两者应该是非此即彼的关系，这就要求对两者的认定标准应该保持统一。我国采用的日工时和周工时的双重标准则无法做到两者认定标准的统一，而国际劳工组织和欧盟以及相关国家的认定模式，都做到了对非全日制用工和全日制用工认定标准的统一。

因此，完善我国非全日制用工的认定标准，可以有两种路径选择：第一种

---

① 朱思颖. 非全日制用工的劳动者权益保护研究 [D]. 重庆：西南政法大学，2014.
② ［德］W·杜茨. 劳动法 [M]. 张国文，译. 北京：法律出版社，2005：49.
③ 田野. 非典型劳动关系的法律规制研究 [M]. 北京：中国政法大学出版社，2014：181.
④ 田野. 非典型劳动关系的法律规制研究 [M]. 北京：中国政法大学出版社，2014：181.

是借鉴国际劳工组织和欧盟的做法,增设"可比较的全日制劳动者"的概念作为参考,工时因素依然作为认定的重要考虑因素,但应明确工时标准的比较范围是与"可比较的全日制劳动者"相比较的,而不是将工时固定化。至于"可比较的全日制劳动者"如何确定,可以采用国际劳工组织《非全日制工作公约》(第175号公约)的做法,将可比较的范围限定在同一用人单位内相同或相似岗位比较合理。第二种是将双重工时标准改为单一工时标准,仅规定一个周工时标准的上限,放弃现行的双重工时认定标准,通过立法仅规定单一的工时上限,将少于此上限标准的认定为非全日制用工。在平等保护理念下,选择第一种认定标准更有利于非全日制用工劳动者权益的保护。

(三) 完善非全日制用工的劳动合同规则

1. 改进对劳动合同形式的规定

书面的劳动合同形式在劳资双方资强劳弱的情况下能够为劳动者维权提供基本的证据和武器,域外不少国家都规定非全日制用工应采取书面的劳动合同形式。国际劳工组织在第182号建议书《非全日制工作建议书》中规定,为了使权利义务明确化,避免事后争议,雇主应当履行将劳动条件以书面的形式向部分工时劳工告知的义务,或者采用符合国内法或国内惯例的方式明确告知部分工时劳工。在日本劳动立法的修改进程中,2007年修改的《非全日制劳动法》规定雇主应承担向非全日制用工劳工提供载有劳动条件的书面文书并在文书上对相关条款进行解释说明的强制义务,违反者须处10万日元以下的罚款。说明文书的必要记载事项包括是否有加薪、退休金和奖金三项。特定事项以外的劳动条件,雇主也承担有努力书面明示的义务。日本在均等待遇原则的指导下非常重视对非全日制用工劳工和全日制用工劳工的平等保护。日本立法认为,非全日制用工劳工容易因为其与全日制用工劳工之间劳动条件的差异而心生落差,故要求雇主在劳动条件的书面文书中记载重要、容易在双方之间起纷争的劳动条件①。韩国在其本国《期间制劳动法》中规定,雇主与雇员应以书面的形式确定劳动条件,这些劳动条件包括工资、工作期限、工作时间等方面,违

---

① 田野. 非全日制用工法律规制的几点思考 [J]. 西北工业大学学报(社会科学版),2013,33(2):27-33.

反此规定者将受到 500 万韩元的罚款①。通过对以上国际组织和域外国家的考察发现，国际劳工组织、日本、韩国对非全日制用工劳动合同形式做了较为严格的规制，日、韩甚至在相关的法律责任中赋予政府行政权力的介入权，给非全日制劳动者一方提供充分的保障。反观我国则规制得过于宽松。由于国情的不同，我国对非全日制用工劳动合同形式的完善并非只能在书面和书面与口头皆可中二选一，在"灵活与安全兼顾"的立法理念的指引下，实现倾斜保护劳动者的立法价值，必须探索出一套既能满足用人单位灵活用工，又能保障劳动者就业安全的合同形式规则。

实际上自《劳动合同法》颁布实施以来，非全日制用工的合同形式问题就一直受到学术界的关注。有些学者从劳动者权益保护的角度出发，主张立法应对非全日制用工和全日制用工同等对待，统一强制采用书面形式②；有些学者认为，书面的劳动合同能够充分保护劳动者的就业安全；从维护非全日制用工的灵活性考虑，应允许在书面和口头之间自由选择，但要注意口头的劳动合同形式应该要满足一定的条件才能使用，否则很有可能与倾斜保护劳动者的立法理念相悖。因此，非全日制用工一般情况下应订立书面合同，特殊情况下可订立口头合同③；还有一种观点认为，基于非全日制用工灵活性和短期性的特征，劳动合同若是"一刀切"地使用书面形式与现实不符，因此劳动合同形式可以参照《意见》中的规定："劳动合同一般以书面形式订立。劳动合同期限在一个月以下的，经双方协商同意，可以订立口头劳动合同。但当劳动者提出订立书面劳动合同时，应当以书面形式订立。"但应加以完善：当出现相关劳动争议纠纷时，应适当加大未按要求签订书面劳动合同的用人单位的举证责任④。

上述对非全日制用工合同形式的主张都各有优劣。统一采用书面形式虽然加强了对劳动者的保护，但无法兼顾灵活性，也不符合现实；以书面为原则、以口头为例外的做法在一定程度上与"灵活与安全兼顾"的理念相契合，但是

① 田野. 非全日制用工法律规制的几点思考 [J]. 西北工业大学学报（社会科学版），2013，33（2）：27-33.
② 祝晓曦. 浅析非全日制用工制度的缺陷及完善 [J]. 中国司法，2011（12）：84-86.
③ 徐智华. 劳动合同法研究 [M]. 北京：北京大学出版社，2011：278.
④ 李秀凤. 非全日制用工规定的不足及完善 [J]. 前沿，2010（17）：119-121.

口头形式下劳动者的保护问题依然得不到很好的解决；参照《意见》执行的做法，对于用工一个月以上就订立书面劳动合同未免有些苛刻。因此，完善我国非全日制用工的合同形式，可以适当借鉴日本的做法，在现有的规定下进一步明确：非全日制用工双方可以订立口头合同，但对于易发生纷争的劳动条件，如劳动时间、劳动地点，必须以书面形式作出约定。

2. 完善非全日制劳动合同的终止规则

从劳动法向劳动者的倾斜保护这一角度来看，对劳动合同的终止规则加以完善是为了限制目前立法赋予用人单位过大的单方终止权，从而为劳动者提供较为充分的解雇保护。德国劳动法规定了非全日制用工与全日制用工同等适用劳动合同终止的预告期间制度，这个制度并非"一刀切"地适用，而是对劳动者在用人单位的工作时间长短的不同规定不同期度的预告期间①。值得注意的是，德国劳动法并没有使用"劳动合同解除"的概念，而是统一用"终止"的概念，并通过终止的程序性规定的完善来为劳动者提供严密的保护，如要求雇主在单方面终止劳动合同时必须具备正当合理的理由、遵守预告期间的规定等。关于合同终止时的预告期间，德国也规定不必预告通知就可终止劳动合同的例外情形，同时也赋予了劳动合同双方当在符合一定条件时可以在合同中另外约定短于法律规定的预告期间，如合同期间不满 3 个月的劳动关系。充分体现了灵活性和劳动者权益保护的兼顾。日本的劳动合同终止制度并不区分全日制用工还是非全日制用工，而是根据劳动合同的期限长短来要求雇主单方终止劳动合同时必须满足正当的条件、履行正当的手续。英国规定当一个非全日制工人在同一企业连续工作两年以上时，可以适用与全日制工人同等的合同终止规则。此外，荷兰和美国也规定了非全日制用工可以与全日制用工同等适用相关解雇制度，以此限制雇主对雇员解雇的任意性问题。

与上述域外国家的做法不同，我国对非全日制用工劳动合同终止规则的规定过于简单干脆，不免有牺牲劳动者的权益来维护非全日制用工的灵活性之嫌。虽然非全日制用工具有零散性和短期性的特点，但是通过对我国司法案例的考

---

① 陈芳. 德国劳动合同终止制度与我国劳动合同解除制度之比较 [J]. 法学，1998（4）：40-42.

察发现，目前也存在长期的非全日制用工关系，劳动合同规定的期限虽然短，但是通过续签合同的方式维持长期的、连续性的劳动关系，《劳动合同法》第71条的规定难以充分地保护这些长期性非全日制劳动者的权益。基于非全日制用工本身的多样化和复杂性，若同等适用全日制用工的劳动合同终止规则，难免出现对部分用人单位不适用的情况，苛刻的终止规制在一定程度上会抑制用人单位使用非全日制用工的积极性，不利于非全日制用工的发展。因此，要完善我国非全日制用工劳动合同的终止规则，通过立法解释或者相关文件进行更为细化的规定比较妥当。具体的制度设计，可以借鉴域外相关国家的做法，可以从用人单位单方终止合同的理由、合同终止的程序以及不当终止后的责任等方面进行考量。

（四）完善劳动基准条件

1. 休息休假制度的完善

我国宪法规定，劳动者有休息休假的权利。非全日制用工也属于劳动法律关系的范畴，但是现有的法律却没有对非全日制劳动者的休息休假权进行相关规定，明显与宪法精神相违背。休息休假权属于劳动者人权的一种，法律作为一种对劳动者权利提供底线保护的保障方式，应当充分保障每一个劳动者都能够享有休息休假的权利。保障其休息休假不能完全把希望寄托在用人单位身上，相反需要通过法律的强制力对用人单位进行约束和限制，使其不侵害劳动者休息休假的权利。域外部分国家对非全日制劳动者的休息休假权给予了与全日制劳动者同样的重视，重视的表现即是在专门的非全日制用工立法中作出相应的规定。

英国部分工时劳动者休息休假权的内容包括产假、例假、亲职假和职业的暂停等方面，并在专门性的非全日制立法中明确规定，部分工时劳动者在这些休息休假权方面享有与全时劳动者同等的待遇[1]。德国劳动立法规定非全日制劳动者可以享受带薪休假，但需要经过申请。荷兰对非全日制劳动者休息休假权的保障体现了均等待遇原则的理念内涵，即与全日制劳动者同等保护：这部分劳动者既与全日制用工中的劳动者享有部分相同的假日，又允许合理差别：

---

[1] 董保华. 劳动合同研究 [M]. 北京：中国劳动和社会保障出版社，2005：328.

虽然与全日制劳动者享有相同的假日，但具体休假时间按照总的工作时间按比例计算；符合一定的工时标准时才享有带薪育婴休假，这个工时标准是在同一用人单位连续工作满一年以上①。日本劳动立法对非全日制劳动者带薪年休假的规定比较明确，必须满足一年的工作年限且必须是连续性的工作，同时实际出勤率不能低于80%，通过与全日制劳动者在工时方面的比较，采取比例计算带薪年休假的天数，但前提是连续在用人单位工作达到一定的年限。如果在同一用人单位工作的连续性被中断，则需要重新计算工作年限，时间从再次建立劳动关系之日起计算②。我国台湾地区也通过专门的立法赋予非全日制劳动者每周都至少有一天的休息时间，即《部分时间工作劳工权益手册》，根据该法规定，单休不必须在周末，劳动者可以和用人单位协商确定休息的时间③。

根据上述对域外一些国家关于非全日制劳动者休息休假权规定的介绍，结合我国国内现有的对劳动者休息休假权的规定，我国的完善举措首先需要在立法上明确非全日制劳动者跟全日制劳动者一样均享有休息休假权，具体的适用可以参照现行《劳动法》关于休息休假权的规定，可以通过相关的司法解释明确适用的方法。同时，为了避免过分向劳动者倾斜而加重用人单位的责任，抑制用人单位招用非全日制用工的积极性，可以设定非全日制劳动者享受部分休息休假权的限定条件，如带薪年休假。限定条件的确定可以与在同一用人单位连续工作的时间来确定，但该时间条件可以短于全日制用工一年的时间条件。关于非全日制劳动者可享受多长时间的年休假问题，可以与同一用人单位中相同或类似岗位的全日制劳动者的工时相比，然后按比例计算。当非全日制劳动者在同一用人单位连续工作满一定的年限时，可以参照全日制用工的标准按比例享受相应的带薪年休假，以此保障非全日制用工与全日制用工在休息休假方面得到立法的平等保护。其次，立法还应明确非全日制劳动者享有在法定节假日享有休假的权利。考虑到有些行业具有季节性或阶段性忙碌的特征，用人单位根据工作需要安排劳动者在法定节假日工作时，应进行合理的调休。至于探亲假、婚丧假、女职工产假等休假的规定，可以根据劳动者在用人单位工作的

① 金福海，王敦生. 劳动合同法热点问题研究 [M]. 北京：知识产权出版社，2010：99.
② 王丹丹. 日本非全日制用工法律规制研究 [D]. 长春：吉林大学，2011.
③ 常凯. 劳动合同立法理论难点解析 [M]. 北京：中国劳动社会保障出版社，2008：210.

时间，结合其他条件，参照全日制用工的规定作出相应的变通。

2. 最低工资制度的完善

我国非全日制用工的最低工资制度存在的最大问题是各省规定的最低工资构成要素不统一，造成这一问题的根本原因是上位法的缺位。除此之外，通过对我国司法实践中非全日制用工纠纷的考察发现，非全日制用工中的用人单位往往将最低工资标准作为普遍的工资标准向劳动者支付，导致劳动者的工资收入水平仅仅只能维持基本的生存条件，部分劳动者甚至难以维持基本的生存条件。另外，在超时劳动方面的工资应如何支付这个问题上，我国也没有明确的规定。在最低工资的构成方面，我国相较于域外其他国家还有很多需要完善和改进的空间。在美国，最低工资的构成可以包括职工收到的报酬，但也规定了除外的适用条件①。法国现行劳动立法是 2008 年修订颁布的《劳动法典》，该法对于超过劳动合同约定工作时间达到一定程度时的工资支付标准做了明确规定，"一定程度"指的是须达到合同约定工时的十分之一，支付标准是该非全日制工人工资标准的 25%②。日本劳动基准法明确规定，用人单位在没有出现法定的加班条件时，不得擅自安排非全日制工人加班，尤其是在法定休息日；如果在法律规定的条件出现需要安排工人加班时，加班工资的支付标准必须高于基本工资的 125% 或 135%；如在法定条件下加班的同时又需要在夜间工作的，加班工资须提高到基本工资的 150%。值得注意的是，虽然立法规定用人单位在与工人约定的休息日内加班不需要支付加班工资，但在实际工作中多数用人单位都会支付相应的加班工资③。

综上所述，我国最低工资标准问题的改善，应该从统一最低工资构成要素和非全日制劳动者在超时工作时用人单位应如何向其支付工资两个方面入手。首先，确定全国统一的最低工资构成要素。我国目前没有规定最低工资构成是否包含社会保险的费用，我们认为，对于用人单位没有强制缴纳义务的养老保险、医疗保险、失业保险和生育保险费用，应当纳入非全日制用工的最低工资构成要素，并通过立法的形式予以明确。随着社会经济的多元化发展，最低工

---

① 林晓云. 美国劳动雇佣法 [M]. 北京：法律出版社，2007：9.
② 郑爱青. 法国劳动合同法概要 [M]. 北京：光明日报出版社，2012：77.
③ 王丹丹. 日本非全日制用工法律规制研究 [D]. 长春：吉林大学，2011.

资保障制度的设立目标已经不能仅仅局限于对劳动者及其赡养或者抚养人员的最低生活需要的保障，还应该考虑到劳动者劳动的尊严和劳权，也就是"体面劳动"。"体面劳动"一词自1996年在第87届劳工大会上被提出来后，到目前已经发展成为世界各国和多数劳动者的共识。体面劳动以工资作为判断标准，体面工资不仅能够维持基本的物质生活条件，能够支持劳动者进行劳动力再生产及进行自我发展。在非全日制劳动者的最低工资标准中加入社会保险的费用，是符合时代发展需求的。同时，我国已有很多省市无论是在地方立法上还是在实践中，都将社会保险费纳入劳动者最低工资的范畴，这一做法为全国的统一提供了一定的经验借鉴。

其次，确定非全日制劳动者在超出法定及约定时间范围工作的工资标准。根据均等待遇原则，此工资标准可采用比例标准，即参照全日制劳动者加班的支付标准按比例计算。非全日制工作大多是以小时计薪且工作时间安排多又比较灵活的，劳动者在周末休息日被安排工作时，其劳动报酬可以适用现行立法对于全日制劳动者在周休日加班的报酬标准。如果用人单位安排劳动者在法定节假日工作的，其劳动报酬的支付标准应当比劳动者在周休日工作的标准更高，但应当以小时为计算基数。

3. 社会保障制度的完善

非全日制劳动者在社会保障方面获得平等保护的立法实践主要表现在，国际劳工组织1994年的《非全日制工作公约》及其同名的建议书，非全日制劳动者可以以其工时为基础，按一定比例与全日制劳动者享有同等的社会保障待遇。荷兰的社会保障法规定：根据工时总量的大小，非全日制雇员可以按照一定的比例获得与全日制雇员同等的医疗、住院、牙病医治、护理、残疾受益、病休补偿、失业救济和养老金等[1]。日本劳动者不区分工作种类都适用于工伤保险和失业保险，并由用人单位为劳动者缴纳。国民养老保险及福利养老保险构成了日本非全日制劳动者养老保险的双重保障，其中国民养老保险是基础性保障，福利养老保险是第二重保障[2]。德国工伤保险的适用不区分全日制劳动者还是

---

[1] 贾春立. 论非全日制劳动者的权益保护 [D]. 济南：山东大学，2012.

[2] 王丹丹. 日本非全日制用工法律规制研究 [D]. 长春：吉林大学，2011.

非全日制劳动者,无论是哪种就业形式均可平等地适用①。美国、英国等国家规定非全日制劳动者可以根据工时按照比例原则享受相应的社会保险。

上述国家或组织目前对非全日制劳动者社会保险权益的规定,相对于我国的规定较为完善。同时,他们更多的是按照比例原则,根据非全日制劳动者的工时赋予其相应的权利。域外国家非全日制用工的起步比我国早,发展速度也较快,到目前已逐步成熟,呈现长期稳定的态势,这也是比例原则能在这些国家适用的一个主要原因。反观我国,非全日制用工多呈现短期化且不稳定的状态。由于国情的不同,我国要完善对非全日制用工社会保险的规制,不一定照搬适用比例原则,而需要借鉴西方国家加强非全日制劳动者社会保险权益保护的趋势,结合我国国情可以采取如下完善措施。

首先,明确非全日制劳动者参加社会保险的范围。目前我国的社会保险立法仅明确规定了非全日制劳动者参加社会保险的范围是养老保险、医疗保险及工伤保险三个险种。其中,为非全日制劳动者缴纳工伤保险费是我国《社会保险法》对用人单位的强制性要求,但是养老及医疗保险却没有对用人单位的缴纳义务做强制性的规定。我国社会保险立法除了上述三个险种之外,还包括了失业保险及生育保险。由于非全日制工作岗位的可替代性强,从事非全日制工作的劳动者面临失业的概率高于全日制劳动者,应在立法中明确把非全日制从业人员纳入失业保险的主体范围,从而保障非全日制从业人员在失业期间的基本物质生活条件。同时,既然《社会保险法》有明确非全日制从业人员可以参加的社会保险范围,考虑到社会保险费的缴纳与劳动者的工资水平相关联,在立法没有明确规定非全日制劳动者的工资标准是否包括社会保险费的情况下,应规定非全日制用工中的用人单位承担与全日制用工相同的社保费用缴纳义务,以达到对非全日制用工与全日制用工在社会保障方面享有的平等保护。

其次,通过立法的方式适当降低非全日制用工社会保险的缴费标准,使其与非全日制用工的现状相匹配。在确定非全日制用工社会保险改革的大方向后,我国目前需要对社保的一些规定作出具体调整。非全日制劳动者可以自己缴纳

① 赵领娣,谢莉娟. 由国外经验看我国非正规就业的社会保障建设 [J]. 中国劳动,2007 (8):13-15.

社保的类型也应随着我国社会保险制度的进一步完善，在社保的缴费基数和费率上，对非全日制劳动者设定了一个更低的标准，为了便于操作，在缴费基数上可以按照现有的规定保持不变，同时可以适当降低缴费费率。这样，一方面可以促进企业增加非全日制用工，另一方面有利于防止企业和劳动者因为社保费用过高而降低缴纳社保的积极性。在缴费的方式上，统一将用人单位应该负担的部分，作为工资的一部分，发放给劳动者，由劳动者直接向社保机构缴纳。在缴费程序上，简化手续和需要提供的材料，并直接从劳动者的银行账户划拨费用。同时，允许非全日制劳动者根据自己的需要自愿提高费率，提高限度以现有的全日制用工的费率为限。

非全日制用工形式的发展有历史必然性，随着互联网经济的推进，未来非全日制用工队伍还会继续增大，且适用的岗位也可能会超出传统中低端服务业的范围，不再被企业边缘化。由于资本主义较发达的国家对非全日制劳动者权益的保护较为充分全面，这种理想状态可能会首先在发达国家实现。不可否认，我国现行的非全日制用工法律制度对此类型劳动者的保护依然不平等，自2008年《劳动合同法》实施以来，学术界对非全日制用工法律规制的讨论从未停止，现行《劳动合同法》对非全日制用工过分放松的管制而对劳动者的就业安全造成了一定冲击，这是学术界几乎一致的观点，但《劳动合同法》实施十二年来依旧未对非全日制用工的相关规制作出任何修订。党的十八大呼吁构建文明和谐的劳动关系，但非全日制劳动关系的双方似乎还未达到党的十八大要求的和谐状态。因此，我们有必要转变立法理念，加强国家公权力的管制力度，对非全日制劳动者及全日制劳动者给予平等的保护，从而积极推进我国立法对非全日制用工规制的完善，努力构建文明和谐的劳动关系。

参考文献

一、著作类

［1］马俊驹，余延满.民法原论（第四版）［M］.北京：法律出版社，2016.

［2］郑尚元.劳动合同法的制度与理念［M］.北京：中国政法大学出版社，2008.

［3］蒋璐宇.俄罗斯联邦劳动法典［M］.北京：北京大学出版社，2009.

［4］石美霞.劳动关系国际比较［M］.北京：中国劳动社会保障出版社，2010.

［5］太月.劳动违约责任研究［M］.北京：对外经济贸易大学出版社，2015.

［6］喻术红，张荣芳.劳动合同法学［M］.武汉：武汉大学出版社，2008.

［7］谢增毅.劳动法的改革与完善［M］.北京：社会科学文献出版社，2015.

［8］董保华.最新劳动争议维权典型案例精析［M］.北京：法律出版社，2013.

［9］张焰.劳动合同法适用法律问题研究［M］.北京：中国政法大学出版社，2015.

［10］李静文，黄昆.现行劳动关系立法及相关文件的冲突与衔接研究［M］.北京：中国劳动社会保障出版社，2016.

［11］［德］沃尔夫冈·多伊普勒.德国劳动法［M］.王倩，译.上海：上海人民出版社，2016.

［12］郑爱青.法国劳动合同法概要［M］.北京：光明日报出版社，2010.

［13］［德］瓦尔特曼.德国劳动法［M］.沈建锋，译.北京：法律出版社，2014.

［14］［日］荒木尚志.日本劳动法［M］.李坤刚，牛志奎，译.北京：北京大学出版社，2010.

［15］［日］菅野和夫.劳动法［M］.东京：弘文堂，2008.

［16］台湾劳动法学会.劳动法裁判选辑（一）［M］.台北：元照出版公司，1999.

［17］胡永霞.劳动合同法律问题研究［M］.武汉：武汉大学出版社，2016.

［18］熊晖.解雇保护制度研究［M］.北京：法律出版社，2012.

［19］王益英.外国劳动法和社会保障法［M］.北京：中国人民大学出版社，2001.

［20］董保华.十大热点事件透视劳动合同法［M］.北京：法律出版社，2007.

［21］毛健.失业保险［M］.北京：中国劳动社会保障出版社，2002.

［22］崔卓兰.保障基本民生法律制度研究［M］.北京：人民出版社，2013.

［23］丁婷.劳动合同违约责任研究［M］.武汉：武汉大学出版社，2014.

［24］赵立新.德国日本社会保障法研究［M］.北京：知识产权出版社，2008.

［25］谢增毅.劳动法的改革与完善［M］.北京：社会科学文献出版社，2015.

［26］林晓云.美国劳动雇佣法［M］.北京：法律出版社，2007.

［27］姜颖.劳动合同法论［M］.北京：法律出版社，2006.

［28］常凯.劳权论——当代中国劳动关系的法律调整研究［M］.北京：中国劳动社会保障出版社，2008.

［29］［德］雷蒙德·瓦尔特曼.德国劳动法［M］.沈建峰，译.北京：法律出版社，2014.

［30］［英］凯瑟琳·巴纳.欧盟劳动法［M］.付欣，译.北京：中国法制出版社，2005.

［31］田思路，贾秀芬.日本劳动法研究［M］.北京：中国社会科学出版社，2013.

［32］［英］史蒂芬·哈迪.英国劳动法与劳资关系法［M］.陈融，译.北京：商务印书馆，2012.

［33］［日］荒木尚志.日本劳动法［M］.李坤刚，牛志奎，译.北京：北京大学出版社，2009.

［34］班小辉.非典型劳动者权益保护研究［M］北京：北京：法律出版社，2016.

［35］王全兴.劳动法（第三版）［M］.北京：法律出版社，2013.

［36］黄越钦.劳动法新论［M］.北京：中国政法大学出版社，2003.

［37］林更盛.劳动法案例研究（一）［M］.台北：翰芦图书出版有限公司，2002.

［38］姜颖.劳动合同法论［M］.北京：法律出版社，2006.

［39］［美］托马斯·海克拉克.劳动经济学基础［M］.来庆彬，李玉琳，译.北京：中国人民大学出版社，2016.

［40］曾湘泉.劳动经济学［M］.上海：复旦大学出版社，2003.

［41］黄越钦.劳动法新论［M］.北京：中国政法大学出版社，2003.

［42］［德］W·杜茨.劳动法［M］.张国文，译.北京：法律出版社，2005.

［43］常凯.劳动合同立法理论难点解析［M］.北京：中国劳动社会保障出版社，2008.

［44］董保华.劳动合同研究［M］.北京：中国劳动和社会保障出版社，2005.

［45］关怀.劳动法［M］.北京：中国人民大学出版社，2005.

［46］郑爱青.法国劳动合同法概要［M］.北京：光明日报出版社，2012.

二、期刊

［1］曹艳春.劳动合同与民事合同之比较及启示［J］.当代法学，2002（5）.

［2］王黎.劳动合同缔约过失应承担赔偿责任［J］.中国劳动，2017（1）.

［3］吴艳青.论缔约过失责任［J］.法制与社会，2013（3）.

［4］傅静坤. 劳动合同中的解约金问题研究［J］. 现代法学，2000，22
（5）.

［5］黄卉. 德国劳动法中的解雇保护制度［J］. 中外法学，2007（1）.

［6］董保华，孔令明. 经济补偿与失业保险之制度重塑［J］. 学术界，2017
（1）.

［7］辛雨灵. 企业并购中劳动者权益保护制度之理性选择［J］. 东南大学学
报（哲学社会科学版），2017，19（2）.

［8］叶姗. 企业并购中雇员的工作选择权［J］. 法商研究，2017，34（1）.

［9］沈建峰，姜颖. 论企业并购时劳动关系的存续［J］. 中国劳动，2014
（6）.

［10］肖蓓. 企业并购中劳动者劳动权的国家权力保护机［J］. 法学研究，
2011（5）.

［11］孙国平. 论雇主劳动合同条款变更权之控制［J］. 比较法研究，2016
（1）.

［12］侯玲玲. 论用人单位内工作调动［J］. 法学，2013（5）.

［13］丁建安. 论企业单方调岗行为法律效力的判断［J］. 当代法学，2015，
29（3）.

［14］钱玉林. 禁止权利滥用的法理分析［J］. 现代法学，2002（1）.

［15］许建宇. "有利原则"的提出及其在劳动合同法中的适用［J］. 法学，
2006（5）.

［16］吉明. 劳动法中调岗调薪的法律问题［J］. 法制与社会，2016（7）.

［17］倪雄飞. 我国解雇保护制度对小微企业的适用及其制度完善［J］. 山
东社会科学，2015（10）.

［18］倪雄飞，涂景一. 小微企业劳动关系的劳动法调整模式研究［J］. 政
法论丛，2016（12）.

［19］黎建飞. 从雇佣契约到劳动契约的法理和制度变迁［J］. 中国法学，
2012（3）.

［20］谢增毅. 劳动法与小企业的优惠待遇［J］. 法学研究，2010（2）.

［21］李坤刚. 就业灵活化的世界趋势及中国的问题［J］. 四川大学学报，

2017（2）.

[22] 沈同仙.《劳动合同法》中劳资利益再平衡——以解雇保护和强制缔约规定为切入点 [J]. 法学，2017（1）.

[23] 程延国. 英美解雇制度比较分析——兼论解雇中的法律和经济问题 [J]. 中国人民大学学报（社会科学版），2013（2）.

[24] 冯玉军，方鹏.〈劳动合同法〉的不足与完善——劳动合同法在中小企业适用的法经济学分析 [J]. 法学杂志，2012（2）.

[25] 齐爱华. 试析我国劳动合同经济补偿金制度的不足及完善 [J]. 重庆大学学报，2011（5）.

[26] 秦国荣. 无固定期限劳动合同劳资伦理定位与制度安排 [J]. 中国法学，2010（2）.

[27] 王倩. 德国特殊解雇保护制度及其启示 [J]. 德国研究，2014（29）.

[28] 张如海. 试论我国营业转让法律制度之构建 [J]. 法学杂志，2010（10）.

[29] 冯彦君. 公司分立与劳动权保障——我国应确立劳动契约承继制度 [J]. 法学家，2005（5）.

[30] 侯玲玲. 我国企业重组中的劳动合同继承问题研究 [J]. 华东政法大学学报，2008（6）.

[31] 陈俐茹. 解析公司分立之职工保护 [J]. 比较法研究，2007（4）.

[32] 谢德成. 我国劳务派遣法律定位的再思考 [J]. 当代法学，2013，27（1）.

[33] 刘文华，赵磊. 劳动关系法治化治理专题业务外包劳动法律规制研究 [J]. 中国劳动，2017（11）.

[34] 董保华. 论劳务派遣立法中的思维定势 [J]. 苏州大学学报（哲学社会科学版），2013，34（3）.

[35] 董保华. "隐蔽雇佣关系" 研究 [J]. 法商研究，2011，28（5）.

[36] 田思路. 劳动关系非典型化的演变及法律回应 [J]. 法学，2017（6）.

[37] 董保华. 劳动关系宽严的立法选择与劳动者的实际进出 [J]. 中国劳动，2006（10）.

[38] 董保华. 劳务派遣的法学思考 [J]. 中国劳动, 2005 (6).

[39] 杨佳颖. 我国劳务派遣三方法律关系辨析 [J]. 法制与社会, 2019 (20).

[40] 王全兴, 粟瑜. 用人单位违法不订立书面劳动合同的"二倍工资"条款分析 [J]. 法学, 2012 (2).

[41] 谢增毅. 民法典引入雇佣合同的必要性及其规则建构 [J]. 当代法学, 2019, 33 (6).

[42] 郑尚元. 民法典制定中民事雇佣合同与劳动合同之功能与定位 [J]. 法学家, 2016 (6).

[43] 冯彦君, 张颖慧. "劳动关系"判断标准的反思与重构 [J]. 当代法学, 2011 (6).

[44] 林嘉. 退休年龄的法理分析及制度安排 [J]. 中国法学, 2015 (6).

[45] 景春兰, 徐志强. 超龄劳动关系之"不法"及其法律规制 [J]. 中南大学学报, 2013, 19 (1).

[46] 戴昕. 比例原则还是成本收益分析法学方法的批判性重构 [J]. 中外法学, 2018, 30 (6).

[47] 陈杭平. 论"同案不同判"的产生与识别 [J]. 当代法学, 2012 (5).

[48] 常凯. 关于《劳动合同法》立法的几个基本问题 [J]. 当代法学, 2006 (6).

[49] 刘文华. 非全日制劳动关系的法律问题研究 [J]. 中国劳动, 2004 (4).

[50] 邵芬, 杜爱萍. 中德养老保险制度之比较 [J]. 当代法学, 2003 (5).

[51] 沈建峰. 论劳动关系的实践界定——以中德司法机关的判决为考察重点 [J]. 法律适用, 2012 (12).

[52] 沈同仙. 我国劳动基准的实施现状及对策 [J]. 当代法学, 2007 (4).

[53] 田野. 日本《部分工时劳动法》的修正——以均等待遇原则为中心 [J]. 日本问题研究, 2013, 27 (4).

[54] 涂永前. 应对灵活用工的劳动法制度重构 [J]. 中国法学, 2018 (5).

[55] 王倩. 非全日制用工规定的缺陷及其完善——以麦当劳低薪事件为例

［J］. 法学，2007（7）.

　　［56］王全兴，侯玲玲. 事实劳动关系的法律定义重构［J］. 中国劳动，2006（1）.

　　［57］谢增毅. 我国劳动关系法律调整模式的转变［J］. 中国社会科学，2017（2）.

　　［58］于汇. 论"用工建立劳动关系"规则的目的性限缩［J］. 法律科学（西北政法大学学报），2020，38（1）.

　　［59］喻术红，班小辉. 非全日制劳动者权益保护的域外立法经验及其启示［J］. 武大国际法评论，2012，15（2）.

　　［60］喻术红，班小辉. 欧盟反对歧视非全日制工人制度探析［J］. 比较法研究，2014（5）.

　　［61］赵玥，张照东. 非全日制用工超时劳动问题研究［J］. 中国劳动，2017（3）.

　　［62］郑尚元. 民法典制定中民事雇佣合同与劳动合同之功能与定位［J］. 法学家，2016（6）.

三、外文资料

　　［1］ARAKI T. *Labor and employment law in Japan*［M］. Tokyo：Japanese Institute of Labor，2002

　　［2］ESTREICHER S，HIRSCH J M. Comparative Wrongful Dismissal Law：Reassessing American Exceptionalism［J］. *North Carolina Law Review*，2014，92（2）：343.

　　［3］HAKIM C. Core and Periphery in Employers' Workforce Strategies：Evidence from the 1987 E. L. U. S. Survey［J］. *Work Employment & Society*，1990，4（2）.

　　［4］NEUMARK D. Living Wages：Protection for or Protection from Low-Wage Workers？［J］. *Industrial & Labor Relations Review*，2004，58（1）.

四、学位论文

［1］杜宁宁.劳动缔约"明示"义务研究［D］.长春：吉林大学，2012.

［2］丁婷.劳动合同违约责任研究［D］.湖北：武汉大学，2013.

［3］常剑平.解雇保护制度研究［D］.北京.中国政法大学，2007.

［4］赵乌兰.中德企业并购中劳动者知情权的立法比较研究［D］.南京：南京大学，2017.

［5］槐蔷薇.劳动债权优先执行研究［D］.重庆：西南政法大学，2017.

［6］胡旭思.隐蔽型劳务派遣的法律规制研究［D］.武汉：华中科技大学，2015.

［7］曾雄强.劳务外包法律制度研究［D］.重庆：重庆大学，2014.

［8］李林轩.非全日制劳动者权益保障问题研究［D］.重庆：西南政法大学，2018.